SOCIOLOGIA JURÍDICA

José Manuel de Sacadura Rocha

SOCIOLOGIA JURÍDICA

Fundamentos e Fronteiras

2ª Edição Ampliada

Fechamento: 31 de julho de 2008

ELSEVIER

CAMPUS JURÍDICO

Editoração Eletrônica
Tony Rodrigues

Copidesque
Renato Mello Medeiros

Revisão Gráfica
Ana Maria Giorgio
Emídia Maria de Brito

Projeto Gráfico
Elsevier Editora Ltda.
A Qualidade da Informação
Rua Sete de Setembro, 111 — 16o andar
20050-006 — Rio de Janeiro — RJ — Brasil
Telefone: (21) 3970-9300 Fax: (21) 2507-1991
E-mail: info@elsevier.com.br
Escritório São Paulo
Rua Quintana, 753 – 8o andar
04569-011 – Brooklin – São Paulo – SP
Telefone: (11) 5105-8555

ISBN: 978-85-352-3227-1

Central de Atendimento
Tel.: 0800-265340
Rua Sete de Setembro, 111, 16o andar – Centro – Rio de Janeiro
E-mail: info@elsevier.com.br
Site: www.campus.com.br

Cip-Brasil. Catalogação-na-fonte
Sindicato Nacional dos Editores de Livros, RJ

R571f
2.ed.

Rocha, José Manuel de Sacadura, 1959 —
Sociologia jurídica: fundamentos e fronteiras / José Manuel de Sacadura Rocha. – 2.ed. – Rio de Janeiro : Elsevier, 2009.
272p. : il.

Inclui bibliografia
ISBN 978-85-352-3227-1

1. Sociologia jurídica. I. Título.

08-2715. CDU: 34:316.334.4

"Pode-se dizer que tudo o que sabemos, quer dizer, tudo o que podemos, acabou por se opor àquilo que somos." (Valéry)

"A lei e o lucro deslocam e substituem a gratuidade e ausência de sanções do impulso moral... A maneira da organização socializar a ação inclui, como corolário indispensável, a privatização da moralidade." (Bauman)

"O que exigimos nesses processos, cujos réus cometeram crimes 'legais', foi que os seres humanos sejam capazes de distinguir o certo do errado quando tudo o que têm para orientá-los é o seu próprio juízo, que no entanto acontece de estar em completa oposição com o que eles têm que encarar como a opinião unânime de todos à sua volta." (Arendt)

AGRADECIMENTOS

Devemos a muitos a possibilidade desta obra; nomeá-los pessoalmente seria dar um passo para a injustiça na medida em que um ou outro nome pudesse ser esquecido. Assim, os meus agradecimentos vão de forma genérica, mas não menos calorosos: a meus colegas professores, que trabalham com desvelo diante de tantas adversidades e são, no fim, tão pouco reconhecidos; aos meus alunos, que diariamente me suscitam novas experiências e me impelem permanentemente a estudar e a ser humilde; à minha família, em cujo regaço encontro a energia necessária para ver a vida com otimismo e esperança, mesmo nos momentos de maior desencantamento. Ao editor deste livro e a todos de sua equipe, que através de dedicação profissional viabilizaram sua publicação. A todos, os meus sinceros agradecimentos.

O AUTOR

José **Manuel de Sacadura Rocha** é bacharel em Ciências Sociais pela Pontifícia Universidade Católica de São Paulo (PUC-SP), mestre em Administração de Serviços pelo Centro Universitário Ibero-Americano, com cursos de especialização em Marketing de Varejo pela Escola Superior de Propaganda e Marketing (ESPM) e Sistemas de Informação pelo Instituto Mauá de Tecnologia (IMT). Após ocupar vários cargos executivos em empresas de grande porte, dedica-se atualmente à docência do Direito como professor de Filosofia, Sociologia, Ciência Política, Antropologia, Economia e Metodologia Científica, tanto nos cursos de graduação como de pós-graduação. É autor de vários ensaios publicados em revistas de produção científica e dos livros: *Análise de Sistemas como Atividade de Mudança: uma perspectiva sociológica*, *Fundamentos e Fronteiras da Sociologia Jurídica: os clássicos* e *Fundamentos de Filosofia do Direito: da Antiguidade a nossos dias.*

Prefácio à segunda edição

Em seu discurso de posse no Collège de France (*Da Condição Histórica do Sociólogo*), em 1970, Raymond Aron dizia: "Ainda é preciso que o engajamento anime a pesquisa, sem que as preferências partidárias desajeitem nossa percepção". Aron era um liberal!

A minha geração, a dos anos de 1960, nasceu e cresceu embalada pela "guerra fria", impregnada pela escolha ideológica entre esquerda e direita. Mesmo nos mais longínquos rincões do globo, todos estavam, querendo ou não, submetidos a esta bipolaridade política. Eu vivia na África subsaariana e contava com pouco mais de 11 anos quando fui avassaladoramente tomado por esta consciência. Debaixo de um regime fascista de direita, poucos jovens tinham sequer informação suficiente para discutirem e optarem por algo. Nos anos seguintes, então, os acontecimentos geopolíticos deflagraram em minha volta atrocidades inimagináveis para um jovem que, assim, passou quase da infância para a maturidade sem experimentar a adolescência. Mas eu tive sorte: tive pais que nunca me proibiram de ler e discutir nada, muito pelo contrário. Acreditei então que Woodstock era mais importante para mim e para a humanidade do que o Vietnã. Idealismo talvez. Mas foi assim que me tornei sociólogo, muitos anos antes de ingressar na Universidade quando já adulto.

Apesar de perspectivas e circunstâncias não muito favoráveis, este livro chega à sua 2ª edição. Pode parecer pouco, mas é muito: as coisas dos anos 1960 e 1970, e mais ainda as experiências dos últimos trinta anos, formaram em mim uma personalidade de repúdio à condescendência ociosa com a desumanidade. Isto está neste livro! O formato essencialmente didático da obra levou algumas pessoas a acreditarem que se tratava de mais um manual de Sociologia para o Direito, o que, em certa medida, não deixa de ser verdade. Mas basta ler a Introdução para se perceber que este é um "manual" crítico, motivo pelo qual as perspectivas de reedições são sempre pessimistas, principalmente em ambientes conservadores e tempos "ternos" com os micrototalitarismos de nossa modernidade. Nesse sentido, espera-se que a formatação didática da obra ajude a criar uma consciência proativa que se indigne e combata a realidade perversa que nos envolve, a todos.

A presente edição, agora com o nome *Sociologia Jurídica: Fundamentos e Fronteiras*, mantém o estudo do pensamento dos autores clássicos da Sociologia aplicada ao Direito, acrescida de dois novos capítulos: *Aspectos Jurídicos nos Períodos Históricos* e *Biopolítica: Racionalidade e Banalidade da Violência*. Procedeu-se a uma minuciosa revisão e, ainda que uma ou outra pequena alteração de grafia tenha sido necessária para melhor compreensão de conceitos e idéias, o conteúdo e as explanações são exatamente as mesmas, preservando-se desta forma o livro como apresentado na 1ª edição.

Raymond Aron, no mesmo discurso, menciona que "na verdade, não há sociologia revolucionária, embora sociólogos possam sê-lo". Acho que mais e mais isto é uma verdade. A época dos grandes discursos e das grandes narrativas parece estar cabalmente encerrada. Ter a pretensão de formular grandes opiniões e divulgar grandes idéias é caminhar a passos largos e firmes para a incompreensão, ingratidão e perseguição, meio ao ambiente consagrado à alienação e descompromisso com a verdade. No entanto, "chega o tempo, quando vai se travar a luta pela dominação da Terra e ela será travada em nome de doutrinas filosóficas fundamentais", dizia Nietzsche. Paciência, pois! Certas opções são eternas para o espírito. Aprendi com Kierkegaard que a opção pela retidão de propósitos forma uma personalidade ética que coloca cada indivíduo diante de um salto de qualidade que não pode mais ser violado, pois está formulada com base em máximas morais inabaláveis. Por isso, no mundo em que vivemos, alguma "desobediência" é tão necessária e revolucionária quanto foi o pensamento e a ação de autores e do povo em outras épocas históricas. Cada um de nós pode fazer a diferença para muitos em cada lugar a cada segundo. A começar por nós mesmos!

Termino como Aron terminou seu discurso: "Possa vossa confiança, caros colegas, ajudar-me a reduzir o intervalo entre a destinação, que eu me atribuía antes de 1939 (antes de 1975 – no meu caso, creio eu!), e um destino que minha própria filosofia me proíbe de não assumir, apesar das circunstâncias: a plena responsabilidade". Acredito que a indústria, o conhecimento e a tecnologia, podem servir a qualquer fim, inclusive à racionalização do assassinato em massa do poder sobre os indefesos. Entrementes, os jovens (os de espírito, claro, não apenas os de idade biológica!) têm hoje mil vezes mais informações do que tínhamos em 1970. Eles têm mais informações, mais conhecimento, são mais inteligentes e podem ter maior sabedoria. Por isso acredito, também, que a responsabilidade e solidariedade podem emprestar aos homens e às suas ciências, como o Direito, a razão necessária para optarem por valores de liberdade e justiça social. Este livro continua sendo uma singela contribuição no plano sociológico e jurídico para consumar essa opção. Continuo um idealista!

José Manuel de Sacadura Rocha
Inverno de 2008

SUMÁRIO

Um curso de Sociologia para o Direito

Este livro foi escrito pensando naqueles que vão aventurar-se nas posições jurídicas próprias da ciência da sociedade, a Sociologia. Por isso, seu objetivo é contribuir para os cursos de Sociologia Jurídica sem se afastar do pensamento sociológico clássico e moderno. Como introdução, os pensadores e os temas escolhidos pelo autor são um recorte bem intencionado da ampla produção científica existente em Sociologia. O objetivo aqui não é explorar detalhadamente toda a produção sociológica desde os séculos passados, nem discutir todos os temas possíveis da vida social, mas discutir os autores e os temas que encaminham o leitor, principalmente o de *primeira viagem*, para o entendimento dos fundamentos da Sociologia Jurídica.

Entende-se a Sociologia Jurídica como um ramo da Sociologia Geral e não como um ramo do Direito. Embora esta afirmação possa parecer óbvia para alguns, sei que ela desapontará a muitos. Na verdade, no mundo do Direito, ou da Ciência Jurídica, é comum encontrar-se a idéia da Sociologia Jurídica como ciência autônoma. Ou pior, como ramo do Direito. Assim, muitas das obras que têm servido de orientação a alunos e professores de Direito nos últimos anos, têm passado uma visão jurídica particular, e com isso têm formado pensamentos distorcidos desta disciplina, subjugando-a, de um lado, à visão particular do cientista jurídico, de outro, tirando-lhe a magnificência que ela pode apresentar na formação do futuro jurista a partir da leitura sociológica dos fenômenos sociais mais importantes.

Como nada que o homem faz, incluindo os cientistas, que por sinal, e até prova em contrário, também são homens, é desprovido de sentido e de interesse, ao submeter-se a Sociologia ao Direito, o que se pretendeu foi esvaziá-la, tirar-lhe a reflexão crítica que lhe é própria. Assim, a Sociologia Jurídica passou a ser entendida como apenas mais uma disciplina "a decorar" nos cursos jurídicos, igual a tantas outras que são vistas como uma simples relação de códigos, um amontoado de receitas divididas em artigos, parágrafos e incisos. É claro que em momentos autoritários essa "adequação" é natural. No entanto, ao fazer da Sociologia Jurídica uma coisa menor do que ela é, ou transformá-la num receituário a ser consultado apenas quando se precisa, o próprio Direito se esvazia de um de seus alicerces: o entendimento do social como base para a construção da justiça. Assim, de certa forma, não se diminui somente a Sociologia como ciência, mas também o Direito.

Mais de vinte anos depois do fim do regime de exceção, da retomada do "estado de direito" legítimo, ainda pouca literatura apareceu lidando de forma transparente, eficiente e efetiva com este problema. O que move o autor neste livro *Sociologia Jurídica: Fundamentos e Fronteiras*, é mais do que resgatar a dimensão que a Sociologia deve dar ao Direito, mas igualmente a grandeza que o Direito deve ter, na busca da justiça com ética, na sua afirmação como ciência, deixando de ser apenas um curso de legislação sem princípios, simplesmente ao sabor das desventuras políticas dos homens.

Não raro escuto meus alunos reclamarem que Sociologia é difícil. Da mesma forma que, com pesar, escuto meus colegas do Direito afirmarem que não aprenderam nada de Sociologia, e o pior, não aprenderam nada com ela. Bem, parte da resposta aos alunos já está dada pelos seus professores. Como não considero a Sociologia difícil, tampouco sua especialidade jurídica, depois de alguns anos no nobre ofício da docência superior, luta diária, penso que essa dificuldade se resume a dois aspectos: 1) a literatura básica de sociologia, salvo raras exceções, é de uma intelectualidade própria, mas não facilitadora para quem está começando a se envolver com a Sociologia. No caso da Sociologia Jurídica isto é particularmente verdadeiro. Muitas vezes aparece mais a necessidade do autor de se revelar do que de transmitir conhecimento para quem vai ler; e depois, verdade seja dita, a Sociologia não é uma ciência cujo conhecimento possa ser apreendido como receituário, com leis gerais e com fórmulas que levam a resultados objetivos. No caso da Sociologia Jurídica, então, essa visão de alguns alunos e professores é particularmente reducionista para o Direito, porquanto o transforma em ciência exata e não humana. Como à ideologia dos regimes de exceção, e no Brasil eles são maiores do que os períodos democráticos, interessa uma formação sem reflexão crítica, esvaziada de propostas e alternativas, e como historicamente o modelo tecnicista no ensino do país reforça essa mesma desinteressada postura, muitos têm dificuldades enormes para elaborar um pensamento mais complexo, que vá além do imediatismo do cotidiano, que use a abstração como início de um raciocínio que mais tarde possa explicar intelectualmente a realidade, por detrás e acima da superficialidade idealizada pelo poder. O difícil não é entender a realidade, e sim a essência e a verdade dessa realidade. E isso exige abstração.

Em ciência, produz-se uma obra cujo fundamental não são as entrelinhas. A produção científica, do conhecimento, visa à verdade e essa verdade está ao longo de toda a complexa realidade, sem transformação de ambientes e de personagens. Nas ciências humanas isto é fundamental, é a própria essência da ciência e o dilema de se produzir ciência. O estudo assim produzido deve proporcionar um entendimento do paradigma, e construir possibilidades reais de um pensamento autônomo no leitor; muitas vezes já é um sacrifício imperdoável ler apenas um determinado autor, sem a possibilidade de se confrontarem visões e explicações sobre determinado tema. Muitas vezes lêem-se apenas pequenos trechos da obra de um autor, e sem qualquer contextualização. Por exemplo, lê-se muito *O príncipe* de Nicolau Maquiavel, mas não se lê quase nada sobre *Discursos da primeira década de Tito Lívio*, do mesmo autor. O educador tende a ensinar de forma particular, o faz de acordo com sua ótica, um objetivo que não está imune à sua visão de mundo e da matéria que ensina. Destarte, as ciências sociais não se podem fazer sobre um pedaço do todo, menos ainda sobre o pedaço mais caro ao orientador!

Não se está a defender uma pretensa neutralidade, positivista, do ensinar. Pelo contrário, o educador está para se expor. Mas é necessário acabar com esse imediatismo e esse empobrecimento das ciências humanas. A arte pode imitar a ciência, mas a ciência só é arte quanto mais se afasta da doutrinação ideológica, do preconceito, do imediatismo e da aparência.

Apesar das dificuldades encontradas, todo o esforço deve ser continuado no sentido de se inverter a realidade perversa, perversa para os educadores e para os alunos, perversa para um país que precisa da educação mais do que nunca, mas que tem de ser reeducado na forma de educar, na forma de entender a abrangência de certos conteúdos e certas ciências, como a Sociologia e o Direito, restaurando-lhes o *status* duradouro de ciência, ciência humana, social, reflexiva e dinâmica. A Sociologia Jurídica tem mesmo a pretensão de resgatar essas dimensões perdidas, e, ao mesmo tempo em que se ressuscita, ressuscitar junto a Ciência Jurídica no seu fundamento maior, a justiça ética, condição essencial para que seu valor maior seja uma realidade, mais do que um chavão acadêmico.

Este livro, assim espera o autor, é uma pequena e singela contribuição para o Direito e para a Sociologia especial do Direito. Mas não é um livro neutro, não no sentido de esconder conceitos e conteúdos e, eventualmente, pode mesmo revelar algumas posições à primeira vista incômodas, desde que pertinentes ao objetivo da obra. A obra pretende humildemente, a um tempo, revelar, sem a translucidez ora do medo ora do interesse pessoal, os conceitos dos autores e até onde eles nos podem levar a partir de uma reflexão pretensiosamente reveladora. Este é um livro didático pretensioso: tanto quanto pretensiosa possa ser a ambição de um professor em ser honesto com seus educandos. Mas não é um livro sobre verdades únicas.

Esta obra baseia-se fundamentalmente no pensamento dos autores clássicos da Sociologia e a partir de seus conceitos mais fundamentais explica as implicações e conseqüências para o Direito. Assim, após introduzir o leitor aos objetivos da Sociologia e da Sociologia Jurídica e suas origens no contexto histórico (Capítulos 1 e 2), passa-se a estudar o pensamento e os fundamentos jurídicos dos autores: Auguste Comte e o Direito Positivo (Capítulos 3); Émile Durkheim (Capítulos 4 e 5); Max Weber (Capítulos 6 e 7); Karl Marx (Capítulos 8 e 9). O Capítulo 10 trata das Instituições de Controle Social e das formas capilares de vigilância e disciplina, em uma perspectiva contemporânea para o entendimento das formas de poder, através do estudo dos pontos principais do pensamento de vários autores: Althusser, Adorno, Bourdieu, Certeau, Dahrendorf, Foucault e Hannah Arendt. Finalmente, em continuidade, também com autores contemporâneos como Agamben, Bauman e Habermas, o Capítulo 11 aborda a vida submetida à lógica perversa do intenso racionalismo e cálculo tecnocientífico como pretexto de uma sobrevivência, contudo, sem dó ou remorso, típico dos grandes sistemas totalitários modernos.

Apesar de se reconhecer que uma das dificuldades no estudo da Sociologia para o leigo é o tom intelectual com que as obras estão escritas, mesmo as introdutórias, precisa-se, por outro lado, dizer que os estudos universitários são naturalmente formadores de um conhecimento e intelecto de nível superior, e como tal, algumas expressões novas podem ser incompreensíveis ao leitor iniciante. Esta dificuldade é absolutamente aceitável, e não se confunde com a terminologia rebuscada que pouco contribui para o entendimento de uma ciência, principalmente para quem está iniciando. Por isso, ao final do livro, o leitor poderá encontrar um pequeno glossário, com algumas expressões possivelmente menos habituais, mas que são bastante comuns entre a literatura sociológica.

Além desse glossário, o leitor encontrará, ao final de cada capítulo, casos para discussão com exercícios a partir da leitura efetuada. A propósito: todos os casos constantes deste livro são obra de pura ficção, muitas vezes uma mistura de realidade com invenção, um devaneio da imaginação solta do autor, cujo intuito é apenas de auxiliar no estudo e aprofundamento dos conceitos e teorias passadas, relacionando-as com a realidade, por hipótese assim exemplificada. Desta forma, nomes, situações, lugares e personagens, se coincidirem com a realidade, terá sido mera coincidência.

1

A Sociologia e o Direito

Sociologia é a ciência que estuda a origem, o desenvolvimento e o dinamismo dos grupos humanos, ou seja, o comportamento dos homens orientado pelo grupo num processo histórico determinado.

Os homens produzem sua vida em grupo, relacionando-se sob determinadas condições, e, portanto, comportando-se de forma que a sobrevivência individual está submetida à sobrevivência de todos com os quais partilha uma cultura. A *sociedade* é, portanto, isto: o conjunto de seres humanos produzindo sua sobrevivência não de forma isolada, mas relacionados e comprometidos uns com os outros através de determinadas regras.

O conjunto de regras, leis escritas ou não, de teor religioso, moral, econômico, familiar e político, forma a *cultura* de um povo, que seguindo essas regras para conviver e sobreviver forma a sociedade. Especificamente, dentro dessa cultura, nos importa aqui estudar o papel do Direito, *essas leis escritas ou não*, na obtenção de condutas e relacionamentos de convivência pacífica entre os agentes sociais.

1.1 | A SOCIOLOGIA

A Sociologia quer saber e estudar quais são e sobre que condições essas regras de conduta orientam um grupo significativo de indivíduos, relacionando-os de forma suficientemente homogênea, capaz de lhes possibilitar a sobrevivência em grupo. A Sociologia, por outro lado, ao identificar as causas dessas formações sociais, ao entender o desenvolvimento histórico dessas formações socioculturais e políticas, pode, e o faz com insistência, não só entender o presente, mas investigar as conseqüências desse presente para o futuro. Quer dizer, de alguma forma, a Sociologia está comprometida com a mudança; mais do que desvendar os mistérios do passado das formações sociais interessa-lhe, a partir desse conhecimento, intervir na realidade das sociedades de forma a contribuir com a construção de seu futuro. O objeto de estudo da Sociologia é, portanto, conhecer as formações sociais passadas, presentes e opinar sobre as futuras.

É claro que essa visão e compreensão do papel transformador da Sociologia como ciência nem sempre foram aceitas. Historicamente a Sociologia só pode surgir em um contexto de profundas transformações sociais, e, portanto, a visão da Sociologia como capaz da construção de um modelo novo de sociedade está ligada à possibilidade de sugerir essas transformações. Por outras palavras: se politicamente a sociedade está dominada pelo autoritarismo e estados de exceção jurídica, difícil será defender o papel de agente de mudanças da Sociologia, e neste contexto, decifrar o passado e entender o presente já é uma atividade cerceada e reprimida. Portanto, para a Sociologia ser verdadeiramente uma ciência, precisa de liberdade.

Duas observações importantes: 1) construir de forma axiológica um modelo novo de sociedade não tem em si mesmo nenhuma conotação política mais definida, quer dizer, pode ser uma sociedade de esquerda ou de direita, de centro ou qualquer outra variação política, contudo, será fundamental a oportunidade de discussão para que se perceba a necessidade ou intenção de se construir esse novo modelo. Por exemplo, o nacional-socialismo (nazismo) foi um modelo autoritário e totalitário discutido e difundido amplamente na sociedade alemã antes de se instaurar como poder de fato (Hitler foi eleito em conjuntura de voto direto). Da mesma forma, a ditadura militar dos anos 1960, no Brasil, foi uma reação dos militares a uma sociedade mais à esquerda que o presidente João Goulart procurava instituir de forma concreta, num período de democracia mais ampla; 2) é evidente, por outro lado, que a Sociologia e o cientista social, quando aceitam uma postura de intervenção social por parte de sua ciência, fazem-no pensando num modelo teórico mais igualitário e mais justo, como forma mesma de resolver as questões mais complexas e problemáticas de uma determinada sociedade. Às vezes "o tiro sai pela culatra", é bem verdade, mas a intenção daqueles que propõem mudanças é sempre de melhorar e resolver os conflitos que o corpo social apresenta, e se formos analisar bem, vemos que têm a mesma origem desde o surgimento da vida humana em grupo: trabalho, propriedade, família e herança.

Por isso mesmo, o maior problema em Sociologia, como de resto nas ciências sociais de forma geral (Economia, Política, História, Filosofia, Geografia, Antropologia, Ciências da Religião), não é, como muitos continuam defendendo, a questão da neutralidade do pesquisador e cientista, mas as conseqüências de sua obra. Como o cientista social está "sempre imbuído das melhores intenções", e como o leque de opções para formatar um novo sistema social é bastante largo, qualquer coisa é possível como modelo novo, que muitas vezes não passa de algo igual ou mesmo pior do que já existe, disfarçado com uma roupagem e um discurso diferente.

Este fato leva à questão da moral, e de certa ética, que preserve a qualidade da iconoclastia criadora, mas que tenha como sentido maior a responsabilidade social daquilo que, à luz dos fenômenos sociais, possa vir a ser defendido e proposto.

Em nossa definição o comportamento social é *orientado* pelo grupo, não necessariamente realizado em grupo. De fato o comportamento social pode ser efetuado por indivíduos de forma isolada, mas tal comportamento continua sendo social, portanto objeto de estudo da Sociologia, se sobre essa conduta recai o peso da orientação coletiva de determinado grupo (p. ex., o ritual da limpeza pessoal é para os indivíduos adultos capazes de um ato eminentemente solitário; ainda assim esse comportamento está longe de ser uma opção estritamente pessoal mas sim orientada pela "mão invisível" do grupo social.

Prova disso é que geralmente pessoas não plenamente sociabilizadas ou excludentes do convívio social determinante imediatamente excluem de sua rotina a limpeza pessoal – crianças, mendigos, doentes mentais, ou mesmo certos grupos de contestação).

Do mesmo modo, comportamentos realizados em determinado grupo podem não ser comportamentos sociais, portanto não objeto de estudo da Sociologia, se essa conduta é inusitada, extravagante e não orientada por um grupo determinado (p. ex., a forma específica como cada aluno se senta em uma sala de aula não tem nenhuma orientação prévia do grupo social ao qual ele pertence, e ainda assim é uma conduta realizada em meio a um grupo).

Quando dizemos um grupo determinado pensamos em um conjunto significativo de pessoas que conseguem impor sobre seus membros a coercitividade de determinados comportamentos. Nesse sentido, pode ser uma sociedade ou um grupo relativamente menor; neste caso um subgrupo, mas é evidente que mesmo a coercitividade do grupo menor ou subgrupo estará necessariamente relacionada e coagida, por sua vez, pelos comportamentos desejados e ditados pelo grupo social maior em que está inserido, e ainda que certos comportamentos possam parecer destoantes do grupo geral, o particular só pode existir porque os limites impostos pelo grupo maior ou pela sociedade são permissivos para tal liberdade. Muitas vezes a procura por identidades em subgrupos parece possibilitar alternativas ao comportamento coercitivo da sociedade. Isto é verdade em termos: a) de alguma forma o subgrupo está ordenado dentro do permitido pelo grupo de origem; b) deve-se lembrar que esse subgrupo também imporá regras de convívio e determinará o desejável para as condutas dos membros dessa comunidade menor.

Disse-se que a Sociologia estuda fenômenos *historicamente determinados*. O que significa isto? Significa que estamos partindo da premissa que as formações sociais, as sociedades, não são eternas desde seu nascimento. Na verdade, mesmo que se pudesse assimilar objetivamente qual ou quais as características que marcam o nascimento de uma sociedade, percebe-se, facilmente, que cada grupo humano tem a capacidade de construir seu conjunto de regras, normas e comportamentos de forma diferenciada, e que, ao longo do tempo, essas formas vão se modificando.

Uma das discussões mais importantes em Sociologia refere-se exatamente a este ponto, ou melhor, ao papel que o ser humano tem na construção da sociedade a que pertence. Mas, seja qual for a importância que se dá ao ser humano na construção de sua própria existência, de forma geral se aceita que as sociedades são diferentes e se modificam ao longo do tempo. Portanto, pode-se concluir que aquelas regras de conduta e comportamento que formam e distinguem um grupo humano de outro tiveram causas diferentes e a cada momento novos fatores dominantes elevam cada agrupamento humano a formações diferentes.

Então, valores morais, formas de produção, formações familiares e repartição da riqueza social estão em permanente transmutação, podendo apresentar-se hoje tão completamente diferentes do ontem e do amanhã. A cada momento histórico, novas determinações influenciam as formações sociais e os destinos dos homens. Por isso dizemos que as sociedades são entidades em *processo*, movimento ao longo da história, envolvidas por fatores significativos de mudança. Povos diferentes, com culturas diferentes, formam diferentes formas de conviver e sobreviver, pelo conjunto, incorporando constantemente novos elementos transformadores. Pode-se, pois, dizer que a Sociologia é a ciência da complexidade e plasticidade transformadora da existência humana, enquanto grupo, da origem ao devir.

1.2 | SOCIOLOGIA APLICADA AO DIREITO

A *Sociologia aplicada ao Direito* está interessada em estudar o Direito com base nos fenômenos sociais. O grupo humano institui um conjunto de regras, leis, que orientam e obrigam os indivíduos a compartilharem de uma sobrevivência comum. O objeto da Sociologia Jurídica é a contribuição que o grupo humano determinado empresta para a consagração e formalização dessas regras, ou seja, entender a norma, escrita (aparelho jurídico formal), ou não escrita (extrajurídico), a partir das formações sociais específicas de cada sociedade e sua relação com os fenômenos sociais.

Como e por que se cria um conjunto de normas, e como essas normas constituem um sistema jurídico específico? O que existe no Direito além e acima dos códigos e dos conceitos puramente legislativos? Qual a penetração da Sociologia aplicada ao Direito, e qual a magnitude do Direito na sociedade? Direito para que e/ou para quem? A essas perguntas a Sociologia Jurídica procura responder.

A observação dos fatos tem revelado, de longa data, que nem sempre os fenômenos sociais são perfeitamente compreendidos e tratados pelo Direito, gerando, muitas vezes, erros de julgamento, distorcendo ou evitando concretamente a efetivação da justiça. Incontáveis vezes casos concretos entram em flagrante contraposição com as leis, e não raro isto se deve a preconceitos de interpretação da lei e dos textos legais. Então, ou a lei é despropositada, ou inócua, ou ela não é aplicada a contento pelo jurista. Seja como for, o que fica claro é que as formações sociais e seus acontecimentos – "*fenômenos sociais*"[1] – estão acima, e antes, dos códigos legislativos e de sua formalização num sistema positivo.

Existem juristas que confundem a Sociologia aplicada ao Direito com a Filosofia do Direito ou mesmo com a Ciência Jurídica. E ao fazerem isto, tendem a subordiná-la completamente ao Direito. Agindo dessa forma, não cometem apenas um erro metodológico ou fenomenológico, mas estabelecem uma visão bastante forte dessa relação sociologia–direito, qual seja, privilegiando a norma e a lei em detrimento da formação social determinada de origem. Não é um erro simples; é, simplesmente, a supressão da ordem das coisas como estas são. E de quebra, ainda estabelecem um Direito desprovido de movimento, de flexibilidade e adequação à vida concreta dos grupos sociais. *Não é possível entender a relação de fatos violentos e a propensão crescente*

1 Normalmente se usa a expressão "fatos sociais"; estamos usando a expressão "fenômenos sociais" por se apresentar mais adequada neste momento, pois, como veremos, "fato social" é um conceito único de uma visão de Durkheim, e que merece outras reflexões sociológicas além de seu uso vulgar.

à violência verificada contemporaneamente apenas a partir do normativismo dogmático do Direito.

Do mesmo modo, existem cientistas sociais que retiram do Direito qualquer penetração ativa na sociedade, submetendo-o integralmente aos fenômenos sociais, e não enxergam nele nada mais do que um compilado de normas, com algum valor apenas na resolução de disputas beligerantes, algo como um mal necessário, ou a serviço exclusivo do poder e dos poderosos. Portanto, negam erroneamente o Direito como condicionante social.

A primeira linha de pensamento é adequada a uma visão positiva de sociedade que agrada aos da velha guarda, educados num tempo em que a lei aparecia para os indivíduos como algo superior, distante e detentora de um poder de Estado que tem como função primordial "criar" a sociedade brasileira (e a própria identidade nacional). Em nome destes objetivos, em situações recentes da história brasileira, a lei e o Direito foram usados de forma autoritária para salvaguardar a legalidade do Estado fundante da brasilidade. Juristas e doutrinadores formados em épocas assim tendem a manter, em muitos casos, esta postura, que vê no Direito um sacrossanto sistema imutável, único, cuja prioridade é garantir a "ordem e progresso" da sociedade. Aqui o foco são as práticas processuais do Direito.

A segunda visão, por sua vez, parece mais uma rebeldia ou xenofobia apregoada como contrapartida à primeira. Analisando os fatos como eles se dão efetivamente nos processos sociais, podemos ver, a todo momento, como o Direito, com seu sistema jurídico estabelecido, interfere decisivamente na vida dos agentes sociais, condicionando de forma direta ou através de seus aparelhos ideológicos. Se de um lado o "fato social" dá origem a toda a superestrutura jurídica e lhe molda a fisionomia e comportamento, por outro, esse mesmo aparelho jurídico condiciona o conjunto de fenômenos sociais que constituem as estratégias de sobrevivência dos grupos humanos.

Quando queremos estudar a violência à luz da Sociologia aplicada ao Direito, não estamos desconhecendo o Direito como força agente nas formações sociais, nem tampouco reduzindo a Ciência Jurídica à

Sociologia; reconhece-se a especificidade do Direito, como uma realidade distinta. O que se quer com isto é afirmar que essa realidade deita corpo, tem raízes profundas e indissociáveis na sociedade, nos grupos humanos que se organizam numa formação histórica dada, em processo constante de transformação. *Assim, o Direito tem de observar de perto essa dinâmica, a interação entre sociedade e norma, encarar a mudança na medida exata da mudança das estruturas sociais e de seu aparato jurídico, diante das expectativas e tensões pertinentes na vida prática dos agentes sociais inseridos em um contexto de modernidade.* E, de forma igual, a Sociologia há de reconhecer a penetração do Direito na vida social.

A Sociologia aplicada ao mundo jurídico, todavia, não está impedida de que seu objeto seja o fenômeno jurídico e sua relação com a violência social, porquanto se configura apenas como um dos modos de abordá-lo. E neste modo especial de abordar, repetimos, de foco absolutamente social, constrói sua autonomia e não se confunde com outros modos, com a Filosofia do Direito, por exemplo. A Filosofia do Direito preocupa-se com a natureza do Direito, "suas causas e princípios últimos, seu conteúdo ético e seu mundo axiológico"[2].

A Sociologia aplicada ao Direito responde à necessidade de entender-se o Direito como fato social, em uma perspectiva que obedeça ao modo peculiar da Sociologia trabalhar com fatos sociais. Ao final, pode-se dizer que a sociedade que cria e sustenta o sistema jurídico, também se deixa influenciar por ele. O que não é pertinente é afirmar que o sistema jurídico seja, em si mesmo, criador autônomo de legislação e que esta, por sua vez, seja cumprida como imposição unilateral do jurídico, como se obtivesse total independência da sociedade que lhe dá origem.

2 F. A. de Miranda Rosa, *Sociologia do direito:* o fenômeno jurídico como fato social, Zahar, 1992, p. 50.

O caso do filho de cinco pais

Devido ao grande avanço da ciência e tecnologia novas situações e fenômenos sociais desenvolvem-se permanentemente nas sociedades contemporâneas.

Um bom exemplo disso é a moderna tecnologia de reprodução humana artificial, em laboratório, inclusive com possibilidades de manipulação genética, ou seja, alterando-se a fertilização de forma a criar condições predeterminadas de desenvolvimento de novos seres humanos. Muito em breve será possível não só clonar seres humanos, cópias de si mesmos, como alterar seus códigos genéticos de forma a nascerem com características escolhidas previamente (inteligência, cor, altura, sem determinada doença, ou com determinada doença a partir da qual se pode desenvolver o remédio etc). Algumas destas manipulações já são possíveis a partir do uso de células-tronco.

Imaginemos que uma criança seja reproduzida por métodos artificiais havendo a participação de cinco adultos: a mãe que doou o óvulo, o pai que doou o esperma, a barriga de aluguel e o casal que adotou a criança. Esta criança é "filha" de cinco pessoas. Nesse processo aproveitou-se para se efetuar determinada manipulação genética no embrião que possibilitou a utilização das células da placenta dessa criança para salvar comprovadamente de morte o filho natural do casal que adotou a referida criança. Esta criança crescerá e um dia chegará a oportunidade de se revelar sua origem, bem como todo o processo que salvou, outrora, o filho natural de seus pais adotivos, seu irmão de criação. Digamos que esse dia seja daqui a 15 anos.

EXERCÍCIOS

1. Defina com suas palavras Sociologia e Sociologia Jurídica.
2. A ciência deve ter limites morais e éticos, mesmo sob pena de não poder ser usada a favor da vida humana?
3. Daqui a 15 anos será difícil ou fácil explicar tudo a essa criança? Como será a reação dessa criança ao saber de sua história daqui a 15 anos?
4. Imagine que o caso está *sub judice*: faça o papel da defensoria em busca da autorização para que se realize tal processo; tente elaborar o discurso da promotoria contra a realização de tal processo.
5. Como legislador, tente elaborar a lei que possivelmente normatize tais procedimentos de reprodução humana de forma artificial, bem como possíveis manipulações genéticas.

2

Premissas de Sociologia Jurídica

Ao definirmos Sociologia, já se definiu sociedade: o conjunto de seres humanos produzindo sua sobrevivência não de forma isolada, mas relacionados e comprometidos uns com os outros através de determinadas regras. Se se olhar bem para esta definição de sociedade, pode-se entender que: 1) está dito que não pode existir sobrevivência humana fora do grupo, quer dizer, não podemos imaginar os homens sobrevivendo fora de um grupo humano; 2) e, para ser sociedade, é necessário que duas ou mais pessoas estabeleçam regras para regularem seu relacionamento. Daqui deriva a Sociologia Jurídica, como já se sabe. De forma simples: convivência, interdependência humana, regras, normas, leis, Direito.

2.1 | O NASCIMENTO DA SOCIOLOGIA

Para que o estudo da ciência social pudesse alçar vôos mais longos, era preciso pressupor que o processo histórico possuísse uma lógica relativamente estanque, de tal forma que a pesquisa social fosse concebida como instrumento de investigação racional. Se o homem produz a história e a produz de forma lógica, racional e determinada, a sociedade podia ser compreendida, porque apesar de ser obra humana, sua construção obedecia a padrões relativamente próximos da natureza.

Essa postura inicial diante da sociedade foi pioneiramente defendida por Vico (1668–1744), e acabou influenciando outros pensadores como David Hume (1711–1776) e Adam Ferguson (1723–1816). Em Ferguson, por exemplo, já encontramos a necessidade de compreender a sociedade a partir de seus grupos e não dos indivíduos isolados, idéia que, de certa forma, já estava presente na obra de Bacon, assim como a idéia de usar a experimentação e a indução – partir dos fenômenos particulares e construir a teoria geral.

No século XVIII o Iluminismo rompeu quase completamente com o modelo cartesiano, de Descartes, o método dedutivo, e insistiram num modelo baseado nas ciências da natureza. Assim procedendo engajavam-se no espírito mais newtoniano, um modelo de conhecimento baseado na observação, na experimentação e na acumulação de conhecimentos. Condorcet (1742–1794), por exemplo, insistiu num modelo capaz de entender a sociedade a partir da matemática e que chamou de "matemática social".

Como exemplo significativo dessa racionalidade baseada na natureza das coisas, ou como elas são na realidade observável e experimentável, encontra-se, ainda no século XVIII, Montesquieu (1689-1755), que, apesar de ser mais conhecido por sua obra política e jurídica, *O espírito das leis*, estabeleceu uma série de observações sobre a população, o comércio, a religião, a moral, a família e outros fenômenos sociais. No entanto, o que marca sua obra é exatamente o distanciamento do cartesianismo dedutivo – que explica os fenômenos particulares a partir da teoria geral, teoria essa concebida inicialmente como abstração racional do intelecto humano. Diferentemente de muitos iluministas da época – Locke e Rousseau – que ainda estavam presos ao dedutivo cartesiano, Montesquieu faz uma obra original partindo da observação da realidade social, aproximando-se, no entanto, dos demais pensadores de sua época quanto às pretensões revolucionárias, uma vez que esses autores iluministas percebem, diante dos fatos inusitados e radicalmente novos de sua época, que os homens estão dominados por experiências coercitivas no âmbito da política e da nova racionalidade produtiva, cuja causa é a industrialização.

A Sociologia tem, definitivamente, seus dois pés fincados na França. A França, no início do século XIX, ia-se tornando cada vez mais uma sociedade industrial. Com a introdução dos complexos industriais têxteis, temos a mesma fórmula e as mesmas conseqüências já observadas na Inglaterra: a miséria e o desemprego dos trabalhadores, e sua resposta imediata através de revoltas contra o capitalista e sua propriedade fabril, destruindo as máquinas, desacelerando a produtividade e efetuando greves sempre reprimidas violentamente pelas forças policiais burguesas. Eram visíveis, naquele momento, as utilizações intensivas do trabalho barato, o uso de mão-de-obra infantil e de mulheres, um fluxo desordenado de pessoas saindo do campo e dirigindo-se às cidades, gerando problemas de habitação, higiene, alcoolismo, prostituição massiva, baixa expectativa de vida e alta taxa de mortalidade infantil, entre outros.

Os impactos da Revolução Francesa e industrial foram tão profundos que ainda muito tempo depois os pensadores franceses se referiam perplexos a esse estado de coisas. Alexis de Tocqueville (1805–1859) refere-se à Revolução Francesa da seguinte maneira:

> A Revolução segue seu curso: à medida que vai aparecendo a cabeça do monstro, descobre-se que após ter destruído as instituições políticas, ela suprime as instituições civis e muda, em seguida, as leis, ou usos, os costumes e até a língua; após ter arruinado a estrutura do governo, mexe nos fundamentos da sociedade e parece querer agredir até Deus; quando esta mesma Revolução expande-se rapidamente por toda a parte com procedimentos desconhecidos, novas táticas, máximas mortíferas, poder espantoso que derruba as barreiras dos impérios, quebra coroas, esmaga povos e – coisa estranha – chega ao mesmo tempo a ganhá-los para sua causa; à medida que todas essas coisas explodem, o ponto de vista muda. O que à primeira vista parecia aos príncipes da Europa e aos estadistas um acidente comum na vida dos povos, tornou-se um fato novo, tão contrário a tudo que aconteceu antes no mundo e no entanto tão geral, tão monstruoso, tão incompreensível que, ao percebê-lo, o espírito fica como que perdido (Tocqueville, *apud* Martins, 1999:24-26).

É neste caldeirão de transformações e radicalizações, monstruosidades e esperanças que o século XIX mergulha em um misto de incompreensão e desorganização econômica, social e política, que surpreende e que está, inicialmente, acima da capacidade da própria classe burguesa de decifrar e gerenciar.

Assim nasce a Sociologia. Para os primeiros pensadores das ciências sociais, as preocupações estão ligadas a conceitos como "anarquia", "perturbação", "crise", "desordem". Portanto, é natural que, uns mais conservadores do que outros se dediquem a racionalizar uma nova ordem a partir das rupturas que as Revoluções Industrial e Francesa provocaram. E, por isso, é natural que sejam quase unânimes em advogar a necessidade de uma ordem capaz de gerar a paz e o progresso das novas forças presentes no cenário do século XIX.

Houve quem se opusesse à formação de uma sociedade alicerçada no urbanismo das cidades, na grande indústria, na aplicação da ciência e tecnologia a serviço do empreendimento capitalista. Entre eles Edmund Burke (1729–1797), Joseph de Maistre (1754–1821), Louis de Bonald (1754–1840). Mas o que se percebe nesses autores é mais uma tendência a se posicionarem a favor de uma ordem eclesiástica e monarquista, elitista e aristocrática, do que exatamente defendendo as classes sociais dominadas e exploradas pelo capitalismo nascedouro a partir das Revoluções Industrial e Francesa.

De qualquer forma, a história, e principalmente a história no sistema capitalista de produção, não anda para trás. Mesmo quando se parece repetir, ela se reveste de condições novas e formas novas. Os pioneiros da Sociologia constroem uma ciência que resgata valores tradicionais como "família", "religião", "grupo social", "ordem", "autoridade", "disciplina" e "hierarquia". Sua visão tem raízes nos conservadores mais radicais defensores da velha ordem feudal, mas sua articulação parte da realidade dos séculos XVIII e XIX, não querendo destruir a nova correlação de forças, nem tampouco a revolução burguesa, mas daí para frente, reorganizando e procurando uma nova ordem capaz de restabelecer a "coesão social", contra os "profetas do passado", no sentido das novas ordens econômica, social e política.

Portanto, quando dizemos que a Sociologia nasce conservadora, estamos, na verdade, comparando-a, naquele momento, com a noção, contemporânea, de fazer ciência a favor das classes oprimidas, o que, certamente, não era o pensamento dos pioneiros da Sociologia.

Nesse sentido, a Sociologia nasce positivista. Os pioneiros são destacadamente aqueles que de forma positivista vão conceber, elaborar e amadurecer a nova ciência humana, elevando o estudo do comportamento humano em grupo à categoria de ciência.

2.2 | VISÕES DE SOCIEDADE

Esta visão de sociedade, no entanto, não passa despercebida a visões diferentes na origem da sociedade humana, não só na Sociologia geral, como na jurídica. Existem algumas variações no conceito de sociedade.

Para alguns pensadores, a concepção de *sociedade natural* despreza completamente a possibilidade de existência humana fora de um determinado grupo regrado – Aristóteles (384–322 a.C.), Sto. Tomás de Aquino (1225–1274), Friederich Engels (1820–1895) e Karl Marx (1818–1883). Nunca existiu humanidade fora do grupo, conseqüentemente todos nascem em um grupo com regras de convivência, o que estabelece, antes mesmo do nascimento, direitos e obrigações. Além disso, a sociedade natural não é uma sociedade jurídica, no sentido de que os homens ali se regulam de forma objetiva, definida e comum, o que implica sanções, produto de uma consciência e consentimento coletivo, independente de um aparelho político "oficial". De forma geral, para estes autores a sociedade cria-se a partir da necessidade de sobrevivência e produção de bens.

Para outro grupo de pensadores, existe a sobrevivência humana em grupo, mas com grandes dificuldades em manter regras definidas e comuns de convivência, o assim chamado *estado de natureza*. Esta visão é comum entre os chamados contratualistas, como Thomas Hobbes (1588–1679), John Locke (1632–1704) e Jean-Jacques Rousseau (1712–1778). Para estes autores, portanto, é possível a existência de grupo, formações sociais determinadas, mas sem regras de convivência amplamente aceitas, vale dizer, juridicamente aceitas, principalmente no que diz respeito às questões de propriedade.

O *estado de natureza* apresenta os humanos convivendo em grupo com direitos naturais, até mesmo de propriedade, como em Locke e Rousseau; vivendo em harmonia – Locke, ou em permanente estado de guerra pela conquista dessas propriedades, salvaguardando os direitos iguais naturais e de herança – Hobbes. Para Rousseau o problema não seria a questão da propriedade, mas sim da propriedade privada. Seja como for, para esses autores, pelo menos à luz de sua teoria, pois o *estado de natureza* é um recurso teórico, os humanos podem nascer em grupos sociais definidos, mas sem a formalização de regras, sem regras gerais de convivência e interdependência que regulem direitos e deveres. Por isso, para eles, o *estado de natureza* não é uma "sociedade civil" propriamente dita, uma vez que carece de regras jurídicas, comuns e integradoras que disciplinem a sobrevivência de todos.

Outra visão pode-se encontrar em Émile Durkheim (1858–1917) com o seu conceito de *horda*. Na *horda* os humanos se digladiam permanentemente por uma existência completamente individual e desvinculada de qualquer noção de grupo. Para Durkheim, pois, é possível que humanos tenham sobrevivido por certo tempo sem qualquer relacionamento regrado. Neste pormenor, o de um estado beligerante por natureza, onde os humanos sobrevivem no caos e desordem total na busca de sua sobrevivência, existe uma semelhança entre Durkheim e Hobbes, pois os homens destroem-se na busca dessa sobrevivência individualista e sem noção de limites de convivência em grupo. A diferença entre eles é que o *estado de natureza* é um grupo, e a *horda* não chega a sê-lo.

Para os contratualistas, basicamente os acima citados, na impossibilidade de convivência harmoniosa duradouramente, os indivíduos saem do *estado de natureza* e fundam a sociedade propriamente dita, a *sociedade civil* ou *sociedade jurídica*, o Estado. Na *sociedade civil* os indivíduos convencionam entre si, através de um pacto, que certas regras serão comuns e passarão a regular os direitos e deveres de cada um, com pena de lhes serem imputadas sanções e punições mais ou menos severas.

Aqui nasce, pois, numa visão contratualista, o *contrato social*, base do sistema legislativo mais abrangente e do Estado.

Existe ainda outra visão de sociedade, diferente destes autores, cujo foco não é o grupo, mas o comportamento individual referenciado pelo outro. No pensamento de Max Weber (1864–1920), o que define o conceito de sociedade é a possibilidade sempre presente de que um indivíduo administre e realize suas ações no grupo orientando-se pela expectativa que acredita esperarem de seu comportamento. A diferença está em que o que leva um indivíduo a determinado comportamento não é tanto a determinação do grupo, a coação externa, impositiva, mesmo que formalizada pelo ordenamento jurídico, mas a compreensão subjetiva do que os outros esperam de seu comportamento, portanto, não sujeita a uma previsibilidade categórica.

De qualquer maneira, apesar das formas diferentes de entender o conceito de sociedade, importa perceber que todas as concepções respeitam o fato essencial: a sociedade é um conjunto de indivíduos, chamados de agentes sociais, organizados de forma tal que as ações individuais estão sempre relacionadas e referenciadas por certa *consciência coletiva* que impõe um comportamento médio esperado, a partir do qual, mais ou menos coercitivamente, todos sabem que além dele existe sempre a possibilidade bastante real de serem alvo de sanções. O quadro a seguir ilustra estas visões de sociedade:

Quadro 2.1 – Visões de sociedade

Aristóteles, Sto. Tomás, Engels/Marx	Hobbes, Locke, Rousseau	Durkheim	Weber
Sociedade Natural	Sociedade Jurídica	Sociedade	Sociedade
Sempre existem regras definidas e comuns criadas a partir da necessidade de sobrevivência e produção de bens	A sociedade nasce pelo contrato social que estabelece regras objetivas e comuns a partir do "estado de *natureza*"	É a divisão do trabalho que cria a sociedade regrada a partir do caos da "*horda*"	A sociedade é apenas o produto de relações pessoais e subjetivas

Por outro lado, seja qual for o entendimento que se faça sobre sociedade, num ponto existe concordância: o ser humano precisa dela para se sociabilizar, quer dizer, só na relação com seus semelhantes o homem aprende a ser humano e se vê como tal. Na convivência com o grupo social, com normas definidas, objetivas e comuns, ou seja, com certo grau de desenvolvimento organizacional, ou ainda em estado prematuro de organização social, o ser humano precisa ser educado a partir dos hábitos e valores do grupo no qual nasceu e/ou com base no qual vai lentamente desenvolvendo suas estratégias de sobrevivência. O homem nasce apenas com a plasticidade cerebral e física capaz de aprender, e de acordo com esse aprendizado, misto de ensinamentos e experiências, torna-se humano e assim desenvolve-se como tal.

Por este motivo, e a título de exemplo, podemos citar o mito do Tarzan e contrapô-lo à história de Robinson Crusoé. Para a Sociologia, de forma geral, não seria possível que um indivíduo nascido ou abandonado à sua sorte no meio da selva, tendo sobrevivido e crescido nesse ambiente e em contato apenas com outros animais, pudesse de alguma forma se tornar humano, a não ser em seu aspecto físico, rudimentar, no entanto, pois apesar de ter essa herança genética, a convivência com outros animais e com esse ambiente não humano o impediria de absorver a educação e as experiências próprias dos seres humanos. Em outras palavras, esse indivíduo seria mais um animal irracional e teria comportamentos e compleição física semelhantes aos de um quadrúpede, imaginando-se que houvesse sobrevivido.

Mesmo quando adulto, uma pessoa plenamente sociabilizada por seu grupo humano, se por qualquer motivo ficar isolada, como numa ilha, e ficar à mercê de parcas condições de sobrevivência, ou morrerá ou lentamente perderá sua humanidade, começando a adquirir, inclusive no aspecto físico, contornos e semelhanças com esse ambiente inóspito. Em outras palavras: mesmo já plenamente sociabilizado o ser humano perde lentamente esta condição e se brutaliza até a uma condição animalesca se for isolado, afastado da convivência do grupo humano, isto se conseguir sobreviver. Esta é a história de Robinson Crusoé, que só conseguiu sobreviver, mesmo quando já adulto e perdido numa ilha, por ter revertido esse processo de brutalização ao ter contato com outro ser humano, o personagem Sexta-Feira, que apesar de ter características completamente diferentes e ter códigos valorativos bastante diferentes, tinha algo em comum a todos os seres humanos: inteligência, racionalidade e um conjunto de valores e comportamentos semelhantes em todos os homens, por exemplo, noção do bem e do mal, sentimentos e noção de convivência humana[3]. Portanto, o homem precisa do grupo social não só para se tornar humano, mas também da convivência permanente com seu semelhante para não deixar de sê-lo.

2.3 | O MODO DE PRODUÇÃO CAPITALISTA

Como Fritjof Capra menciona em seu livro *O ponto de mutação*:

> Na mecânica newtoniana, todos os fenômenos físicos estão reduzidos ao movimento de partículas materiais, causado por sua atração mútua, ou seja, pela força da gravidade. O efeito dessa força sobre uma partícula ou qualquer objeto material é descrito matematicamente pelas equações do movimento enunciadas por Newton, as quais formam a base da mecânica clássica. Foram estabelecidas *leis fixas* de acordo com as quais objetos materiais se moviam, e acreditava-se que elas explicassem todas as mudanças observadas no mundo físico. Na concepção newtoniana, Deus criou, no princípio, as partículas materiais, as forças entre elas e as leis fundamentais do movimento. *Todo o universo foi posto em movimento desse modo e continuou funcionando, desde então, como uma máquina, governado por leis imutáveis.* A concepção mecanicista da natureza está, pois, intimamente relacionada com o *rigoroso determinismo, em que a gigantesca máquina cósmica é completamente causal e determinada*. Tudo o que aconteceu teria tido uma causa definida e dado origem a um efeito definido, e o futuro de qualquer parte do sistema poderia – em princípio – ser previsto com

3 O mesmo fenômeno pode ser visto no filme clássico "O Enigma de Kasper House", e mais recentemente no filme "O Náufrago".

absoluta certeza, desde que seu estado, em qualquer momento dado, fosse conhecido em todos os seus detalhes (Capra, 1992:61 – grifos nossos).

E mais adiante:

> O próprio Descartes (1596–1650) esboçara as linhas gerais de uma abordagem mecanicista da física, astronomia, biologia, psicologia e medicina. Os pensadores do século XVIII levaram esse programa ainda mais longe, aplicando os princípios da mecânica newtoniana às ciências da natureza e da sociedade humanas. As recém-criadas ciências sociais geraram grande entusiasmo, e alguns de seus proponentes proclamaram ter descoberto uma *física social.* A teoria newtoniana do universo e a crença na abordagem racional dos problemas humanos propagaram-se tão rapidamente entre as classes médias do século XVIII, que toda essa época recebeu o nome de Iluminismo (Capra, 1992:63).

É precisamente este conceito de "física social" que determina, pois, a forma inicial de como a Sociologia irá formular e entender seu objeto de estudo: o comportamento humano em grupo historicamente determinado.

Ao contrário do que se pensa a Sociologia não nasce revolucionária. De certa forma, a Sociologia carrega no imaginário das pessoas o entendimento de uma ciência revolucionária, mais do que simplesmente uma ciência compreensiva, isto é, a Sociologia é entendida como um conhecimento capaz de mudar a realidade social, de intervir e provocar mudanças na sociedade.

Como se disse, uma posição de intervenção modificadora das relações e fenômenos sociais pode ser um dos objetivos da Sociologia numa perspectiva histórica. Contudo, só se pode acreditar que essa intervenção seja construída de forma profícua com a compreensão histórica e contextual das particularidades do grupo humano determinado.

Mas, a Sociologia como ciência nasce nos anseios e ardores do século XVIII e, portanto, como toda a ciência, não pode desamarrar-se inicialmente das idéias Iluministas que dominam o cenário filosófico da época. Assim, mais do que a preocupação em intervir revolucionariamente, em provocar profundas mudanças no ambiente social, a Sociologia nasce mecanicista, determinista, preocupada com o objeto em si mesmo – o comportamento humano em grupo e suas manifestações, os fenômenos sociais –, mais do que com as possibilidades de mudança; nasce querendo entender as causas num purismo que morre ali mesmo na compreensão desse objeto.

A Revolução Francesa (1789) e a Revolução Industrial na Inglaterra (1ª Fase: 1760 a 1860) têm extrema importância para o surgimento da Sociologia. A profundidade das transformações colocadas em curso pela Revolução Industrial no âmbito produtivo, do trabalho e da economia, e pela Revolução Francesa no âmbito filosófico e político, colocaram a sociedade em plano de análise, quer dizer, a sociedade passava a constituir um "problema", isto é, um "objeto" que deveria e poderia ser investigado. No fundo, as transformações eram sentidas pelos pensadores como decorrência de uma revolução maior, a revolução burguesa, que arrastava atrás de si a radicalização de um movimento revolucionário vitorioso que destruía o modo de produção anterior, reconstruía as formas e os instrumentos de trabalho, provocava alterações sociais.

A conseqüência mais radical desse período foi o surgimento da sociedade capitalista, vitoriosa para os burgueses, mas catastrófica para os trabalhadores. Os níveis de degradação e desqualificação do trabalhador, a transformação dos ofícios em "trabalho abstrato"[4], a contratação da força de trabalho do trabalhador, como mercadoria,

4 Trabalho abstrato – sem conhecimento concreto e inteiro de um ofício; possibilidade de contratação pelo capitalista: o que ele compra do trabalhador não é seu conhecimento para fazer um objeto inteiro e útil, mas a força de trabalho, geral, a capacidade de manipular ferramentas de trabalho, máquinas, numa produção fabril, simplificando as funções, pagando por tempo de trabalho médio, não pelo produto ou conhecimento, transformando, assim, trabalho concreto em trabalho abstrato, o conhecimento em força de trabalho, o produto desse conhecimento em mercadoria e o trabalhador em operário.

pelo capitalista, e a transformação do trabalhador em operário fabril fizeram surgir o proletariado como classe social, em oposição à classe capitalista burguesa. Assim, a conseqüência dessa organização foi que os "pobres" deixaram de se confrontar com os "ricos", mas uma classe específica passou a se confrontar com outra classe específica: o proletariado com a burguesia.

O capitalismo transforma a sociedade em classes definidas pelo seu papel na produção: os proletários, possuidores tão-somente de sua força de trabalho, transformada em mercadoria como trabalho abstrato, e os capitalistas, detentores, proprietários das forças produtivas, quer dizer, dos instrumentos e formas de trabalho (máquinas, força de trabalho, conhecimento técnico-científico, capital). Nessas condições de desigualdade, dominação e exploração do trabalho humano "coisificado"[5] e mercantilizado, a classe trabalhadora vai desempenhar um papel histórico fundamental como oposição sistemática e organizada ao capitalismo. Em decorrência dessa oposição, que na vida concreta das pessoas aparece como miséria e aviltamento da qualidade de vida e da própria condição humana, se faz urgente, primeiro, entender essas novas relações e comportamentos sociais, e, segundo, equacionar essa realidade de forma a provocar um novo paradigma que sustente nas esferas filosófica e política a hegemonia da classe burguesa, seus privilégios e seu projeto de modernidade.

O projeto de modernidade, o projeto social burguês para aumentar a qualidade de vida e a expectativa de vida da sociedade, precisa da consolidação do modelo produtivo de consumo de massa, perpetuando economicamente as relações desiguais entre capital e trabalho, e, no âmbito político, instituindo o Estado de direito burguês – daí a necessidade da Revolução Francesa. Daí a necessidade de uma Sociologia e de um Direito positivo.

É difícil precisar quando exatamente os acontecimentos do século XVIII – Revoluções Industrial e Francesa – levaram os pensadores a

5 Coisificado – coisa; o trabalho humano ao ser contratado como força de trabalho – capacidade de executar algo – é transformado num objeto possível de ser manipulado, comprado, vendido, transformado, e assim virar uma mercadoria como outra qualquer.

se interessar por uma ciência social capaz de desvendar os acontecimentos dessa época. Na prática é impossível determinar uma data para o surgimento da Sociologia. O pensamento e as obras que apontam para essa preocupação são muitas e estão espalhadas ao longo do século XVIII. Evidentemente que a preocupação com o estudo da sociedade encontra interesse muito antes desse período, como por exemplo, em Francis Bacon, cuja preocupação é tentar entender o social desvinculado do pensamento teológico. No entanto, são os acontecimentos revolucionários do século XVIII que vão definitivamente iluminar o pensamento humano para a compreensão da sociedade como fenômeno autônomo.

2.4 | ASPECTOS JURÍDICOS NOS PERÍODOS HISTÓRICOS

Ao longo da história aspectos jurídicos vão sendo criados e vão-se transformando no intuito dos homens organizarem e regularem da melhor forma possível a sobrevivência coletiva. Desde o Código de Hamurabi (Babilônia: 1750 a.C.) até nossos dias – passando pela Lei de Talião (código judaico-cristão passado por Deus a Moisés, conforme o livro Êxodo, da Bíblia Sagrada, capítulo 21, versículos 23-25, logo após a saída dos judeus da escravidão do Egito: 1250 a.C.), pelo legalista Sólon (594 a.C.) e o reformador Clístenes (510 a.C.), pela Lei das XII Tábuas (Império Romano: 451–449 a.C.), pelo Manual dos Inquisidores (Europa Medieval: 1376), pela revolucionária proposta do Direito Natural (século XVI), pela fundamentação contratualista do Direito Positivo (séculos XVII–XVIII) e pela discussão filosófica entre Positivismo Jurídico e Direito Histórico-valorativo (primeira metade do século XX), até o Pragmatismo e Realismo Jurídico de nossos dias (segunda metade do século XX) –, os homens têm procurado uma idéia e visão de Direito, quer dizer, de organização normativa sistemática como institucionalização capaz de auxiliar na harmonia possível do convívio social.

Para a Sociologia, a que se debruça sobre essa prática normativa institucionalizada, interessam – na intenção de demonstrar como tal normatividade sistêmica, com poder central na sociabilização e convívio coletivo, se movimenta ao longo da história, e na intenção de construir um pensamento do processo histórico do Direito como instituição social fundamental –, todas as manifestações das sociedades nesse sentido. No entanto, como o intuito deste capítulo é o de preparar o leitor para as principais escolas sociológicas modernas e suas implicações jurídicas, fizemos um corte bastante sintético dessa história do Direito e de suas filosofias, apontando as principais características dos grandes períodos da história, se assim pode-se dizer: Idade Antiga, Idade Média, Renascença, Idade Moderna.

Na Idade Antiga o que caracteriza, no entanto, a prática jurídica dos povos é a oralidade, tanto do ponto de vista da acusação como da defesa, uma e outra totalmente impregnadas pelo testemunho ocular dos deuses. O discurso, a contestação retórica das partes e a necessidade da prova pelo juramento diante dos deuses, eis como normalmente o judiciário se comportava diante do litígio. Ao jurar, o indivíduo se colocava diante dos deuses e se houvesse prestado falso juramento logo seria alvo de sua ira superior, o que fazia com que o culpado acabasse por se denunciar diante da recusa do juramento. Assim, a velha prática da prova da verdade jurídica depende da capacidade de convencimento e da coragem dos litigantes, e não da constatação dos fatos, do testemunho dos presentes, do inquérito e tampouco da lei escrita como base da punição, que na maioria dos casos fica a critério do governante ou da autoridade máxima constituída para julgar e punir. Mesmo nos casos específicos e bastante isolados de tentativas de se julgar pelo código estabelecido formalmente, é duvidoso se os governantes e as elites da época respeitavam essa formalidade, que, de qualquer forma, servia muito mais como prescrição penal do que processual.

Não é por acaso que Michel Foucault aponta o texto literário de Édipo Rei (Sófocles, 430 a.C., Grécia) como um marco diferenciado na ação jurídica processual, uma vez que, neste caso, mais do que o discurso jurídico e para além do "poder", a verdade é conhecida pela reconstituição dos fatos, a investigação, e pela colocação em cena de um elemento processual primordial até os dias de hoje: a testemunha, a testemunha ocular.

> Podemos dizer, portanto, que toda a peça de Édipo é uma maneira de deslocar a enunciação da verdade de um discurso de tipo profético e prescritivo a outro discurso, de ordem retrospectiva, não mais da ordem da profecia, mas do testemunho (Foucault, 1999:40).

Ainda assim, essa transvaloração da "prova divina", do juramento e do desafio diante dos deuses, em "prova material", o relato dos fatos, a reconstituição, retrospectiva, o testemunho, mesmo na peça teatral Édipo Rei, está permeada ainda pela submissão do destino humano aos deuses e, principalmente, constitui uma metáfora poderosa contra o poder, no caso de Édipo, que é rei. Portanto, se de um lado Sófocles introduz a noção de um julgamento com base na lei, e se o ritual processual condenatório cala em certa altura os deuses em nome dos fatos e dos testemunhos dos homens, por outro lado essa introdução material de provas reflete a denúncia que só assim provavelmente poder-se-ia condenar o rei Édipo, uma denúncia direta ao poder que interfere nas decisões condenatórias da época, sobretudo quando esse poder e riqueza se aliam ao divino e à interpretação desse divino pelos oráculos e profetas. Se de um lado a peça Édipo Rei ainda está impregnada de uma visão jurídica divina (p. ex., quando Édipo sabe que a peste em Tebas é punição dos deuses por ato de conspurcação e assassinato, jura exilar a pessoa que tivera cometido tal crime, evidentemente sem saber que ele mesmo o cometera) e de poder temporal (p. ex., quando o próprio rei chama as testemunhas e dirige de forma pessoal todo o processo investigatório, afirmando sempre que o faz como rei de Tebas, até que seu poder lhe é recusado pelo povo quando este descobre que tal poder estava construído pelo assassinato do pai e o casamento incestuoso com a mãe), por outro lado refere-se a um tipo de julgamento a ser consagrado na Idade Moderna como objetivo/positivo capaz de fazer frente a um tipo de Direito onde o divino e o poder impedem a efetivação da justiça entre os homens.

Dessa forma, o inquérito material processual nasce juridicamente na Idade Antiga, mas ainda por muitos séculos estará totalmente permeado pelas outras visões de Direito, pelo divino e pelo poder político e econômico, que nunca andam separados. Essa tentativa de instaurar efetiva e eficientemente um inquérito não subsidiado pelos avatares divinos e de poder é, ao mesmo tempo, a luta pela autonomia do Direito e da Filosofia em bases democráticas. Talvez um sonho irrealizável pelos homens até nossos dias; mas um sonho que está na origem da própria autonomia jurídica e filosófica por liberdade e justiça, e em nome do qual personagens humanas extraordinárias dedicaram e deram, literalmente, suas vidas. Como exemplo, ainda neste mesmo período de florescimento intelectual e cultural grego, o século de Péricles (Século V a.C.) em Atenas, encontra-se a figura expoente de Sócrates (469-399 a.C.), que, com seu julgamento e condenação (400–399 a.C.), quase voluntária, mantém-se firme por um Direito processual absolutamente independente da associação entre o misticismo e o poder das elites, como forma de sustentar um jurídico eficiente, efetivo e profícuo na promulgação da justiça. E ao mesmo tempo em que denuncia a injustiça provocada pela interferência dessas esferas no inquérito, Sócrates encerra definitivamente o ciclo sofístico de uma retórica superficial e impregnada de interesses escusos e inaugura a verdadeira Filosofia como dialética da essência. Por isso, entre outras coisas, podemos dizer que Direito, Filosofia e Sociologia, assim como as demais ciências humanas, são especialidades que se completam.

Mais tarde, no julgamento e condenação de Jesus Cristo, o inquérito, que de alguma forma já existia no Império Romano, e apesar de toda a estrutura normativa legal e processual existente, o Código Romano, foi muito mais o poder do Sinédrio, na figura de Caifás, e do governador romano, Pilatos, diante de uma conjuntura política e econômica delicada, que decidiu, apesar dos fatos e da lei, a favor da Sua condenação como "Rei dos Judeus", a única acusação jurídica que Pilatos encontrou para O condenar. Nas palavras de Rui Barbosa: "De Anás a Herodes, o julgamento de Cristo é o espelho de todas as deserções da justiça, corrompida pelas facções, pelos demagogos e pelos governos" (1957:71).

Na Idade Média, a grande instituição processual-penal é o Tribunal da Inquisição, que é institucionalizado pelo Papa Gregório IX em 20 de abril de 1233; o Papa Inocêncio IV, em 1252, na bula *Ad extirpanda* autorizava o uso da tortura. Em 1376, por autoria do inquisidor Nicolau Eymerich, oficializou-se o *Directorium Inquisitorum* (Manual dos Inquisidores), onde encontramos conceitos, normas processuais e termos em que as sentenças deveriam ser proferidas pelos inquisidores. Embora o inquérito não seja exatamente uma criação da Igreja Católica medieval, sem dúvida que é neste período que este instrumento jurídico toma notória importância e passa a substanciar os julgamentos e sentenças punitivas.

Entretanto, não devemos imaginar que o inquérito medieval da Santa Inquisição se assemelha ao de nossos dias; evidentemente a instituição do inquérito desde a Idade Antiga, até nossos dias, tem uma particularidade comum e genérica: servir de instrumento no processo de julgar e punir com bases sólidas, a partir de elementos que possibilitem chegar à verdade dos fatos e de acordo com esta sentenciar. Esses elementos "sólidos" do inquérito são as provas – conseguidas por investigação, denúncia ou oferecimento –, as testemunhas – presentes, oculares ou mesmo não presentes, mas com informações relevantes –, os depoimentos – nem sempre honestos e espontâneos. A partir destes elementos, devidamente registrados, constitui-se um processo que levará a julgamento as partes envolvidas, pessoas e instituições, e que perante a lei, a doutrina, a jurisprudência e outros fatores subjetivos, deverá culminar com uma sentença dizendo quem é o culpado e por quê, imputando uma sentença condenatória, ou mesmo absolvendo-se quem estava por réu no processo montado.

Ora, esta descrição de julgamento na Idade Média deixa muito a desejar, pois tanto os inquisidores da Igreja, sempre envolvida no caso do Santo Ofício, Inquisição, e quase sempre também, ainda que indiretamente, nos demais casos, bem como os demais inquisidores dos reis e príncipes ou seus prepostos, têm uma particularidade própria do poder que possuem: a grande característica do inquérito na época é que acaba por não se distinguir uma Falta moral de um Crime contra outrem. Dessa forma, um simples esbarrar e derrubar um nobre ou membro da igreja, como um furto de uma maçã na feira, tanto quanto um crime de assassinato, têm praticamente o mesmo peso diante de um tribunal, seja o Tribunal de Inquisição, seja aquele efetuado no meio da praça da cidade ou vila.

> Quando a Igreja se tornou o único corpo econômico-político coerente da Europa nos séculos X, XI, XII, a inquisição eclesiástica foi ao mesmo tempo inquérito espiritual sobre os pecados, faltas e crimes cometidos, e inquérito administrativo sobre a maneira como os bens da Igreja eram administrados e os proveitos reunidos, acumulados, distribuídos etc. (Foucault, 1999:71).

Obviamente a Idade Média é um período extenso (aproximadamente 1000 anos). Por todo esse período os inquisidores, tanto os da Igreja como os dos reis e príncipes, usaram o inquérito como forma de administrar seus bens e posses, portanto um processo de governo, ou em outras palavras, uma maneira de se exercer o poder. Assim, o inquérito, ainda que vá se transformando e se aproximando mais da forma legalista e técnica que chega a nossos dias, o fato é que, como na Idade Antiga, na Grécia, em Roma, no Império Germânico, está submetido à governabilidade dos poderosos sobre os homens comuns, e, dessa forma, mesmo quando os institutos do flagrante, da testemunha, da prova são apreciados, sempre haverá formas, até a tortura, de modificar a verdade e submetê-la ao jogo de interesses do poder. É por essa razão que o inquérito do Santo Ofício passa a considerar o dano como falta moral, uma falta religiosa e passível das práticas brutais da Inquisição: é uma forma de governar.

Do mesmo modo que no início da Idade Média (Alta Idade Média) o judiciário incorpora as antigas práticas do Império Romano e as do Império Germânico, no fim da Idade Média (Baixa Idade Média) um novo fator se incorporará ao processo jurídico: o saber, próprio do renascimento do homem, das ciências e das artes, após o negro período medieval, e que se prolongará pelos séculos XV e XVI, culminando no século XVIII com o Iluminismo e o advento da Idade Moderna. Durante esses três séculos, o direito de cunho eminentemente religioso – teocêntrico –, se transforma em um Direito antropocêntrico, portanto, rejeita o Direito Divino. Esta é a maior revolução e dádiva do período chamado Renascença, o Direito Natural ou Jusnaturalismo.

O Jusnaturalismo renascentista – diz-se assim porque desde a Idade Antiga os filósofos têm noção de direitos que são naturais e direitos postos pelo homem –, pode ser subdividido em dois grandes grupos filosóficos: o Jusnaturalismo Inato e o Jusnaturalismo Empírico-social. O primeiro tipo tem por base os direitos da condição humana, ou seja, autores como Hugo Grócio (1583-1645) e Samuel Pufendorf (1632-1694) vão trabalhar com a idéia de que os homens, por serem seres absolutamente diferenciados em relação aos outros seres vivos, adquirem, naturalmente, por essa condição humana, direitos inalienáveis e imutáveis, direitos de sua condição humana. A contribuição do inatismo do Direito Natural é fundamental para o Direito contemporâneo, não só pela ruptura corajosa que estes autores fazem com o Direito Canônico – teológico –, mas fundamentalmente porque deixaram noções racionais que até hoje são respeitadas pelos sistemas jurídicos de todo o mundo, tais como os direitos humanos, uma plataforma positiva e relativamente estável de Direito Internacional e Tribunais Internacionais (Nuremberg, Haya).

Essa noção de direitos inalienáveis e imutáveis, por advirem da condição humana, deu origem à declaração dos direitos humanos na Revolução Francesa (1789), assim como ao estatuto da ONU sobre o mesmo assunto. Apesar de ser uma idéia naturalmente racionalista, produto da abstração da mente humana renascentista, o Direito Natural Inato é, até nossos dias, uma poderosa arma contra a prepotência e autoritarismo do Estado moderno, ao afirmar que nenhum Estado poderá legitimar seu poder diante dos cidadãos se lhes retirar esses direitos, que não emanam da organização social e política, mas que derivam intrinsecamente da condição humana.

O mesmo pensava o empirista inglês John Locke (1632-1704): que direitos naturais não podem e não devem ser alterados pelo Estado moderno. Mas Locke era um contratualista, e como tal desprezou a supremacia do Direito Natural sobre o Direito Posto (Positivo), substituindo essa supremacia por um instrumento de conveniência social que pudesse em sua concepção sustentar o poder e a legitimidade do controle e punição legal do Estado: esse instrumento, com base na experiência (empírico) social, é o *Contrato Social* (contratualismo). Assim como Locke, outros dois autores são conhecidos por sua adesão a esta mesma visão de Direito dos séculos XVII e XVIII: Thomas Hobbes (1588-1679) e o francês Jean-Jacques Rousseau (1712-1778).

Ainda assim, os três expoentes do contratualismo pensavam de forma diferente sobre a importância do Direito Natural e do Direito Positivo do Estado. Aqui não é objetivo aprofundar o pensamento desses três filósofos; salienta-se, no entanto, que cada um deles dá origem a uma visão diferente de Estado e do Direito que seria legítimo praticar a partir da legalidade inerente ao exercício do poder, e que doravante marca o Direito Positivo exercido pelo Estado – figura nova, que até a Idade Média não existia. Enquanto para Locke os direitos naturais formados no *estado de natureza* não poderiam ser alterados pelo legislador nem pelo juiz dentro de uma mesma sociedade – a inalienabilidade igual a Grócio e Pufendorf –, no caso de Rousseau acontece exatamente o contrário, haja vista que o princípio de *estado de natureza* de ambos é diferente: em Locke o *estado de natureza* é pacífico e livre, com igualdade entre os homens; já em Rousseau essa paz é superficial e, na verdade, esconde a desigualdade e servidão humana que já havia se estabelecido em épocas remotas na sociedade. Então em Locke faz sentido não querer alterar o Direito Natural e em Rousseau é compreensível que este queira usar o Direito Positivo, a lei e o ordenamento jurídico moderno, como forma de resgatar essa igualdade e harmonia que já se havia perdido quando da servidão humana instaurada pela propriedade, fenômeno que Locke, um liberal, não contempla em sua teoria.

No caso de Hobbes, os Direitos Naturais são vistos ainda de forma mais radical, no sentido de que para este autor esses direitos são tão extensos e ilimitados no *estado de natureza* que inevitavelmente os homens entrariam em situação de guerra e acabariam por destruir a própria sociedade. Daí para Hobbes ser necessário um terceiro elemento que, de forma firme, centralizada e absoluta, colocasse e controlasse a vida em sociedade: esse elemento com *poderes absolutos* seria o soberano (motivo pelo qual deu à época origem às monarquias absolutas, como na França).

Ao passar-se do Direito Canônico próprio do medievo para o Direito Positivo próprio da modernidade, visões diferentes e importantes foram desenvolvidas pelos pensadores, de forma que durante a Renascença – aproximadamente do século XV a XVIII –, duas novas correntes de Direito se formaram: o Direito Natural Inato, da condição humana, e o Direito Positivo, posto pelo Estado. Ainda que, evidentemente, os direitos inatos dos homens jamais tenham sido completamente esquecidos pelos Estados nacionais até os dias de hoje, é notório que a supremacia da noção de contratualismo se impôs na instituição nacional do Estado. É neste sentido que se torna de fundamental importância perceber que essa supremacia e determinação do Direito legalista, normativista, não se verificou de uma única forma, pelo contrário: a história moderna acabou por demonstrar que até nossos dias o Estado acaba por usar, conforme conveniência política, e nem sempre conveniência do corpo social ou do povo, uma das três formas apresentadas pelos contratualistas, pulando do *liberalismo* de Locke para o *autoritarismo* de Hobbes com relativa facilidade, e, infelizmente, não tão facilmente assim, para a *democracia direta* de Rousseau.

O ideal jurídico de nossos dias tende mais para o liberalismo – neoliberalismo com base em um neocontratualismo –, pelo menos entre os povos com mais experiência política dentro dos mercados de livre iniciativa. Por todo lado, contudo, as teses de governos fortes e autoritários parecem ainda ser justificadas como necessárias principalmente entre os países do chamado Terceiro Mundo – países pobres e em desenvolvimento. Quanto às teses de Rousseau de que a desigualdade e servidão devem ser abolidas usando os instrumentos e institutos jurídicos, essas são lembradas apenas pelos povos e seus líderes em momentos revolucionários, para logo serem esquecidas (Revolução Francesa; Revolução Russa). Portanto, o ideário de Grócio e Pufendorf da imutabilidade e inalienabilidade dos direitos dos cidadãos, está hoje sempre ameaçado, seja pela prepotência legalista do Estado, seja pela falta de exemplos práticos de que os homens e os povos podem conviver pacificamente. Ainda que Locke tenha deixado despercebido o fato importante de que os homens não são iguais e livres em condições sociais, culturais, políticas e econômicas de propriedade, sua inalienabilidade dentro de um mesmo Estado visava preservar os direitos humanos. Já com relação à imutabilidade os contratualistas, de forma geral, tendem a aceitar que um povo tenha costumes, valores e crenças próprios (sua base é a experiência social) e que, assim sendo, esses direitos podem mudar de um Estado para outro – portanto, são mutáveis, ainda que não alienáveis.

De qualquer forma, em linhas gerais, o que se espera de um sistema jurídico moderno é que ele seja: a) laico – onde o sagrado e profano sejam substituídos pelo certo e errado, justo e injusto socialmente tomado; b) apolítico – onde o poder não se sobrepuje ao justo e injusto e onde os poderosos não sejam tratados privilegiadamente; c) neutro – onde exista de fato a eqüidistância entre as partes envolvidas no litígio e entre estas e os operadores diretos do Direito; d) ético – onde a decência no tratamento das questões em tela seja absoluta e tenha a dimensão de resgatar e garantir a paz, harmonia e justiça sociais, sem possibilidade de favorecimentos pessoais e de instituições envolvidas no litígio e no Direito; e) democrático – onde seja possibilitada ampla defesa e argumentação das partes e participação e informação do corpo social como um todo, onde necessariamente os fatos e as provas, os processos e os inquéritos não truculentos possam elucidar melhor e ajudar na decisão sobre os motivos (descabidos ou não) dos sentidos das ações humanas; f) objetivo – onde a subjetividade de visões e interesses pessoais seja moldada pelos rigores da lei em nome de todos os elementos acima. Humano, desinteressado a não ser pela justiça, igualitário e ético, capaz de servir democraticamente à livre expressão e desenvolvimento pessoal de todos os cidadãos, e do próprio Direito, com dignidade e decência substanciadas nos fatos e nas provas: assim deveria ser o Direito moderno, o espelho da sociedade, o que, infelizmente, não é uma realidade irrepreensível em nenhum Estado moderno, destarte a observância da legalidade e das instituições burocráticas jurídicas do Estado.

O caso "DMC"

Em um estado do Planalto Central do Brasil, encontra-se Paulo José Goulart, um jovem adolescente de 14 anos, que desde os 6 anos de idade vive dentro de um "quarto–bolha". Paulo sofre de uma doença considerada rara, que os médicos brasileiros chamam vulgarmente de "DMC – Deficiência Mitocondríaca Crônica". O problema desse menino é a sua intolerância crônica a qualquer tipo de produto industrializado, principalmente substâncias químicas e sintéticas, ou seja, 99% de tudo que o mundo industrializado vem produzindo desde o final do século XVIII. Até os 6 anos Paulo tinha alergias que lhe deixavam o corpo todo irritado e com manifestações cutâneas fortes, além de viver permanentemente com infecções virulentas das vias respiratórias, tendo sido hospitalizado duas vezes, uma por pneumonia e outra por insuficiência respiratória.

A sua intolerância à química moderna que está em todos os produtos fabricados industrialmente, desde simples utensílios até roupa e comida, foi agravando-se a ponto de o próprio ar ser suficiente para intoxicá-lo, impedindo-o radicalmente de respirar. Os médicos decidiram então, junto com a família, criar um ambiente isento de todo o tipo de produto industrializado, onde o ar deve ser filtrado de forma permanente a manter um nível adequado de oxigênio. Mesmo assim, Paulo tem constantes crises de intoxicação, seja pelo contato com algum produto sintético, por comida e bebida, como a simples água, que apesar dos cuidados dos pais em adquiri-la de fontes ditas seguras e naturais, isso nem sempre é verdade, e apesar de alguma tecnologia mais avançada de purificação e esterilização, a água acaba escapando ao rigoroso controle de qualidade. Quando está com sintomas de que uma crise venha a acontecer, até o contato com outras pessoas precisa ser suspenso, ainda que, para entrar em seu quarto, que mais parece um laboratório de pesquisas de vírus, se executem igualmente todos os procedimentos que requer um ambiente laboratorial assim restrito.

Segundo as pesquisas médicas mais atualizadas, o problema da intolerância a produtos químicos e sintéticos está ligado ao processo metabólico de produção de energia, cujas células responsáveis no corpo humano são as mitocôndrias. Por algum motivo, ainda desconhecido para a ciência, no caso de Paulo, esse processo dispara o sistema imunológico do corpo, produzindo uma quantidade muito alta de glóbulos brancos, o que causa a insuficiência respiratória e cardíaca, além da profunda irritação alérgica generalizada por todo o corpo, inclusive com infecções graves em órgãos vitais. O caso de Paulo José não é o único conhecido nos anais da medicina, sendo que em todos os casos, depois de algum tempo de sobrevida em ambientes assim "artificialmente" produzidos – as bolhas de ar –, os pacientes acabam falecendo. Só se conhece essa doença em crianças que, na melhor das hipóteses, não passam da adolescência. O caso de sobrevida mais longo de que se tem registro é da Inglaterra: um garoto viveu até os 19 anos.

Toda a aparelhagem que Paulo usa para manter-se vivo, bem como toda a estrutura montada à sua volta, foi sendo constituída e adquirida pelos pais de Paulo, ajudados por doações de entidades, empresas e poderes públicos. Por sorte o problema de Paulo foi-se acentuando aos poucos. Na verdade, o problema agravou-se assim que a cidade onde moram foi crescendo, virando a capital do recém-formado Estado da federação.

Nesse processo de emancipação e escolha da cidade para capital do Estado, muitas indústrias do Brasil se deslocaram para lá, devido aos incentivos fiscais que o novo Estado passou a oferecer no intuito de se modernizar e desenvolver. Como o Estado é rico em minério, investimentos de multinacionais foram direcionados à exploração de recursos minerais, ligados não só à extração mas, também, ao processamento refinado dos mesmos, existindo um grande consórcio liderado por empresas japonesas, com autorização de exploração por 40 anos. Hoje a cidade tem uma montadora de automóveis, uma siderúrgica, duas fábricas de celulose e papel, uma fábrica de borracha e uma indústria química voltada a processamento de solventes e tintas derivados do petróleo. Como o Estado é rico em florestas, a extração e o processamento industrial de madeira continuam como uma das atividades mais fortes no Estado, incluindo-se aí as costumeiras queimadas para abrir caminhos na floresta e, depois da extração da madeira, para transformar o terreno em pasto para o gado e agricultura extensiva de soja. O Sr. Goulart, pai de Paulo José, é proprietário de uma dessas madeireiras há muitos anos, tendo herdado a fábrica de seu pai, um dos pioneiros no desbravamento da região. Devido à industrialização vertiginosa em tão pouco tempo, a cidade, mesmo sendo a capital, ainda precisa de investimentos intensivos em saneamento básico (água tratada, esgoto, coleta e tratamento de lixo). Grande parte das ruas ainda é de terra batida, principalmente nos bairros do centro da cidade.

Recentemente, a família Goulart entrou com processo indenizatório contra o Poder Público estadual e, paralelamente, contra o consórcio de exploração de minérios. Em entrevista a uma rádio local e difundida pela Internet para todo o mundo, o Sr. Goulart explicou que do Estado não tinha muita esperança de receber, pois mesmo que ganhasse o processo, o Estado recorreria em Brasília, isso duraria muitos anos, e mesmo assim nada garantia que viesse a pagar, pois o Estado não teria o valor da indenização ou teria de estabelecer dotação a ser aprovada pela Assembléia Estadual, para depois emitir precatório etc. etc.

Já no caso do consórcio privado o Sr. Goulart tinha mais esperanças de ganhar, se o processo andasse mais rápido, e que até podia ser que a empresa quisesse negociar um valor, já que a sua causa era nobre. Perguntado sobre por que decidiu entrar com os processos, o Sr. Goulart explicou que a expectativa de vida de seu filho estava ligada diretamente a inovações tecnológicas e pesquisas que ocorriam mundo afora, e que para que essas novas descobertas e experimentos chegassem até onde eles estavam, era preciso muito dinheiro. Além disso, seu maior sonho e de Paulo José era sair do quarto onde estava fechado há 8 anos; para tal, era necessário adaptar um veículo movido a luz solar para isolar Paulo do mundo exterior, projeto esse que uma empresa americana se dispunha a tentar fazer, mas que ficaria muito caro. Com esse veículo

Paulo José poderia sair de dentro de seu quarto e ter mais liberdade, talvez até ir para a escola e passear um pouco. O Sr. Goulart não quis revelar os valores de indenização solicitados.

Em outra parte da entrevista, em que o jovem Paulo José e seu pai deram detalhes da doença e de como eles viviam, perguntou-se ao pai do jovem por que só acionou na justiça o consórcio multinacional de extração e exploração mineral. O Sr. Goulart, então, revelou que eles eram os maiores poluidores da região, pois usavam métodos novos para extrair o minério e processá-lo no próprio local, sendo que o minério já saía da fábrica praticamente processado, mas a um custo de poluição muito alto, e que o Estado sabe disso e mesmo assim autorizou o uso desse tipo de processo. E que, tinha certeza, até por estudos recentes de cientistas alemães, que esse processo libera na atmosfera resíduos imperceptíveis às pessoas, mas que causam várias doenças graves e, provavelmente, isso estava ligado à doença de seu filho. Ele tinha certeza de que a doença se agravara de 6 anos para cá, exatamente um ano após o início das atividades de exploração do referido consórcio. No entanto, o Sr. Goulart disse não poder revelar mais detalhes pelo fato de os processos correrem em segredo de justiça. Indagado se achava que as demais indústrias da região também contribuíam para a intoxicação de seu filho, inclusive as madeireiras, o Sr. Goulart apenas limitou-se a responder que "provavelmente sim".

A entrevista à rádio local foi concedida depois da primeira audiência. Na audiência o advogado da família Goulart repetiu um trecho dos autos, conforme segue:

> A moral, Meritíssimo, começa na lei. Acima da lei civil está a lei política. E para um político, nos dias de hoje, o que está escrito? A soberania popular tem terminado nas mãos de imperadores absolutos. Em nosso país, pois, tanto a lei política como a lei moral consiste em que todos têm desmentido o ponto de partida no ponto de chegada, as suas opiniões com a sua conduta, ou a conduta com as opiniões. Não houve lógica, nem no governo nem entre os particulares. De modo

> que não temos mais moral. Hoje, Meritíssimo, entre nós, o sucesso é a razão suprema de todas as ações, quaisquer que sejam elas. O fato não é pois mais nada por si mesmo, consiste inteiramente na idéia que os outros formam a seu respeito. Vem daí, Meritíssimo, o segundo preceito: Tenhamos todos um belo exterior! Escondamos o avesso de nossas vidas e apresentemos um Direito muito brilhante. A discrição, essa divisa dos ambiciosos, é da nossa ordem: adotemo-la como nossa. Os grandes cometem quase tantas covardias como os miseráveis; mas cometem-nas na sombra e fazem ostentação das suas virtudes: permanecem grandes. Os pobres exercem suas virtudes na sombra e expõem suas misérias ao sol: são desprezados. Meritíssimo, com sua permissão, este é o caso de nossas vidas, quiçá de todo o planeta; não sejamos miseráveis! Mostremos nossas grandezas, as verdadeiras grandezas, e deixemos desta vez nossas chagas de lado, pelo bem da humanidade.

No final da entrevista, a única que concedeu a uma rádio local, Paulo José disse:

> Só queria que as pessoas entendessem que o ar que respiramos não tem nacionalidade, não tem fronteiras capazes de impedi-lo de se espalhar por todo o planeta. Mas por causa disso, as pessoas não se sentem responsáveis. Quando a minha doença atingir a muitas pessoas, talvez elas se dêem conta de sua responsabilidade. Eu não posso escolher o ar que respiro. Acho que ninguém pode!.

EXERCÍCIOS

1. Explique por que a Sociologia nasce reacionária e não revolucionária.
2. Explique como o capitalismo transforma pobres e ricos em classes sociais antagônicas.
3. Por que a transformação de "trabalho concreto" em "trabalho abstrato" é útil ao modo capitalista de produção?

4. Pesquise e descubra qual autor francês e obra da literatura clássica do século XIX inspirou o advogado da família Goulart na sua fala acima transcrita; comente a relação com o caso citado. Pista: suas iniciais são H. B. (1799–1850).
5. Elabore o discurso do juiz, com sua respectiva decisão e justificativa, nos dois processos movidos pela família Goulart, sabendo que na referida cidade só existe uma única vara.

3

Positivismo e Ciência Jurídica

Século XIX. Saint-Simon (1760-1825) é normalmente citado como um dos primeiros pensadores socialistas e por muitos considerado o fundador da Sociologia. Engels o mencionou várias vezes como o iniciador das idéias socialistas, mas Durkheim costumava afirmar que ele havia sido o iniciador do positivismo. Portanto, para positivistas, para futuros marxistas, bem como para os sociólogos de forma geral, a obra de Saint-Simon é fundamental.

O fato é que Saint-Simon não podia estar além de sua época na formação de suas idéias, por mais originais que fossem. Como defensor e entusiasta da sociedade industrial, mas diante da "anarquia" que as revoluções provocaram, seu interesse era recolocar a sociedade nos "trilhos", quer dizer, restaurar a ordem. Via na restauração dessa ordem a possibilidade de desenvolver mais ainda as conquistas da industrialização e seus avanços tecnológicos, e, portanto, a Sociologia deveria ser uma ciência que, de um lado, possibilitasse esse progresso técnico, como forma de criar condições de vida melhores para toda a sociedade, inclusive os operários, citados várias vezes em seus textos, e, por outro, orientasse a indústria e a produção nesse desenvolvimento.

Por isso, a Sociologia nascia positivista, filha da ordem, da ordem necessária ao livre desenvolvimento da produção nos moldes da burguesia, a ordem necessária ao progresso nos moldes do incipiente capitalismo. Evidentemente, uma ciência social assim esboçada fazia sentido para a burguesia e rapidamente foi apropriada e incentivada por ela. A visão de Saint-Simon era de uma elite composta por industriais e cientistas que levariam a produção industrial ao máximo de desenvolvimento, incentivando continuamente o avanço da ciência e tecnologia, ao mesmo tempo que conseguiriam estabelecer a ordem e harmonia na sociedade industrial. Reconheciam-se a desigualdade e os conflitos daí provenientes, entre despossuídos – operários fabris – e os possuidores – os capitalistas. Mas acreditava-se que aquela elite saberia apaziguar esses conflitos, usando a ciência, notadamente a nova ciência social, para restabelecer a ordem e harmonia social.

As funções da Sociologia, de forma bem objetiva, podem ser, nessa época, sintetizadas como a procura de formas racionais para entender os conflitos entre classes e estabelecer novos parâmetros de comportamento que restaurassem a ordem entre as classes na sociedade industrial, de tal forma que os privilégios da classe econômica e politicamente dominante – a burguesia – não fossem ameaçados, e que os valores do capitalismo não fossem alterados, notadamente propriedade privada dos meios e formas de trabalho, relação assalariada entre capital e trabalho e acumulação do lucro nas mãos dos capitalistas.

É assim que, nos anos seguintes, e por quase todo o século XIX, a Sociologia tende a tornar-se mais conservadora na defesa da ordem burguesa e mais burguesa na defesa do progresso capitalista.

A obra de Saint-Simon foi continuada de forma sistemática por Auguste Comte (1798–1857). Comte foi durante um período secretário particular de Saint-Simon, até que se desentenderam intelectualmente. Vários historiadores vêm na obra de Comte os mesmos princípios e idéias que já estavam presentes em Saint-Simon. Mas, ao contrário daquele, que tinha uma faceta progressista, este vai desenvolver suas idéias de forma mais conservadora, na ânsia de restaurar a ordem perdida e fugir do caos social que se instalava nas sociedades européias da primeira metade do século XIX.

De qualquer forma, Comte é considerado pela grande maioria dos sociólogos e dos historiadores como o pai da Sociologia. Não basta ter idéias inovadoras e escrevê-las a esmo, fragmentadamente. Para a ciência é necessária uma sistematização dessas idéias em uma construção coerente e passível de ser refutada ou confirmada. Apesar de reconhecer-se que as idéias de Comte se encontram em grande parte em Saint-Simon, a originalidade de Comte foi ter sistematizado, colecionado, agrupado todas as idéias em um objetivo único: estudar a sociedade industrial de classes e dar explicações das causas de sua existência, propondo, ao mesmo tempo, soluções capazes de contornar os problemas reais dessa sociedade. Fazendo isto de forma coerente, quer dizer, com início, meio e fim, com interligação harmoniosa entre as idéias e observações, dá-se ao leitor, ao estudioso, condições de averiguar até que ponto essas idéias são comprováveis na realidade, e oferece-se ao estudo, à ciência, a possibilidade de continuar aprofundando esses conhecimentos e afirmá-los ou refutá-los mais adiante. Para a Sociologia, progressista ou conservadora, positivista ou não, foi Auguste Comte quem assim o fez, e, portanto, lhe deu o caráter de ciência.

3.1 I O PENSAMENTO DE AUGUSTE COMTE

Na concepção de Comte a Sociologia deveria conhecer o que ele chamava de "leis imutáveis" da vida social, e a partir daí estabelecer a ordem das coisas presentes e futuras. Não é sua preocupação efetuar uma discussão crítica sobre a realidade existente, nem tampouco propor soluções para a relação de dominação do capitalista sobre o operário. Não fazia parte de suas considerações valores como igualdade, justiça, liberdade. Vejamos o que nos diz Comte:

> Numa palavra, a revolução fundamental, que caracteriza a virilidade de nossa inteligência, consiste essencialmente em substituir em toda parte a inacessível determinação das causas propriamente ditas pela simples pesquisa das *leis*, isto é, relações constantes que existem entre os fenômenos observados... Assim, o verdadeiro espírito positivo consiste sobretudo

> em *ver para prever*, em estudar o que é, a fim de concluir disso o que será, segundo o dogma geral da invariabilidade das leis naturais (Comte [1844], *Pensadores*, 1983:49-50).

Portanto, a definição de Comte quanto à Sociologia é de que ela deve ser vista como uma "ciência da sociedade baseada em leis gerais", denominando-a, inicialmente, de "física social". Baseando-se na definição de que a Sociologia é uma "ciência da sociedade", bem como se apoiando ainda nas idéias dos pensadores iluministas do século XVIII, que afirmavam que podemos entender as leis da sociedade humana aplicando os instrumentos da ciência, Comte formula sua teoria positiva da sociedade.

A "teoria positiva" parte do princípio de que os homens devem aceitar a ordem existente, não devendo contestá-la. Assim, também, ao ser humano cabe "revelar" o mundo, como ele é, como foi e como será, partindo de "leis imutáveis", não existindo a possibilidade de "mudá-lo", e, assim sendo, o objetivo da Sociologia é definir o que a *sociedade é* e não dizer o que ela *deveria ser*, ou como deveria acabar com a diferenciação de classes que leva à dominação e exploração de uma sobre outra.

O positivismo está alicerçado pela prática da coleta de dados sobre determinada sociedade, cuja análise será feita através da constatação e confirmação desses dados. É composto pela experimentação. Não basta, portanto, a apresentação de idéias vagas, sem consistência, e, principalmente, sem fundamentação. Para Comte as leis estabelecidas pela ciência deverão ser aceitas, não podendo haver nenhum tipo de contestação quanto ao que elas afirmam ou impõem. A crença no que de fato existe é primordial. E a sociedade, os comportamentos humanos em grupo, os fenômenos sociais são "coisas" reais e concretas, passíveis de serem estudadas.

A verdade científica, assim vista, trata dos fenômenos ou fatos dominantes ou constantes, não tendo como objetivo modificar as causas, limitando-se apenas a constatar a "ordem que reina no mundo". Por isso, o objeto de estudo no positivismo tem propriedades, propriedades essas que são fixas, imutáveis no tempo. A ciência se dá pelo conhecimento dessas propriedades, do objeto em si mesmo, e não tanto pelas suas determinações ou causas, ou seja, não existe uma concepção de processo histórico multideterminado, mutável pela ação consciente dos homens, dos agentes sociais em relação.

A evolução do intelecto e da consciência só é possível se o homem se voltar para o passado, para capturar a ordem natural das "coisas", uma ordem preestabelecida, quer dizer, simples seqüência de fenômenos sociais. Portanto, a ciência deve revelar uma ordem e permitir a interpretação do homem sobre a realidade, mas uma realidade já preconcebida, já dada. As leis da natureza são sólidas, verdadeiras. Trata-se do mundo inteligível, motivo pelo qual Comte acha que o homem não deveria estar preocupado com as questões futuras, nem se prender a detalhes (justiça, igualdade, liberdade).

Para Comte havia uma hierarquia na natureza, podendo compor-se de fenômenos simples ou complexos, sendo de natureza orgânica ou inorgânica, inerente aos seres vivos e ao homem. Sua visão era de que o mundo poderia ser interpretado partindo-se do princípio de que há um condicionamento que vai do inferior ao superior, sem, porém, haver como modificar fisicamente, materialmente, os fenômenos da vida ou fenômenos sociais.

A Sociologia, segundo Comte, deveria exercer uma espécie de magistratura espiritual, pois todas as ciências se voltam para ela, por representar o nível mais alto de complexidade, de nobreza e, ao mesmo tempo, de fragilidade. Isto porque a humanidade, na sua visão, é o único referencial para se obter as informações necessárias quanto aos conhecimentos e métodos existentes. Portanto, a Sociologia é a "ciência do entendimento", pois para entender o espírito humano será necessário observar sua atividade e sua obra na sociedade, através dos tempos. Mas esta vida é vista por ele como o desenvolvimento do espírito humano, quer dizer, à medida que vive e procura explicar a sua existência determinada, o homem desenvolve-se em novos conhecimentos elevando seu espírito à mais alta instância. Parte da vida, mas não é a vida concreta dos homens que explica seu desenvolvimento, e sim seu esforço racional para entender o mundo.

Aqui, no positivismo, a vida concreta das pessoas não é mais que o pano de fundo para o progresso e desenvolvimento intelectual e espiritual; portanto, é, em última análise, o pensamento que determina a própria existência. Esta forma de ver o homem e interpretar sua existência denominou-se "idealismo positivista", algo próximo do cartesianismo em seu axioma: "Penso, logo existo!".

O modo de pensar e a atividade do espírito são solidários com o contexto social, estando vinculados a uma determinada época de cada pensador. Já se disse, mas nunca é demais repeti-lo. Para Comte, na procura da restauração da nova ordem social industrial e burguesa, o homem precisa amar algo que seja maior do que ele, pois a sociedade necessita de um poder espiritual. A Sociologia passa, pois, a ser uma abordagem científica para compreender a vida social do homem, como também uma perspectiva que se preocupa com a natureza do ser humano, o significado e a base da ordem social e as causas e conseqüências de sua desordem.

A Sociologia é, portanto, uma tentativa de compreender o ser humano em grupo. Concentra-se na vida social. Não enfoca a personalidade do indivíduo como a causa do comportamento, mas examina a interação social, os padrões sociais e a socialização em processo – origem e desenvolvimento das sociedades (em Comte, e para o positivismo, predeterminado).

Auguste Comte pretende, com sua teoria da "física social", separar definitivamente toda e qualquer influência proveniente da filosofia, da economia ou da política, enfocando somente um aspecto para objeto de estudo, "o social", que deve ser analisado sem tais influências. A Sociologia pode ser, para Comte, uma ciência quase física, objetiva e pragmática no entendimento do comportamento humano social, e na evolução do espírito dos homens, mas é uma ciência autônoma, com objeto definido e metodologia igual às demais ciências, observação, experimentação e explicação teórica sobre o real. Enfim, ela está pronta para vôos maiores.

A Sociologia como ciência nasce assim. Esta não foi uma opção, mas deve-se ao fato de que para ser ciência é preciso que a mesma siga certos pressupostos metodológicos, como, por exemplo, a capacidade de ser experimental. O paradigma científico impõe, até nossos dias, que o objeto estudado seja passível de experimentação, de tal forma que qualquer pesquisador possa, seguindo os mesmos procedimentos, efetuar os mesmos experimentos e chegar às mesmas conclusões de seus antecessores, em qualquer parte e a qualquer momento.

Mas o problema em ciências humanas, ou sociais, é poder isolar e trabalhar de forma isenta esse objeto a ser experimentado, pois os fenômenos sociais apresentam-se com características que os faz diferir das ciências exatas e biológicas. Primeiro, isolar um fenômeno social, um acontecimento social, da sociedade onde ele aconteceu e de seu meio, é impossível, pois o mesmo só pode ser estudado a partir das determinações que o causaram, e estas só estão presentes no ambiente dado. Os fenômenos sociais não carregam em si suas causas; suas causas estão na sociedade a que pertencem. Não é o mesmo que a biologia faz, por exemplo, com outra espécie viva.

Em princípio[6], uma espécie viva pode ser estudada em suas mais diversas características, físicas, químicas, fisiológicas e biológicas, independentemente se a mesma está no seu hábitat natural ou se está em um laboratório. Ela é uma entidade pronta, acabada, naturalmente constituída. Porém, um fenômeno social não existe até que os indivíduos ajam, sobre a natureza, em relação a seus semelhantes, ou em relação a si mesmos.

Em segundo lugar, as determinações causais dos fenômenos sociais alteram-se permanentemente, alterando, por conseguinte, o acontecimento social. Por outras palavras, quando se vai estudar um acontecimento social passado, é bem possível que a história presente seja outra completamente diferente, isto é, as causas daquele fenômeno não estão mais lá esperando para serem estudadas pelo pesquisador. Diferentemente das outras ciências, as ciências sociais não podem contar com qualidades, propriedades e características fixas e imutáveis no tempo e no

6 Dizemos "em princípio" porque até nas ciências físicas e biológicas, atualmente, já não é incomum se aceitar que o ambiente determine as características do fenômeno ou "coisa" a ser estudada.

espaço, e, portanto, a objetividade e repetição do experimento ou do estudo ficam comprometidas. Fisiologicamente um determinado animal muda quase imperceptivelmente em seu ambiente e, portanto, permite ser estudado a qualquer momento, em qualquer lugar, de forma objetiva. O pressuposto desta experimentação é, simplesmente, o fato de esse animal não mudar ao longo do tempo, sendo sempre igual num ambiente determinado. Não, contudo, com o animal homem.

E terceiro, o estudo científico sempre vai exigir do pesquisador, do cientista, uma neutralidade de valores e sentimentos, preconceitos que, se presentes no estudo, com toda certeza distorcerão os resultados da pesquisa. Em ciências sociais este é um dilema que o pesquisador carrega infinitamente consigo, haja vista que o objeto de estudo e ele se identificam na medida em que são parte de um todo, um mesmo processo de existência social. Para o indivíduo pesquisador, estudar um fenômeno social sempre será estudar a si mesmo. Se vai estudar um fenômeno social de seu grupo, em sua sociedade, o pesquisador se sente envolvido, pois, de alguma forma, está falando de si mesmo, responsabilizando-se ou isentando-se, impregnado que está dos conceitos e valores da sociedade à qual pertence. Se se estuda uma sociedade diferente, de certa forma, a neutralidade como pesquisador parece-lhe menos impossível, mas sempre estará envolvido por comparações entre a realidade de seu grupo e do grupo que está estudando. As formações sociais são diferentes, mas a humanidade é uma só.

Diante destes aspectos, que, deveras, até hoje "não completamente resolvidos" nas ciências sociais, e que provavelmente nunca o serão, o surgimento de uma disciplina nova como a Sociologia passava, obrigatoriamente, pela construção de uma filosofia capaz de atribuir-lhe cientificidade. Essa filosofia foi o positivismo, método de análise e pesquisa desenvolvido junto com a própria formulação da Sociologia como ciência, de forma sistemática, por Auguste Comte.

Resumidamente, o Positivismo de Comte pode ser explicado assim: 1) características e propriedades imutáveis dos fenômenos sociais, fazendo com que os mesmos não se modifiquem no tempo e no espaço; 2) despreocupação com as determinações históricas atuantes sobre os fenômenos sociais, no sentido de não objetivar propor mudanças ao *status quo* existente; 3) entender que a ordem – princípio estático da sociedade –, deve prevalecer sobre o progresso – princípio dinâmico da sociedade –, ou em outros termos, é a ordem social que produz o progresso e não o contrário; 4) a ordem dos fenômenos sociais se assemelha a um trem, que, ainda que pilotado pelo homem, só pode chegar aonde os trilhos o levarem; a história está dada de forma quase divina (os trilhos) e os homens de forma passiva (não revolucionária) conduzem o trem da vida; 5) o pesquisador deve manter-se neutro em relação aos fenômenos sociais como condição *sine qua non* para captar a natureza das coisas e não interferir no resultado de seu entendimento.

Podemos criticar a filosofia positiva de Comte, mas devemos sempre ter em mente duas coisas: 1) o pensamento científico nasce vinculado ao estágio de desenvolvimento científico que a humanidade possui e, 2) sujeito às condições concretas da sociedade onde se desenvolve. Portanto, se a Sociologia queria se afirmar como ciência, ela só o poderia fazer de forma satisfatória se seguisse: 1) o pensamento filosófico e científico dominante nos séculos XVIII e XIX – Iluminismo; 2) uma linha de pesquisa condizente com as necessidades da classe dominante e hegemônica – burguesia. Compreendendo os fenômenos sociais da época, a Sociologia, como deveras todas as ciências na época, nasce, quanto muito, preocupada em entender causas e reproduzi-las de forma sistemática e exata. Mas, como toda ciência, em qualquer época, é apropriada pela classe hegemônica para criar mecanismos de dominação que a sustentem no poder e lhe dêem resistência à luta que trava com as outras classes. Esta apropriação, é bom que se diga, é feita pela classe dominante, não importando qual classe chegou ao poder. Enquanto a sociedade for de classes e houver oposição entre elas, na luta por hegemonia a ciência sofrerá pressões inimagináveis para servir ao poder.

Como se vê, o Positivismo é uma filosofia própria dentro da Sociologia. A Sociologia em geral, como ciência autônoma, nasce dentro da proposta positivista, que acabou se estendendo a todos os ramos do conhecimento entre as ciências sociais, e que, entre nós, brasileiros, se consolidou de forma quase irreversível na forma política de ser do Estado, da proclamação da República até hoje. Entretanto, o Direito Positivo é-lhe anterior.

3.2 | DIREITO POSITIVO

O Direito Positivo nasce da necessidade de sustentação jurídica do Estado moderno, em contraponto a uma juridicidade exclusivamente naturalista, insuficiente por si em justificar a origem e o poder dessa instituição superior. Contradizendo e apregoando o fim do "estado de natureza", seguindo os passos precursores de Nicolau Maquiavel (1469–1527), os contratualistas, por exemplo, vão, a um só tempo, negar a possibilidade extrajurídica da sociedade natural e de certa forma a prevalência dos direitos naturais da condição humana, o inatismo de Grócio (1583–1645) e Pufendorf (1632–1694), pelo menos no sentido de que tais filosofias sejam incapazes de outorgar o poder necessário às fortes funções do Estado moderno, como a proteção do território contra ameaças externas, a eficiência na administração das políticas públicas e o fomento do bem-estar social para todos e a ordem e harmonia internas.

Essa visão dos pensadores dos séculos XVII e XVIII, ainda que com diferenças significativas em suas filosofias, foi tão profunda que ainda hoje se encontram autores que se fundamentam no axioma do "contrato social" (neocontratualistas) para justificar a origem e o poder absolutamente coercitivo e dogmático do aparelho jurídico do Estado (John Rawls). Na verdade, a separação entre Direito Natural e Direito Positivo remonta pelo menos à antiguidade clássica dos Gregos – Sócrates falava de *physis* (o que é natural) e *thésis* (o que é convenção ou posto pelos homens); Aristóteles falava de *nomikón díkaion* (direito ou justiça legal) e *physikón díkaion* (direito ou justiça natural) – e Romanos – *jus civile* (direito positivo) e *jus gentium* (direito natural)[7].

Mas é só a partir do século XIX que a filosofia positivista de Comte prepara de forma extraordinária o caminho para que o Direito Positivo

7 Para uma compreensão histórica mais precisa, ver especialmente Norberto Bobbio: *O positivismo jurídico – Lições de filosofia do direito*, 1999.

ingresse de forma sistêmica como fonte de poder do Estado e venha a auxiliá-lo na organização e controle planejado da sociedade, portanto, como instrumento de sustentação de poder e coerção social.

Para o Direito Positivo, a filosofia positivista se apresenta em vários momentos, entre eles: 1) a oposição à visão jusnaturalista – direitos naturais dos homens, que na visão de Comte remonta às explicações metafísicas e religiosas arcaicas; 2) a sublimação dos fenômenos sociais como base concreta da lei; 3) a formalização, escrita, sistematizada e organizativa do real, a idéia de uma ciência que descobre a realidade a partir de determinados métodos de experimentação prática; e 4) a concepção de garantir ou propor uma certa ordem capaz de proporcionar e determinar o bem-estar e o progresso social.

É evidente que, debaixo do "guarda-chuva" do Direito Positivo, o positivismo encontra um arcabouço teórico-filosófico para se propor a uma missão que é aceita irredutivelmente por muitos, a de ser o fomentador por excelência da ordem, progresso, bem-estar e destinos da sociedade.

Para outros, no entanto, esta fusão demonstra todo o peso do autoritarismo que o Direito contém, pois acaba por negar a plasticidade do corpo social em movimento como base e origem dessa ciência, invertendo a direção da relação sociedade–lei, e, ao mesmo tempo, na ânsia de ser absoluto sobre a sociedade, acaba sendo reducionista (cartesiano) opondo-se à visão de um Direito adaptável, flexível e histórico.

Por isso mesmo, no caso brasileiro, esta discussão reveste-se de uma importância especial: tentar-se pensar se os males do nosso sistema judiciário, ineficiência da lei, inaplicabilidade da mesma, lentidão do sistema, custos, erros e funcionamento caótico, não são, na verdade, puros reflexos de uma visão distorcida do Direito e da lei, cujo fundamento é essa fusão do Direito Positivo com a filosofia positivista, destarte algumas tentativas de o enxergar e praticar de forma mais sociológica e histórica. Por exemplo, a própria forma de enxergar a lei como sendo exclusivamente formalizada, negando sua extrajuridicidade, já é, de alguma forma, uma distorção do Direito Positivo na sua luta contra o Direito Natural, haja vista que, desde sempre, as sociedades, inclusive as de nossos dias, apresentam repúdio forte a certas práticas como os crimes hediondos que, na maior parte das vezes, não são passíveis de serem adequadamente cobertos pelos códigos, o que muitas vezes leva a sociedade a pretender fazer justiça por suas próprias mãos. Evidentemente, nesses casos em que o Direito positivado não cobre a dinâmica social e não conseguiu absorver a normatividade extrajurídica, a justiça pode se manifestar ou por jurisprudência ou por júri popular, o que exemplarmente só faz reforçar a idéia de que a positividade posta ao Direito não é absoluta.

3.3 | POSITIVISMO JURÍDICO

Novamente, o Positivismo de Comte pode ser explicado assim: 1) características e propriedades imutáveis dos fenômenos sociais; 2) despreocupação com as determinações históricas atuantes sobre os fenômenos sociais; 3) entender que a ordem – princípio estático da sociedade –, deve prevalecer sobre o progresso – princípio dinâmico da sociedade; 4) a ordem dos fenômenos sociais se assemelha a um trem, que, ainda que pilotado pelo homem, só pode chegar aonde os trilhos o levarem; 5) o pesquisador deve manter-se neutro em relação aos fenômenos sociais.

Desde as grandes revoluções do século XVIII até nossos dias, em nossa sociedade, o modo capitalista de produção é dominado pela classe burguesa, o que significa dizer que toda a ciência sofre o determinismo e a pressão inerente ao seu poder, justificado pela necessidade de combater a classe que lhe faz oposição – a classe trabalhadora. Entre as características do positivismo, que, do ponto de vista sociopolítico, ilustram melhor este alinhamento com a nova ordem capitalista, é a concepção de que a "ordem garante o progresso". Esta característica, que, por sinal, se encontra desde a fundação da república consagrada na bandeira brasileira, revela bem o caráter revolucionário burguês e sua concepção de sociedade. O projeto levado às massas miseráveis dos séculos XVIII e XIX, como hoje, era de modernidade, de qualidade e expectativa de vida, e a "desordem" incisiva da classe trabalhadora na sua luta contra a exploração, deveria dar lugar à "paz", a uma ordem controlada que possibilitasse em seguida o desenvolvimento de todas as forças produtivas a serviço da industrialização, da propriedade privada, do trabalho assalariado e da acumulação de riqueza pelos donos do capital, a ordem necessária ao capitalismo.

Nas palavras de Comte:

> Para a nova filosofia, a ordem constitui sem cessar a condição fundamental do progresso e, reciprocamente, o progresso vem a ser a meta necessária da ordem; como no mecanismo animal, o equilíbrio e a progressão são mutuamente indispensáveis, a título de fundamento ou destinação (Comte [1844], *Pensadores*, 1983:69).

O progresso, capaz de emancipar os homens da miséria, viria "naturalmente" se houvesse ordem, respeito às leis e ao Estado burguês. De uma forma ou de outra, a classe dominante se incumbiu permanentemente de sustentar sua posição hegemônica, seu projeto social e político, não medindo esforços para manter essa ordem, mesmo que tenha sido, muitas e muitas vezes, pelo arbítrio. Nesse caminho tantas vezes de ódio e sangue, a Sociologia, a Filosofia e o Direito, para falar daquelas que estão mais próximas do objeto deste livro, têm sido apropriadas indebitamente no seu saber científico, pior, têm, tantas outras vezes, sido coniventes e mesmo se colocado à disposição das elites dominantes em detrimento dos povos de todo o mundo.

Para o Direito, para a ciência jurídica, principalmente entre nós, as idéias positivistas são fundantes. De forma geral, nosso Direito está impregnado de uma visão de "ordem e progresso" tão primária que temos a sensação de que a lei e o aparato judiciário estão para a consolidação inquestionável da ordem, daí o Direito dogmático. Para a ciência jurídica os conceitos fundamentais são a justiça, a igualdade, a liberdade. Mas o dogmatismo jurídico, principalmente o de cunho positivista, apropria-se desses valores de forma particular; o que é geral vira particular. Aí está a ilusão do discurso da classe dominante.

Como se disse antes, esta lógica que maximiza a ordem como categoria primeira, aparece inserida numa visão e explicação que vê o corpo social de forma estática. Se o objeto não se transforma e se suas determinações, causas, características e propriedades são imutáveis, uma vez conhecidas, determinam esse objeto de forma eterna. Se o objeto é a sociedade, então ela, uma vez compreendida em suas determinadas propriedades e características, será sempre igual, permanecerá sempre a mesma; igualmente para seus fenômenos. Por exemplo, o casamento como instituição social foi visto e tratado pelo Direito dogmático, por décadas e décadas, como uma união estável e duradoura, entre dois indivíduos de sexos opostos e mediante registro cartorial; só assim era casamento. Entendeu-se originariamente assim o casamento de acordo com os valores e a visão de sociedade ideal que o doutrinador e o legislador, seguidos pelo jurista, conceberam como sendo a realidade e o melhor para a sociedade brasileira[8].

Para que o "estável e duradouro" fosse de alguma forma alterado na lei, foi preciso anos e anos de luta, até que o divórcio fosse legalmente incorporado como instituição tão real, plausível e aceitável, como o casamento. Mas ainda hoje existem relutâncias quanto a essa definição de casamento que, para nós, data do século XIX: por exemplo, o fato positivista de que está impossibilitado de ser celebrado, como tal, por pessoas do mesmo sexo, tratamento, aliás, que o novo Código Civil brasileiro, promulgado em pleno século XXI, não contempla.

Portanto, assim bem vistas as coisas, o Direito da dogmática positivista, comtiano, não só concebe a sociedade como um simples conjunto de fenômenos imutáveis, como, a partir dessa premissa, enxerga a história humana e social como uma absoluta linha reta, sendo, então, fácil predizer o futuro, predizer o que é melhor para o futuro de instituições e pessoas, e, dessa mesma forma, estabelecer uma ordem eterna, quase

8 Perceba-se que o dogmatismo positivista tenta interpretar, na melhor das hipóteses, a realidade social, mas já empresta incondicionalmente, no mesmo processo, a sua projeção do que é melhor para o futuro dessa mesma sociedade, e, portanto, incondicional e fatalmente lhe dá a imutabilidade no devir, nos acontecimentos ainda a serem realizados pelos agentes sociais.

divina, a ordem do Estado positivo, que se for bem formulada e cumprida levará ao progresso almejado pela tal sociedade "bem comportada". Foi assim que os marechais republicanos e as elites do século XIX quiseram, foi assim que a história se repetiu travestida[9] pelas mãos dos generais, com relação ao capital internacional e às elites de 1964. Sem esquecer, claro está, da epopéia "getulista", populista e fascista do Estado Novo.

Ainda mais caracteriza esse Direito dogmático de filosofia positivista: percebe-se claramente que os agentes sociais, particularmente os homens, os cidadãos – o que dizer das pessoas simples e humildes? – estão alijados do processo de construção de sua própria história. Aqui, indubitavelmente os homens são passivos! A eles não cabe transformar, revolucionar, reverter, inverter, nada! Quando muito, o ser humano é apenas um espectador deslumbrado que tenta, até precariamente, dentro de suas limitações, entender a realidade social. Qual o objetivo deste Direito? Deixar os homens livres dessas preocupações de entender e reivindicar; a lei está acima da sociedade, ela já compreendeu a especificidade do corpo social e já ordenou da melhor forma possível; aos cidadãos cabe apenas cumprir (e passivamente maravilhar-se!). E daí vem a máxima desse Direito: ao jurista cabe apenas a neutralidade para não se deixar levar por circunstâncias exteriores ao Direito, na verdade à norma, e a justiça deve ser feita de acordo com essa normatividade, que por si só já se coloca acima do corpo social, na sua origem, pelo doutrinador e legislador, e agora, na prática processual e na decisão judicial, pela voz da magistratura. Os cidadãos, o povo... Em verdade, em um modelo inspirado por este positivismo dogmático, que na prática rotineira do Direito brasileiro inúmeras

9 "Os homens fazem sua história, mas não a fazem como querem; não a fazem sob circunstâncias de sua escolha e sim sob aquelas com que se defrontam diretamente, ligadas e transmitidas pelo passado. A tradição de todas as gerações mortas oprime como um pesadelo o cérebro dos vivos. E justamente quando parecem empenhados em revolucionar a si e às coisas, em criar algo que jamais existiu, precisamente nesses períodos de crise revolucionária, os homens conjuram ansiosamente em seu auxílio os espíritos do passado, tomando-lhes emprestado os nomes, os gritos de guerra e as roupagens, a fim de apresentar a nova cena da história do mundo nesse disfarce tradicional e nessa linguagem empestada" (Karl Marx, *O 18 Brumário de Luís Bonaparte*, 1980, p. 203.

vezes chega a ser mais burocrático e injusto que a própria Filosofia que o move, a neutralidade acaba reforçando a ineficiência na ciência jurídica e no sistema jurídico-penal, tanto do ponto de vista legislativo como processual e jurídico, ferindo substancialmente os valores dignos do Direito: justiça, igualdade e liberdade.

3.4 | QUESTÕES DA SOCIOLOGIA JURÍDICA

A resposta, pelo menos no plano da Sociologia Jurídica, e que não se esgota obviamente aí[10], é que a filosofia positiva, o positivismo jurídico, a dogmática positivista jurídica interessa muito mais a quem tem poder do que ao cidadão comum, porque estamos diante de uma realidade insofismável: vivemos numa sociedade de classes. Isto é verdade para todas as sociedades de classes; se aqui falamos do modo de produção capitalista se deve ao fato fundante de que vivemos neste modo de produção determinado. A questão é: a quem interessa uma ciência jurídica e um sistema jurídico assim? Nossos teóricos juristas fundaram um Direito para acabar com a desigualdade, a opressão e a injustiça advinda da exploração do homem pelo homem. Mas dentro da ideologia positivista da classe dominante, e das elites que orbitam o seu poder, o nosso Direito está a serviço, historicamente, da perpetuação das relações desiguais de classe e salvaguarda dos valores burgueses, nessa mística que o avanço tecnológico, gerará, mais tarde ou mais cedo, de uma forma ou de outra, uma sociedade de respeito à pluralidade e aos interesses de todos os brasileiros, de todas as raças, todos os credos e todas as classes sociais.

Mas dentro da ideologia positivista da classe dominante, e das elites que orbitam o seu poder, o nosso Direito está a serviço, historicamente, da perpetuação das relações desiguais de classe e salvaguarda dos valores burgueses, nessa mística que o avanço tecnológico gerará, mais tarde ou mais cedo, de uma forma ou de outra, uma sociedade de respeito à

10 No plano da Filosofia do Direito, por exemplo, podemos até perguntar que outra filosofia e método podem transformar o Direito em ciência, senão este que privilegia a norma, a norma pela norma, excluindo qualquer exterioridade da ciência jurídica, até valores como moral e justiça (p. ex., Hans Kelsen, *Teoria pura do direito*, 2000).

pluralidade e aos interesses de todos os brasileiros, de todas as raças, todos os credos e todas as classes sociais. E assim, maquiavelicamente, usa a realidade brasileira "disforme", ou em construção, do ponto de vista econômico, político e social, como desculpa para a necessidade de um Direito acima da sociedade, da lei que tangencia muitas vezes a tirania e exploração de camadas substanciais da população, e o faz em seu nome mesmo (usando o discurso do povo) – por isso maquiavelicamente. É um Direito da regulação, da força policial, um Direito onipresente e de poder supremo, a favor dos privilégios das aristocracias, das oligarquias, das autarquias, do cooperativismo, da centralização reguladora do capital, e não da participação democrática e cidadã, condição primeira para a emancipação da verdadeira igualdade e liberdade individuais.

O Direito positivo usa o jargão "fato social" para se dizer relevante em relação às condições concretas da vida do povo brasileiro, mas parece entender como povo apenas uma ínfima parte do país, a parte poderosa econômica e politicamente. Usa o "fato social" apenas como pano de fundo, e na sua "sabedoria extrema" enxerga a ciência jurídica como Filosofia pura, a pior filosofia, na realidade um aviltar do espírito humano, um desprezo pelo ser humano; na hora de se concretizar em justiça, igualdade e liberdades substanciais, esse Direito deixa a história correr, acreditando que as coisas são como são, e cabe apenas a ela, ciência da lei, regular superficialmente e em favor das elites a história, de forma a que as "leis imutáveis" do devir humano se dêem harmoniosamente, usando a condição humana da maioria e dos homens simples como meio e não como um fim em si mesmo.

Essa é a herança do positivismo comtiano; a Sociologia positiva lhe empresta a sociedade, o fenômeno social, o comportamento humano em grupo, para servir de cenário a uma ciência que, por definição, deve ser a razão da justiça e dos ideais democráticos – liberdade, igualdade e fraternidade. Estes ideais também estavam na Revolução Francesa. Por que esquecê-los? O Direito é uma ciência nobre que, no entanto, se empobrece quando usa a lei e a força policial unicamente com o objetivo de servir ao poder. A nobreza desta ciência está em fazer justiça e não em administrar o Estado de classes!

"Cobras criadas"

Aconteceu num final de ano escolar em uma faculdade. Por exigência regimental, os alunos do 5º ano de Direito estavam obrigados a cumprir 200 horas de prática jurídica, que além de um estágio em um Centro de Atendimento Jurídico – CAJ era composto pelo desenvolvimento de um trabalho escrito sobre a análise de uma peça jurídica sob a orientação de um professor e supervisão do referido CAJ. A peça jurídica era entregue no início do ano pelo professor orientador e, ao longo do ano, os alunos desenvolviam sua análise em trabalhos parciais que então eram submetidos à apreciação da supervisão do CAJ.

Nesse ano, uma grande quantidade de alunos deixou para entregar o trabalho completo sobre a análise da peça jurídica, no limite do prazo estipulado, sobrecarregando o supervisor na sua aprovação dos trabalhos, sem a qual os alunos não completavam as necessárias 200 horas de prática jurídica, e, sem tal aprovação, não poderiam colar o grau nem ser considerados aprovados no curso. Alegando que os trabalhos deveriam ser entregues ao longo do ano letivo, e não de uma única vez, algumas dezenas de trabalhos foram indeferidas.

Os alunos alegaram que não puderam efetuar os trabalhos de forma parcial devido ao acúmulo de atividades concentradas no último ano do curso, como Exame Nacional de Avaliação do Ensino Superior – Provão, exame da OAB, conclusão de estágio, monografias, trabalhos escolares regulares, além de suas atividades profissionais particulares. A escola permaneceu irredutível, alegando que tudo isso era do conhecimento dos alunos quando ingressaram no curso. Os alunos, então, recorreram ao regimento da faculdade e alegaram que no referido documento nada constava sobre a obrigatoriedade de que os trabalhos de prática jurídica fossem efetuados e entregues de forma parcial ao longo do curso ou mesmo de um único ano.

A supervisão do CAJ insistiu que os alunos estavam avisados sobre essa obrigatoriedade e que, entregando tudo de uma única vez, o trabalho completo nos últimos dias do prazo, inviabilizava a análise da produção científica desenvolvida e rompia com o princípio maior de orientação e acompanhamento pedagógico essencial à formação do futuro profissional de Direito. Os alunos alegaram ainda que uma nova lei como essa não podia ser retroativa, uma vez que era uma decisão tomada diante de um fato novo, fato esse não premeditado e absolutamente casual, e que esse era um instituto soberano no Direito e defendido pela própria Constituição (a não-retroatividade). O supervisor do CAJ alegou dispositivo regimental que, diante de fatos não abrangidos pelo regulamento, lhe dava a prerrogativa e o poder de decidir. E manteve o indeferimento dos trabalhos apresentados.

Assim, inconformados, um grupo de alunos dirigiu-se a suas salas de aulas e passou a destruir todos os equipamentos (lousas, quadros de aviso, carteiras, mesas, vidros de janelas), inclusive os materiais dos banheiros (sanitários, espelhos, lavatórios) e outros que se encontravam nos corredores (hidrantes, extintores, corrimãos, portas de corredores, vidros de janelas etc.).

Diante dos fatos e das repercussões, a escola decidiu revogar a decisão da supervisão do CAJ, aprovar todos os trabalhos, ainda que tenha aberto processo administrativo e disciplinar interno para apurar os responsáveis pela destruição do patrimônio, e uma ocorrência policial por vandalismo e destruição de propriedade alheia.

Mais tarde, um aluno esperou um professor seu no corredor e disse-lhe: "Fui ensinado por esta escola, durante 5 anos, que a lei devia ser respeitada e que ela e os institutos jurisprudenciais são soberanos em fazer justiça. E acreditei nisso; eu e muitos outros. É tudo mentira, professor. A lei é a lei deles, escrita ou não, constitucional ou não, razoável ou não. Eu vim aqui para dizer ao senhor que fomos traídos, mas agora eu e meus colegas entendemos na prática o que tentou nos dizer e nós desconsideramos arrogantemente. Para o senhor eu queria pedir desculpas". E saiu tão depressa e furtivamente como havia chegado.

EXERCÍCIOS

1. Imagine que seja o delegado de plantão responsável pelo Boletim de Ocorrência. Redija em 30 linhas o referido boletim como se estivesse orientando o escrivão.
2. Pesquise o que a Constituição diz sobre retroatividade de uma lei e analise a procedência da argumentação dos alunos e da escola.
3. Faça, resumidamente, sua análise do caso: quem está com a razão e quem não está.
4. A partir do caso acima relatado, analise até que ponto a lei é efetivamente capaz de ser suficiente para realizar um julgamento isento, objetivo e neutro, conforme o pensamento de Auguste Comte.
5. Comente a fala do aluno ao professor.

4

A Sociologia de Émile Durkheim

A Ciência Jurídica usa assiduamente categorias emprestadas da Sociologia, por exemplo, o conceito de "fato social", "coerção", "normalidade", "crime", "solidariedade", "anomia", entre outros tantos.

Todos esses conceitos foram fortemente desenvolvidos por Émile Durkheim (1858 – 1917). Infelizmente para a Sociologia seus conceitos nem sempre são usados de forma autêntica, quer dizer, da forma como o autor se propôs a desenvolvê-los. Uma das piores deturpações que o conhecimento científico pode efetuar é emprestar categorias desenvolvidas por outras ciências e não respeitar os seus conceitos originais. Infelizmente, esta deturpação é bastante comum.

Por vezes, também, usa-se de forma "emblemática" determinada expressão sem se reconhecer que ela é uma categoria conceptual da Sociologia, e que, portanto, ao usá-la, tem de ser considerado seu conceito, conceito esse que corresponde quase sempre a uma determinada corrente filosófica, da qual o mesmo não pode ser separado, sob pena de perder sua verdadeira dimensão. O conceito *fato social* é um bom exemplo de uso com todas essas deturpações. Não raro, a deturpação é tão grosseira que chega mesmo a se inverter quase que completamente o verdadeiro sentido do conceito criado, neste caso, por Durkheim.

4.1 FATO SOCIAL

Para Durkheim, *fato social* é uma categoria sociológica capaz de dar objetividade ao comportamento humano em grupo. Só seria válido para a Sociologia estudar esses comportamentos se os mesmos fossem *fatos sociais*. Classificando os comportamentos humanos como *fatos sociais*, a Sociologia podia compreendê-los de forma objetiva, desvendando que a natureza de comportamentos humanos, muitas vezes explicados como comportamentos individuais, têm, na verdade, e na maioria das vezes, origens e explicações enraizadas no convívio social, isto é, no grupo.

Durkheim é seguidor, o melhor seguidor do positivismo de Comte. Sua preocupação é de exatamente dar o *status* de ciência autônoma à Sociologia, criar categorias que demonstrem empiricamente que existe um objeto de estudo diferente de todas as ciências já conhecidas. Através de experimentação Durkheim prova que o comportamento humano não é, na maioria das vezes, um fato individual, isolado e compreensível apenas a partir do indivíduo, mas que a opção desse comportamento pessoal está diretamente determinada pelo convívio social, pelas normas e regras do grupo onde o indivíduo é educado.

Em seu estudo clássico, *O suicídio* (1897), Durkheim demonstra estatisticamente que as causas das pessoas se suicidarem estão relacionadas com as regras e normas impostas pela sociedade. Por exemplo, a depressão que leva uma pessoa a cometer esse ato tem raízes no convívio com seus semelhantes, um convívio regulado desde o nascimento quando até valores e sentimentos são passados pelo grupo, e, portanto, só fazem sentido ao se relacionarem com o grupo. Na verdade, esse ato extremo demonstra o fracasso da sociabilização do indivíduo, na medida em que, segundo Durkheim, as regras sociais devem ser capazes de coibir desvios de comportamento tão individuais e nocivos ao grupo (se todo mundo se suicidasse obviamente a sociedade deixaria de existir).

O suicídio é apenas um exemplo. Como ele, existem outros fenômenos que demonstram o caráter social, eminentemente grupal, do comportamento humano, comportamento esse que só pode ser estudado a partir do grupo, e não como comportamento individual. No entanto, nem todo fenômeno social é um *fato social*. O exemplo do suicídio demonstra a natureza social, grupal, do comportamento humano, e isso ajuda a estabelecer os limites de conformação de um objeto próprio da Sociologia: o comportamento humano originário do grupo. Mas para ser considerado um *fato social*, esse fenômeno tem de ter características próprias.

Assim, para Durkheim, o pai do conceito, *fato social* é todo fenômeno social coercitivo, exterior aos sujeitos e que apresenta certa generalidade no grupo social. Sem estas três características não existe "fato social". Portanto, sociologicamente, quando se fala de *fato social* está-se relacionando o comportamento ou fenômeno social a essas características.

A primeira delas é a "coerção": todo ser humano é obrigado a seguir um conjunto de regras e normas que o grupo social ao qual pertence lhe impõe. É este conjunto de regras que lhe dá um sentido de humanização, ou seja, essas regras não só lhe dão os parâmetros de convivência a serem seguidos, como, por comportarem um sentido próprio daquele grupo, acabam também passando um conjunto de valores, entre eles a moral. Esta moral define o certo e errado, o bem e o mal, o bom e o ruim de acordo com os costumes daquele grupo social. Esses valores, regras e normas é que sociabilizam o ser humano, pela educação, e possibilitam, inevitavelmente de forma coercitiva, o mínimo de sucesso em meio a determinado grupo (a sobrevivência é entendida como parte desse sucesso).

A segunda característica, diz-nos Durkheim, é a "exterioridade": esses valores, regras e normas impostas pelo grupo são anteriores aos homens isoladamente considerados. Quando uma criança nasce ela já encontra prontos esses parâmetros de sociabilização; da mesma forma, quando um imigrante chega a um país onde não nasceu, tem de aprender a se relacionar segundo esses valores, regras e normas, enfim, precisa se reeducar. Assim, aquilo que Durkheim acredita ser o fundamento do funcionamento social e da conseqüente sobrevivência humana é preexistente, da mesma forma que é subsistente, isto é, está antes e permanecerá depois aos indivíduos enquanto tal. Assim, no entanto, não significa que não exista a possibilidade de transformações na moral e normas do grupo, mas estas são possíveis apenas enquanto movimento coletivo, quer dizer, pela ação do grupo que se movimenta em relação aos acontecimentos históricos.

Ainda que, sendo um discípulo de Auguste Comte e de sua metodologia positivista, Durkheim confere algo de ação transformadora aos homens, mas esta participação ativa na história somente é possível enquanto consciência de grupo, e mesmo assim, muito lentamente e na medida em que o grupo possa entender a necessidade de mudanças dentro de um escopo mais ou menos formatado da realidade presente e futura. Por isso, o grupo pesa sobremaneira sobre a consciência dos indivíduos e lhes determina de alguma maneira seus comportamentos, assim considerados como comportamento social. Em Durkheim esse fator determinante do comportamento social geral que realiza o *fato social* é a "consciência coletiva"[11].

Finalmente, Durkheim nos fala da "generalidade" como sendo a terceira característica de um *fato social*. De forma simples, o comportamento social que interessa à Sociologia estudar tem de se apresentar com uma dimensão significativa no grupo, ou, dito de outra forma, precisa ter uma representatividade quantitativa importante como comportamento dos indivíduos. Portanto, o que é *fato social* e pode ser transformado em objeto de estudo para a Sociologia são apenas os comportamentos assim caracterizados: impostos pela educação com base em valores, regras e normas definidas; preexistentes e subsistentes aos indivíduos isoladamente considerados; e repetidos com magnitude significativa determinando um comportamento geral. É comportamento social para a Sociologia durkheimiana comportamento desse modo definido.

Se o Direito considera o *fato social* como base de sua ciência, deveria só dar importância para fenômenos sociais assim considerados. Quer dizer que, de alguma forma, este Direito deve regular a sociedade

11 Em Karl Marx, por exemplo, este mesmo binômio de "consciência individual" e "consciência coletiva" está presente nos conceitos de "consciência em si" e "consciência para si". E daí a importância que Marx dá ao papel da luta de classes na transformação social, porquanto é nela que está presente a consciência de grupo.

levando em consideração essa coerção exterior e geral do grupo em que se insere. E é isso que o Direito acaba fazendo, de forma positiva e dogmática. No entanto, é importante perceber que, em uma quantidade considerável de vezes, quando se fala que o Direito vem do *fato social*, pretende-se dar a essa ciência uma dimensão ao mesmo tempo empírica e revolucionária; uma substância de base concreta e em transformação, o comportamento humano em grupo. Mas, infelizmente, não se percebe que o conceito para Durkheim de *fato social* está longe de ter essa visão de movimento e de emancipação do individual em relação ao coletivo e, portanto, o Direito assim concebido não foca primordialmente a liberdade individual, e, tampouco, a ânsia de alguns em colocá-lo no vetor das transformações sociais.

O conceito de *fato social* não comporta, pelo menos à luz da Sociologia Jurídica, tal interpretação e menos ainda práticas vanguardistas, não na sociologia positiva durkheimiana. Ainda assim, na prática jurídica brasileira o Direito é positivo, dogmático e fortemente embasado em Durkheim. Por isso gosta tanto do conceito de *fato social*, ainda que esteja afirmando aquilo que não pretende.

4.2 | CONSCIÊNCIA COLETIVA E CONTROLE SOCIAL

A teoria de Émile Durkheim remete ainda a outro conceito importante: na esteira do peso que a educação tem no conceito de "fato social", encontram-se as chamadas Instituições de Controle Social. As principais Instituições de Controle Social são a família, a escola, a igreja (no Brasil uma das mais importantes), o Estado (e aí o papel do Direito) e a sociedade (no sentido do convívio com indivíduos diversificados). Todas estas instituições desempenham a função de coagir exteriormente o comportamento individual de tal forma que as pessoas se aproximem do comportamento médio desejado com base naquele conjunto de valores morais, regras e normas; dito de outra forma, essas instituições têm o papel fundamental de impregnar os indivíduos da tal *consciência coletiva*, que mesmo quando sozinhos podem sentir sua importância e sua coercitividade de forma que acabam orientando seus comportamentos na direção desse comportamento médio esperado.

Quadro 4.1. Instituições de controle social e características

Instituição	Sociedade	Família	Escola	Igreja	Estado
Tipo Educação	Informal	Informal	Semiformal	Semiformal	Formal
Tipo Sanção	Sanção Espontânea	Sanção Espontânea	Sanção Legal	Sanção Espontânea	Sanção Legalíssima – Punição

Para a sociologia de Durkheim três considerações importantes devem ser levantadas neste momento: 1) coercitividade é fundante da sociedade e do comportamento social de sucesso que possibilita a humanização e a sobrevivência dos homens – assim, coerção não é obrigatoriamente arbitrária: imposição e exterioridade não são sinônimas aqui de arbítrio e violência (ex.: os pais que insistem para que uma criança não coloque o dedo em uma tomada elétrica, não estão sendo arbitrários, sendo que dentro dessa insistência até pode ser vista certa dose de violência; dar um tapa no mão ou na região glútea da criança é considerado dentro da normalidade); 2) o que se espera é que os indivíduos dirijam seus comportamentos para uma média esperada correspondente a esses valores, regras e normas – isto não significa que não exista a possibilidade, a aceitação de comportamentos algo diferentes e até relativamente distantes do "normal", da média geral: o que não pode é uma consciência individual extrapolar os limites da coercitividade ou comportamento esperado. Qual é esse limite? Cada grupo social educa os indivíduos para que saibam, pela *consciência coletiva*, até que ponto cada um pode ser diferente e apresentar comportamentos além desses limites – se ultrapassá-los chama-se de "patológicos"; 3) o fato de um indivíduo executar um comportamento sozinho, isoladamente, não significa que não esteja subordinado à *consciência coletiva* do seu grupo – a *consciência coletiva* age sempre que, suficientemente, se torna aceita e parte do ser individual (ex.: o vestir-se, tomar banho, outros atos higiênicos etc., para um indivíduo, a partir de muito cedo, são atos isolados e particulares, mas efetuados sobre a vigilância subliminar da consciência coletiva, e, nesse sentido, fatos sociais plenos).

Como vemos, na sociologia de Durkheim, a normalidade é definida de forma algo diversa do senso comum: é normal todo o comportamento que esteja dentro dos limites da coercitividade institucionalizada pela consciência coletiva e que tenham uma redundância significativa; pode ser que dentro desses limites existam atos e comportamentos gerais indesejáveis e condenáveis pelo grupo social. Por exemplo, o homicídio e o suicídio. Estes são comportamentos condenados em todas as sociedades dentro de certos limites desejáveis, e ainda assim são gerais e alvos de coercitividade exterior. Fora dos limites de normalidade de uma sociedade, então os comportamentos seriam "patológicos"; estes são aqueles comportamentos considerados capazes de destruir o próprio grupo social e estão além da generalidade observada.

4.3 | DIVISÃO DO TRABALHO SOCIAL

Segundo Durkheim, a sociedade propriamente dita, considerada como tal, só existe a partir do momento em que o grupo humano divide as tarefas necessárias à sobrevivência de todos; a sociedade humana só existe a partir da "*divisão do trabalho social*". Em um determinado momento o grupo humano percebe que a sobrevivência de todos está ameaçada na medida em que a produção individual ou restrita ao núcleo familiar (pai, mãe, filhos) já não é suficiente, em termos de produtividade, para sustentar a vida de todos. Dessa constatação, o grupo divide as tarefas produtivas necessárias à sobrevivência. A *divisão do trabalho social* pode ser estendida a todo o grupo: a partir da divisão simples de atividades entre os sexos – (ex.: homens caçam, mulheres plantam), ela pode se estender à divisão por idade (ex.: crianças brincam preparando-se para atividades futuras de seus sexos, como meninos guerrear e caçar, meninas cuidarem de atividades domiciliares; adolescentes mulheres devem cuidar de irmãos mais novos, enquanto adolescentes homens devem domesticar animais e aprender a lutar e manejar armas; mulheres adultas plantam e colhem, enquanto homens adultos caçam e lutam para proteger o grupo todo; velhos devem ser protegidos pois são os "oráculos" do grupo pela sua experiência).

Em seguida, provavelmente a *divisão do trabalho social* estendeu-se para uma divisão de atividades úteis mais sofisticadas: crianças, adolescentes, adultos e idosos passaram a executar diversas atividades – ex.: algumas mulheres plantam e colhem, outras coletam frutos, outras pescam, outras se dedicam a produzir roupas etc; da mesma forma, alguns homens caçam, outros se dedicam apenas a defender e vigiar o grupo de agressões de outros grupos, outros ainda podem dedicar-se apenas a confeccionar armas etc.). Na verdade, a complexidade e diversidade da repartição de atividades úteis à sobrevivência do grupo é bastante vasta e culturalmente apresenta a mais variada morfologia entre diversos grupos humanos[12]. O importante é que a produtividade (quantitativa e qualitativa) seja sempre crescente e, assim, que a *divisão do trabalho social* distribua as atividades necessárias à sobrevivência do grupo de modo que todos os seus membros sejam úteis.

O conceito de Durkheim de *divisão do trabalho social* é para a Sociologia de fundamental importância: ao mesmo tempo que define a passagem do grupo humano da "barbárie" para a sociedade organizada, este conceito estabelece a noção de *solidariedade* social a partir do trabalho socialmente útil à sobrevivência do grupo humano. Dito de forma resumida: na necessidade de produzir os bens e serviços indispensáveis à sobrevivência de todos, os homens precisam incessantemente aumentar sua produtividade social, e o fazem repartindo as atividades entre os membros do grupo, dando-lhes assim a utilidade social pelo trabalho e, concomitantemente, solidificando as instituições de uma sociedade organizada em sua crescente complexidade.

4.4 | SOLIDARIEDADE

Portanto, a *solidariedade* para a Sociologia nasce da importância que se dá à *divisão do trabalho social*, e isto em dois sentidos: 1) ao dividir as atividades entre os membros do grupo, a comunidade

12 O exemplo, "mulheres plantam e colhem e homens caçam e guerreiam", não chega sequer a ser um padrão na divisão do trabalho social, uma vez que se conhecem exemplos de sobrevivência social onde o contrário é que é o padrão: mulheres caçam, homens colhem e pescam e todos guerreiam.

reproduz a confiança necessária à troca dos produtos de trabalho dos seus membros: se o caçador que sai para caçar não tivesse o mínimo de confiança no guerreiro que ficou para proteger sua família, então não sairia para caçar e assim a comunidade não teria a caça como fruto de seu trabalho; de forma recíproca, se o guerreiro não tiver confiança de que o caçador trocará a caça conseguida pelo seu serviço de proteção, não teria motivação para proteger e guerrear defendendo a comunidade; 2) em conseqüência, o trabalho, a atividade de todos tem de ter utilidade para a comunidade, pois sem este valor não se pode trocar o que cada um faz: se a caça do caçador não fosse útil para o guerreiro, e/ou o serviço de proteger a comunidade do guerreiro não fosse útil para o caçador, não poderia haver troca, e assim não se estabeleceria a relação de utilidade e confiança. Afinal o que é *solidariedade*? Acreditar que todos em uma comunidade devem exercer uma determinada atividade importante e útil para o grupo, a partir da qual a relação de confiança se estabelece e o respeito ao trabalho exercido por determinado indivíduo o insere de forma eficiente na sociedade, permitindo-lhe estabelecer relações humanas efetivas que, por outro lado e ao mesmo tempo, acaba dando certa morfologia ao grupo, vale dizer, a *solidariedade* dá o caráter social ao indivíduo e o indivíduo, por sua vez, pela sua atividade útil e aceita como tal, influencia a própria forma da sociedade a que pertence.

Desta forma, a *solidariedade* apresenta-se para a Sociologia diferentemente do senso comum: vulgarmente entendemos como *solidariedade* a ajuda cristã ao próximo; ajudar os socialmente excluídos faz parte da moral cristã e assim impregna nossos sentidos de uma justiça que se manifesta tardiamente, que embora seja importante e nos reconforte, efetivamente não ataca o mal em sua raiz. A justiça necessária, segundo Durkheim, seria praticar a *solidariedade* na sua essência integradora dos indivíduos ao corpo social, evitando, assim, que percam a oportunidade de participar da *divisão do trabalho social*. Em outras palavras: quando um indivíduo está excluído socialmente é porque de alguma forma a *divisão do trabalho social* não o atingiu na repartição do trabalho útil socialmente esperado, tendo-se como conseqüência a impossibilidade de integração desse indivíduo pelo trabalho e pela troca de confiança que a comunidade dispensa nesses casos. Se não se faz nada útil pela *divisão do trabalho social*, não existe troca do produto do trabalho e, desta forma, a sociedade tende a ver o elemento como dispensável e mesmo desintegrador, porque nada acrescenta ao grupo como produtivo e, assim, a *solidariedade* que advém da confiança esperada em seu labor, inexiste. A exclusão social, neste caso, é produto da inexistência de *solidariedade* pelo desinteresse da comunidade pelo que esse indivíduo faz: não faz nada útil para a sobrevivência de todos, não há o que esperar dele, não há o que trocar com ele, não há integração e o grupo tende a excluir o sujeito.

Praticar *solidariedade* efetiva, por esta visão, é integrar, impedir que qualquer membro da comunidade esteja solto da *divisão do trabalho social*, é torná-lo útil pelo trabalho necessário à sobrevivência coletiva. Integrar produtivamente o sujeito é incluí-lo socialmente e evitar que apresente comportamento muito distante da média esperada pela *consciência coletiva*. *Solidariedade* é dar importância à atividade produtiva do agente social e reconhecer que seu trabalho é necessário e importante para o grupo. *Solidariedade* apresenta-se, fundamentalmente, na própria reconstrução do grupo pela ação reconhecida de cada um de seus membros. Se a *solidariedade* fracassar na repartição do trabalho social o indivíduo já está excluído da sociedade e seus comportamentos futuros já serão conseqüências desse alijamento.

A noção de justiça cristã que apenas se vê nas ações de piedade pode amenizar o sofrimento dos excluídos e apaziguar a responsabilidade da coletividade, mas não pode resolver a fundo o problema da exclusão social. Só a integração dos indivíduos pelo trabalho socialmente útil lhes dará dignidade, respeito e importância como seres sociais. E só desta forma a sociedade poderá, inclusive, ser receptáculo da atividade criativa e produtiva do indivíduo, reconhecendo-se que ele, de alguma forma, determina também a história do grupo ao qual pertence. Em um nível mais psicológico, esse indivíduo resgata a sua auto-estima e passa a ver sua função específica como importante para os seus semelhantes e, portanto, reconhece-se nesse grupo, ao mesmo tempo em que o grupo o reconhece como parte importante da comunidade.

A sociedade industrial moderna, principalmente a de cunho capitalista, tende a reproduzir uma mentalidade que hipervaloriza as mercadorias e os bens que se possui, e, assim, acaba dando maior importância ao produto do trabalho do que ao trabalho em si mesmo. Muitas vezes esta mentalidade acaba maximizando as mercadorias em detrimento do homem. Na verdade, do ponto de vista da sobrevivência da comunidade, todas as atividades são igualmente importantes, ou pelo menos deveriam sê-lo (não conseguindo que sejam, o grupo já está excluindo seus membros e excluindo-os socialmente). Em outra visão, menos consumista ou menos mercantilista, a pobreza material não constitui em si mesma um problema à sociedade: o problema não é a pobreza material, mas a falta de dignidade e respeito aos que menos têm materialmente. O problema social se agrava sempre que a comunidade valoriza mais a riqueza material do que o trabalho humano: a verdadeira riqueza de uma comunidade, aquela que mantém o grupo sobrevivendo em paz e respeito mútuos, é a que privilegia o trabalho material e intelectual de todos os seus membros. Esta conclusão talvez seja a maior contribuição de Émile Durkheim para a Sociologia, para o Direito e para a sociedade de forma geral.

O caso da menina de duas cabeças

Os jornais noticiaram recentemente o caso de uma garotinha que nasceu com uma segunda cabeça unida à sua pela caixa craniana; uma prolongamento de outra. Esta segunda cabeça seria de seu irmão gêmeo que acabou não se desenvolvendo. Além de possuir uma ligação óssea com a segunda cabeça, formando uma única caixa craniana, o cérebro da criança também se estendeu para a segunda cavidade, não existindo uma separação visível entre um cérebro e outro. Os médicos iam tentar operar a criança, acreditando ser possível remover a segunda cabeça. Casos assim, aliás, não têm sido tão raros; infelizmente as operações de separação, muitas vezes de corpos inteiros, não têm obtido, na maioria das vezes, muito sucesso.

O caso de Amine Yoshi é semelhante, mas teve um final diferente. Consta dos autos que chegando aos 16 anos de idade com uma pseudocabeça disforme que se projetava lateralmente de sua caixa craniana, Amine havia vivido desta forma desde que nascera, uma vez que os médicos não se habilitaram a efetuar a separação das duas cabeças, já que o risco de morte era muito alto. Acontece que a partir dos 12 anos de idade, Amine passou a ter sérias complicações em sua saúde, pois o cérebro único começou a apresentar degenerescência acentuada, deixando de coordenar totalmente as funções do corpo. Durante dois anos os pais de Amine ainda tentaram cuidar dela em casa, prendendo-a a uma cadeira de rodas e cuidando de suas funções vitais, mas os problemas se agravaram, inclusive porque Amine passou a ter dores insuportáveis em todo o corpo, o que foi explicado, segundo os médicos, pelo atrofiamento de seus músculos e órgãos internos que deixaram de ser adequadamente nutridos devido ao mau funcionamento de seu cérebro, que ocupava as duas caixas cranianas.

Amine ficou hospitalizada durante dois anos, permanecendo em quarto de UTI, por ordem da justiça, uma vez que a família não tinha como pagar todo o tratamento e o plano médico se recusara a assumir as despesas hospitalares após um ano de internação. Na verdade, Amine permanecia sustentada por diversos aparelhos que supriam suas funções vitais, pois seu cérebro já não conseguia fazê-los funcionar adequadamente. Segundo o depoimento da mãe, sua filha "possuía ligado ao corpo mais de uma dúzia de aparelhos, fora meia dúzia de seringas intravenosas" ligadas a botijas de frascos de remédios pendurados em volta dela, não só para alimentá-la, mas, principalmente, analgésicos fortíssimos para aliviar suas dores que nos últimos dois anos só aumentaram continuamente. O pai de Amine disse ao juiz que "sua filha tinha consciência de tudo que acontecia com ela e à sua volta, e que sentia dores monstruosas" apesar dos remédios, pois estes já estavam, confirmado pelos médicos que a assistiram, em sua dosagem máxima, e que "além dessas dosagens provocaria a morte da paciente".

O caso foi parar na justiça porque, segundo consta dos autos, no dia 22 de dezembro de 2001, às 22h30min, os pais de Amine desligaram todos os aparelhos ligados à sua filha. Dos autos constam seus depoimentos na delegacia que apurou o caso, para onde ambos foram encaminhados por volta da meia-noite desse dia, assumindo integralmente seu ato e descrevendo-o de forma um tanto confusa. O que chamou a atenção do delegado é que Amine foi encontrada, pela enfermeira de plantão, por volta das 23h15min, quando de sua ronda programada pelos quartos dos pacientes, com os pais abraçados a ela e com grande parte dos aparelhos desconectados de seu corpo, o que possibilitou que os pais a abraçassem, pois, segundo os médicos e assistentes ouvidos posteriormente, "sem isso os pais não teriam podido abraçá-la devido à quantidade de aparelhos ligados a ela", inclusive as seringas, todas removidas de seu corpo, com exceção dos analgésicos.

Nos depoimentos posteriores, os pais de Amine confirmaram que foram eles que retiraram todos os "tubos, eletrodos e seringas" ligados à sua filha, pois haviam prometido a ela que não a deixariam "só". A questão é que o delegado não acreditou que os pais de Amine pudessem, em suas palavras, "desligar e retirar tudo sem a ajuda de pessoal especializado". Indagados sobre como fizeram isso, os pais de Amine mostraram-se muito nervosos e até contraditórios. O delegado tentou ouvi-los separadamente, mas, por pedido do advogado de defesa à justiça, foi aceito que todos os depoimentos fossem efetuados em conjunto. Os médicos e os assistentes de enfermagem que assistiram Amine durante dois anos também se mostraram surpresos que os pais dela, sem conhecimentos médicos, pudessem ter desligado e desconectado do corpo da filha todos os aparelhos, ainda que o único que "invadia o corpo de Amine era uma bomba de sucção gastrointestinal, que havia sido introduzida na altura de sua virilha esquerda, pois a segunda bomba para sucção de urina seria introduzida no dia seguinte ao seu falecimento". Fora isso, os médicos disseram que Amine tinha dois tubos, um que entrava por sua boca, o outro por um orifício em sua traquéia, e que estes poderiam ser removidos com alguma facilidade, pois "bastava abrir os prendedores externos e a máscara no rosto da paciente".

Os pais de Amine afirmaram sempre que haviam feito tudo sozinhos e que "aprenderam a cuidar de sua filha ao longo dos anos de sofrimento, inclusive os dois anos de UTI, que ela passou", e que quanto aos remédios "eles sabiam quais eram os analgésicos porque várias vezes perguntaram isso para os médicos e enfermeiros", e só não os desligaram porque tiveram medo de Amine sofrer mais. Sustentaram sem contradições que foi Amine quem pediu insistentemente para que eles fizessem isso e que eles demoraram muito tempo para aceitar, mas tomaram a decisão quando os médicos disseram que mais uma bomba de sucção seria introduzida em sua filha. Além disso, o pai de Amine disse que "as dores e o sofrimento de Amine estavam piorando e os remédios já não faziam efeito e que haviam reclamado disso várias vezes aos médicos", o que foi confirmado pelos mesmos, só que "não podiam aumentar mais a dosagem e o que se estava medicando era o mais forte que possuíam". Indagados se Amine tinha consciência do que se passava com ela, depois de tanto tempo de UTI, dos quatro médicos ouvidos, três confirmaram que sim e "era possível que Amine tivesse falado com os pais nesse sentido, pois eles se comunicavam por alguns gestos de mãos e dedos, e que quando falavam com ela, ela reagia com piscar de olhos e movia-se para os lados na cama". O quarto médico disse que apesar desses gestos "grotescos", "não podia afirmar com certeza que Amine conseguisse efetuar esse pedido". Dos seis enfermeiros e enfermeiras depoentes, quatro disseram que os pais tinham condições de saber o que Amine queria e que várias vezes os encontraram conversando com Amine como se ela estivesse entendendo tudo, pois os médicos tinham certeza de que ela tinha plena consciência de tudo". Os outros dois assistentes de enfermagem confirmaram a consciência de Amine e o fato dos pais conversarem muito naturalmente com ela, mas "não podiam afirmar que ela quisesse morrer".

Amine Yoshi foi sepultada no dia 25 de dezembro de 2001, e seus pais pediram que seu rosto distorcido, cadavérico e com as duas cabeças, uma das quais com o globo ocular branco, de nariz disforme e sem boca, com dois crânios cobertos esparsamente por ralos fios de cabelo aqui e ali, fosse deixado descoberto. Estas foram as palavras do agente funerário a um repórter: "O corpo no caixão parecia o de uma criança de 5 anos, de tão retorcido e mirrado que estava". Os pais de Amine aguardam em liberdade, por decisão judicial, o julgamento final em tribunal de júri, indiciados por crime doloso qualificado como eutanásia. Todos os médicos e assistentes de enfermagem não foram indiciados pelo Ministério Público por falta de provas de seu envolvimento na morte de Amine.

EXERCÍCIOS

1. Explique a diferença entre um comportamento comum e um "fato social" no conceito de Durkheim.
2. Podemos dizer que o comportamento dos pais de Amine foi "patológico"? Justifique sua resposta.
3. Imagine que você faz parte do júri popular. Diante dos fatos, você condenaria ou inocentaria os pais de Amine? Justifique sua decisão.
4. Durkheim dava muita importância à educação como forma de impedir comportamentos desviantes. Explique por que e qual o papel dos dois tipos de sanção na sociabilização.
5. É possível dizer que os pais de Amine já foram punidos e o serão para o resto da vida! Imagine que esta afirmação esteja na fala final do juiz. Explique o que isto quer dizer e relacione com a teoria de Durkheim.

5

Solidariedade, Direito e Justiça em Durkheim

Um dos principais conceitos da Sociologia de Émile Durkheim é o conceito de *solidariedade*. Esta importância está diretamente ligada aos conceitos subseqüentes de normalidade, anomia e Direito. O conceito de anomia significa, de forma sucinta, desvio e descumprimento, por parte dos indivíduos, de regras e normas (jurídicas ou extrajurídicas) que objetivam condutas desejáveis e esperadas em determinado grupo social.

Em uma perspectiva durkheimiana, pode-se dizer que a relação entre solidariedade e anomia está sempre no sentido de demonstrar como a sociedade moderna, industrial, constrói um tipo de relação social que determina um tipo de solidariedade que leva os indivíduos a uma crescente autonomia, desconfiança e desobediência das normas de convívio gerais, e que provoca a maximização de algum tipo de anomia. Atualizando Durkheim, pode-se falar que três são as causas disso: 1) a maior especialização da sociedade industrial desagrega o homem de uma normatividade mais geral na medida em que, ao nível da produção, o indivíduo se acostuma a obedecer e a se tornar eficiente diante de regras específicas e altamente especializadas, situação, inclusive, que lhe retira a dimensão do todo, na fábrica e na sociedade; 2) esta mesma especialização, ao mesmo tempo em que recria relações de convívio sociais bastante fragmentadas e diminutas, o torna extremamente dependente de seus colegas produtivos; o paradoxal é que enquanto essa dependência aumenta, incentivada pela extrema divisão do trabalho fabril, cresce a consciência da importância do indivíduo como elemento necessário ao funcionamento dessa mesma engrenagem produtiva, o que faz crescer certo espírito reivindicatório que por sua vez leva ao questionamento de normas gerais de convívio social, principalmente aquelas de caráter disciplinador-punitivo; 3) em paralelo, essa especialização em níveis massificantes da moderna divisão do trabalho social proporcionou uma intensiva produtividade com substituição crescente de mão-de-obra por tecnologias, compelindo vigorosamente os indivíduos a terem de redescobrir novas formas de serem úteis produtiva e socialmente, condição fundamental para que possam continuar a ser percebidos como peças importantes na reprodução da existência de seus grupos sociais.

Ligada a essa perspectiva nada encorajadora no sentido de continuar enraizando os indivíduos a condutas sociais disciplinadas e exigidas por normas de largo espectro no corpo social, ainda se pode vislumbrar uma quarta característica que provoca anomia social, qual seja o fato de que devido ao aumento dessa produtividade e qualidade produtiva, as sociedades com algum desenvolvimento industrial criam padrões de vida muito acima das estruturas concretas que significativa parte dos indivíduos pode efetivamente ter. Esta condição de descompasso entre expectativas de vida e sua realização incentiva, segundo Merton[13], a que grandes contingentes de indivíduos estejam predispostos a recusar obediência estrita a normas e leis que de longe lhes possibilitam obter a riqueza e prestígio pelos quais a própria sociedade os valoriza.

Evidentemente que todas essas circunstâncias incentivadoras de condutas e comportamentos desviantes em relação a regras, normas e leis de regulação social geral acabam de alguma forma interessando

13 Robert K. Merton, sociólogo norte-americano, citado por Miranda Rosa em *Sociologia do direito:* o fenômeno jurídico como fato social, 1996, p. 101.

ao Direito e esbarrando em seu rigor jurídico. O Direito em seu papel regulador e controlador da ordem legal, e como instrumento do exercício ordenador do Estado, é a instituição que vai arbitrar a legalidade e legitimidade de ações anômicas dos indivíduos, deparando-se com a função de julgar essas anomias, não só do ponto de vista legal e em que medida esses comportamentos de rebeldia podem ser nocivos às instituições sociais, mas, principalmente, quando a anomia praticada pode ser punida de um ponto de vista moral e ético, haja vista que muitos desses comportamentos são manifestações diretas de uma desregulação própria do desenvolvimento excludente e banalizante da atividade humana, vale dizer, da própria importância e significado do homem como membro útil à coletividade.

5.1 | NORMALIDADE, ANOMIA E COMPORTAMENTO PATOLÓGICO

Segundo Durkheim a coercitividade é sempre no sentido de dirigir os indivíduos para a linha média de comportamento. Assim, todo o comportamento sofrerá sanções à medida que se afasta dessa média comportamental esperada. Se o comportamento se afasta pouco, pode estar dentro de certa tolerância permitida pela consciência coletiva, e neste caso pouca ou nenhuma sanção será observada. Mas, à medida que o comportamento se afasta mais dessa linha média, a anomia se agrava e mais e mais a sanção se fará presente. Podemos distinguir dois tipos de sanção: a *sanção espontânea* – aquela que o próprio grupo exerce sobre o comportamento desviante, aquela exercida pela própria sociedade; e a *sanção legal*, a que tem o peso da lei – para distinguir a espontânea da legal, pode-se chamar esta última de punição. Portanto, a sanção e a punição já estão presentes mesmo dentro da normalidade, isto é, dentro dos limites da coercitividade possível, e servem, na verdade, para regular as condutas anômicas de forma que os comportamentos não se desviem muito do ponto médio; dizendo de outra forma, as sanções, e as punições com peso da lei, atributo do Estado, têm o papel de reforçar permanentemente a consciência coletiva determinada de uma sociedade evitando que a anomia se intensifique e espalhe. Diferentemente do que se pensa vulgarmente, estas ações de peso corretivo sobre os indivíduos anômicos não se verificam apenas nos comportamentos ditos "patológicos", aqueles já fora dos limites estabelecidos pelo social, mas igualmente dentro deles.

Na verdade, pode-se até afirmar, e aí está a importância e atualidade da teoria sociológica de Durkheim, que um comportamento patológico já corresponde ao fracasso da coercitividade social e de seus agentes e Instituições de Controle Social, porquanto o papel destes e de seus mecanismos punitivos e controladores só se justifica, no mínimo, se for para garantir que os indivíduos se sociabilizem de forma a obterem sucesso em sua sobrevivência. Quer dizer: se a coercitividade não é arbitrária e agressiva por definição, por outro lado, só não o é, ou só se torna plausível aceitar tal argumentação e aceitar as sanções dos estatutos reguladores se for para possibilitar a sobrevivência digna do ser humano; caso contrário não existe contrapartida para a "violência" inerente à necessidade intrínseca do convívio social em uma realidade que só faz modernamente suscitar os indivíduos a condutas anômicas. De alguma forma, o que Durkheim está mostrando é que aquela perda de liberdade individual e a vigilância da *consciência coletiva*, com as quais se é educado, devem ser compensadas com uma existência que realize a potencialidade do ser humano e que este seja respeitado como tal. Ora, se o comportamento, por anomia, se desraigou demais do comportamento médio esperado, até chegar a ir além do máximo que a sociedade já estabeleceu como limite às estratégias de sobrevivência, então algo fracassou em todo o processo de sociabilização e na agenda que o grupo social impõe de comportamento aos seus membros, não só pelo favorecimento da anomia, mas pela incompetência em desenvolver alternativas à exclusão endógena da moderna divisão do trabalho social. Neste sentido, diz-se que a solidariedade fracassou. E é aqui que de forma fundamental o Direito é chamado a refletir sobre seu papel como estatuto maior do Estado; o Estado e o Direito como Instituição de Controle Social.

Fig. 5.1 – Comportamento anômico e comportamento patológico

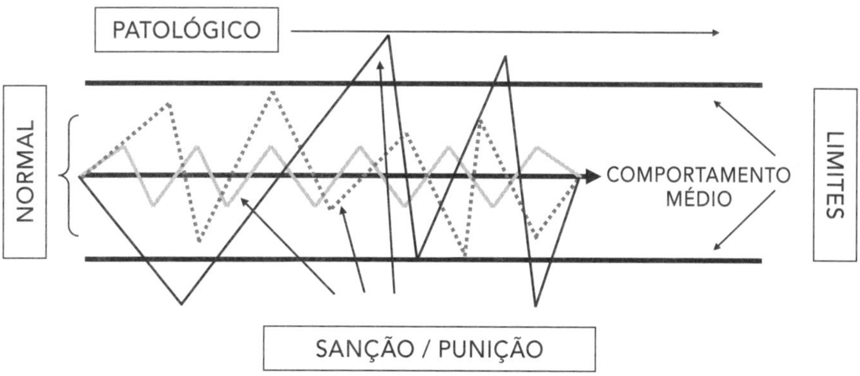

Comportamentos anômicos:

tolerância desviante patólogico

5.2 | SOLIDARIEDADE, DIREITO E JUSTIÇA

O quadro abaixo relaciona os tipos de *solidariedade*, os conceitos

Quadro 5.1 – Relação entre Solidariedade x Direito

Tipos de Solidariedade	Tipos de Direito	Tipos de Justiça
Mecânica	Repressivo	Retributiva
Orgânica	Restitutivo	Restaurativa

de Direito e os tipos de Justiça correspondentes:

Conforme se observa, existem duas relações possíveis: 1. *Solidariedade* Mecânica – Direito Repressivo – Justiça Retributiva; 2. *Solidariedade* Orgânica – Direito Restitutivo – Justiça Restaurativa.

5.2.1 | Solidariedade mecânica e direito repressivo

Auguste Comte havia dito que o conhecimento humano e social teria evoluído em três estágios: metafísico, religioso e da ciência positiva. Émile Durkheim, seu discípulo, também concebe três estágios para o desenvolvimento social, a partir de seu conceito de *solidariedade*:

barbárie, *solidariedade mecânica e solidariedade orgânica*. No estágio de barbárie os homens não chegam a constituir um corpo social como tal: como se disse, entre eles não existe *divisão do trabalho social* e portanto inexiste qualquer tipo de *solidariedade*; tampouco existem fatos sociais importantes (conforme seu conceito, os comportamentos humanos neste período não têm o grau de coercitividade, exterioridade e generalidade suficientes para tipificar o grupo social como tal).

Então, pela necessidade de sobrevivência os homens criam a divisão do trabalho social repartindo entre si as atividades imprescindíveis para o grupo. A este primeiro estágio da *divisão do trabalho social* corresponde, segundo Durkheim, a *solidariedade mecânica*. Podemos, neste estágio, pensar na sociedade pré-capitalista, cujos valores, regras e normas são fundamentalmente passadas pela família e pela igreja. O núcleo da vida social é a família e as atividades produtivas são geralmente efetuadas por indivíduos relativamente autônomos (só posteriormente vão formar as corporações de ofício). Estas atividades econômicas são "propriedade" de um artesão (já com as relações feudais em declínio) que detém o conhecimento integral e é o dono dos meios de produção (ferramentas); em torno deste artesão circulam alguns aprendizes de ofício, mas o conhecimento e ferramentas de trabalho são passados de pai para filho.

Na *solidariedade mecânica* a sociedade é, portanto, de forma geral, patriarcal, extremamente religiosa, o núcleo familiar sobrevive de forma relativamente autônoma, cultivando valores tradicionais de subserviência – hierarquia familiar e social –, com pouca mobilidade social e, principalmente, com restrita divisão do trabalho social ou pouca especialização. Portanto, nesse período que antecede a revolução industrial capitalista, a sociedade é "fechada" e pouco dependente no sentido da menor especialização dos indivíduos produtivamente ativos; se há menos especialização e se as famílias são células relativamente fechadas e autônomas, a socialização e educação é nuclear, familiar e fechada, e, nesse sentido, a coerção é mais fortemente sentida, as exigências sociais parecem ter todo o peso do mundo e adquirem pouca mobilidade, e os desvios de conduta assim sancionada e punida de forma contundente, imediata e com pouca flexibilidade. Nesse estágio a confiança depositada nos indivíduos é determinada por atividades restritas e bem definidas, pouco complexas e pouco especializadas, e, por isso mesmo, a possibilidade de comportamentos mais individuais é limitada. Em compensação, o sentimento de proteção também é maximizado, os indivíduos são considerados importantes e pertencentes a uma comunidade bem definida.

Resumindo, a *solidariedade mecânica* pode ser entendida como um conjunto de valores, regras e normas restritas cujos limites de tolerância social são diminutos, onde se exerce de forma bastante inflexível a coerção social. Mas, por outro lado, o respeito e a proteção aos membros úteis da sociedade são incontinentes. Na *solidariedade mecânica* o comportamento social é menos complexo pela restrita liberdade individual imposta por uma educação tradicional e religiosa bastante forte; as pessoas estão mais fortemente vigiadas, os limites de sua liberdade estão restritos, e as sanções são imediatas e bastante acintosas. Inexiste espaço para questionamentos e comportamentos diferenciados e pouca consciência do funcionamento social – daí a idéia de um corpo social que age e reage de forma mecânica, com repetição constante e pouca variabilidade de comportamentos e relações socioprodutivas (não vamos esquecer que Durkheim é positivista).

Por tudo isso, deste jeito caracterizada a sociedade, Émile Durkheim vai relacionar este estágio da *divisão do trabalho social*, chamado de *solidariedade mecânica*, a um tipo de Direito específico: o *Direito Repressivo*. Pode-se dizer que nesse período impera mais o Direito Público do que o Privado, da mesma forma que o Código Penal aparece com mais penetração social do que o Código Civil, tanto na magnitude das normas escritas como na sua importância na regulação social. Além disso, também é viável afirmar que o "sentido" geral da prática jurídica deste estágio de desenvolvimento social é exercer uma *Justiça Retributiva*[14]. A *Justiça Retributiva*

14 Ver Pedro Scuro Neto: *Manual de sociologia geral e jurídica*, 1999, p. 95 e s.

caracteriza-se por se restringir a uma visão de indenização à vítima; a vítima é indenizada materialmente, e como parte desta indenização, no âmbito social mais abrangente, a sociedade se sente indenizada se o infrator for severamente punido e pagar seu delito com a exclusão social, que vai da reclusão e isolamento social, inclusive da família, até a perda de bens materiais e, em muitos casos, a perda da própria vida.

A *Justiça Retributiva* ao colocar o foco na indenização pura e simples da vítima e do corpo social como um todo, acaba usando o delito e o delituoso como "funcionalidade do crime", isto é, o crime e o criminoso são usados como "exemplo" para que todos os indivíduos saibam o que os espera se semelhante desvio for cometido. Ora, a um estágio de desenvolvimento social, correspondente a um estágio da *divisão do trabalho social*, onde existe uma dependência produtiva menos complexa e onde valores tradicionais e espirituais são o sustentáculo social, onde a coerção social forte é retribuída com forte sentimento de pertencer e ser útil ao grupo, e, por outro lado, as instituições políticas ainda estão sendo consolidadas, é previsível e até certo ponto justificável esse *Direito Repressivo*, essa *Justiça Retributiva* e essa "funcionalidade" do crime e do criminoso como forma de regulação social. Mas se estes parâmetros de convivência social se modificam substancialmente, então esta macrovisão do sistema jurídico se apresenta anacronicamente no meio social. É o caso da sociedade industrial, moderna, capitalista.

5.2.2 | Solidariedade orgânica e direito restitutivo

À sociedade industrial moderna e burguesa corresponde outro tipo de *divisão do trabalho social*: a *solidariedade orgânica*. Neste caso as características se modificam substancialmente: 1) o trabalho produtivo já não tem a particularidade de abrigar num único produtor todo o conhecimento de fabricação, nem tampouco as ferramentas de trabalho são sua propriedade – aliás, este é o fator de transformação mais importante da nova forma de produzir introduzida pela grande indústria: o conhecimento total é repartido inúmeras vezes por dezenas, centenas e milhares[15] de trabalhadores fabris, e as ferramentas de trabalho são propriedade não de quem produz, mas do dono do capital, o dono da fábrica; 2) o núcleo educacional se desloca fortemente da família e da igreja para a escola e para o Estado; 3) valores tradicionais e religiosos dão lugar a valores seculares e cada vez mais laicos; 4) a especialização se acentua no seio da moderna divisão do trabalho social e conseqüentemente a dependência produtiva e econômica se agiganta – na moderna produção fabril e na economia transnacional muitos mais agentes sociais são utilizados para produzir e distribuir os bens e serviços necessários à existência das comunidades, elas mesmas muito mais relacionadas e interdependentes.

Agora, existe a necessidade de mobilidade e flexibilidade em todos os níveis da vida em sociedade, tanto no âmbito da produção e do comércio, como, conseqüentemente, na liberdade e igualdade de tratamento entre os indivíduos. Por isso, a sociedade moderna é necessariamente um ícone da defesa dos direitos civis, dos direitos individuais e dos direitos humanos de forma mais abrangente. A importância que o indivíduo adquire em relação ao grupo social deriva diretamente do tipo de solidariedade que advém da nova *divisão do trabalho social*, privada, atomizada, especializada, extremamente fragmentada, mais interdependente do que nunca e mais individualizada, mais secular e menos determinada religiosamente. Assim é o modo de produção capitalista, assim é a forma de comportamento e relacionamento social, da esfera do trabalho a todos os outros momentos da vida. Este tipo de relacionamento social continua, ainda que de forma diversa do período pré-capitalista, engendrando um tipo de confiança peculiar à extrema repartição do trabalho e às novas formas de confiança no trabalho útil de cada membro da comunidade. Durkheim chamou a este relacionamento moderno, industrial, de

15 A extrema divisão do trabalho e a conseqüente potencialização da especialização se verifica não apenas dentro de uma fábrica, mas na divisão complexa da subprodução de componentes entre vários empreendimentos fabris que dividem dezenas de vezes a confecção de um mesmo produto, atualmente, inclusive, em vários continentes e países, que por sua vez, obriga a um planejamento complexo da divisão entre investimentos, administração, produção e comércio ou distribuição.

solidariedade orgânica, orgânica no sentido de organismo mesmo, como um sistema complexo e enredado de informações e transações, onde cada órgão ou agente social sabe perfeitamente da importância de sua atividade em particular para a sobrevivência do todo e adquire, assim, uma consciência individual que estava impedida de progredir pelo espectro do "medo" de uma educação por demais coercitiva e desmesuradamente punitiva.

À *solidariedade orgânica*, portanto, deverá corresponder outro tipo de Direito e de justiça: o *Direito Restitutivo* e a *Justiça Restaurativa*. Acontece que nas sociedades industriais modernas, principalmente as de livre concorrência, a competição também se agigantou e tornou-se extremada, tanto para indivíduos como para instituições e empresas. Por outro lado, ao mesmo tempo, a sociedade perdeu cada vez mais a capacidade de organizar-se de forma a repartir adequadamente, de forma eficiente e duradoura, o trabalho socialmente produtivo e útil. Por isso, ainda que esta tarefa tenha nas sociedades sempre deixado a desejar, é neste contexto de industrialismo e privatismo no desenvolvimento de produtividade, hoje inclusive com substituição de mão-de-obra por tecnologia, que vai aparecer de forma mais absurda a incapacidade de absorver produtiva e utilmente o trabalho humano disponível no seio das comunidades. Esta incompetência e inabilidade têm, em termos de solidariedade, jogado contra a integração social dos indivíduos, criando forte anomia, não os aproveitando ou outorgando-lhes atividades pouco valorizadas, o que lhes retira a auto-estima e a consciência de importância que representam para a sociedade em que estão inseridos.

É nestas condições que Durkheim sugere o *Direito Restitutivo*, e seu correspondente, a *Justiça Restaurativa*. Num primeiro sentido, o *Direito Restitutivo* compreende que as formas produtivas modernas levam inevitavelmente a reivindicações de âmbito mais pessoal, na procura legítima dos indivíduos, e agentes sociais de forma geral, por garantias à liberdade e igualdade. Por isso, pode-se afirmar que o Direito Privado e o Código Civil estão mais condizentes com este tipo de solidariedade correspondente à *divisão do trabalho social* da era moderna[16]. Isto, claro está, também é possível porque ao longo dos séculos as sociedades de forma geral têm desenvolvido certo gosto pela democracia e pela laicização da política, obrigando-os a constituírem instituições políticas mais sólidas.

Ao mesmo tempo, pode-se dizer que o sentido do sistema jurídico também tem amadurecido, e que o Direito, pelo menos em sociedades mais reflexivas e democráticas, tem procurado dar um sentido mais humanístico a suas atividades julgando com base na Justiça Restaurativa. Este tipo de justiça caracteriza-se não apenas por punir vigorosamente o delituoso, não apenas por preocupar-se em indenizar a vítima, mas, a partir de um sentimento de responsabilidade social mais abrangente, focar o delito e o delituoso procurando equacionar as causas do fato social e trabalhando através da própria sentença, isto é, dentro das atribuições e responsabilidades do próprio judiciário e sistema penal, esgotar as possibilidades de inserção ou reinserção do infrator à sociedade (muitas vezes, inclusive, existe necessidade igual de reintegração da vítima).

Esta visão da *Justiça Restaurativa* tem sido, inúmeras vezes, mal compreendida, principalmente numa sociedade ainda carente de instituições fortes e amplamente democráticas – não corporativistas e tradicionais –, como no caso do Brasil. Não se trata de defender o criminoso, menos ainda de esquecer a vítima ou de indenizá-la. Trata-se, antes de tudo, de compreender as circunstâncias gerais e sociais em que o crime acontece e o criminoso se produz. Mais se trata de inovar um Direito e uma justiça que de repressiva e unicamente focada na indenização não consegue constituir políticas de prevenção para que o crime não aconteça de novo e em circunstâncias semelhantes.

Se a repressão e a simples indenização, se a exclusão e a punição do delituoso, mesmo com pena de se retirar legalmente a vida de outrem, houvessem eficientemente reprimido a violência e coibido o crime, ainda

16 Para muitos autores, nossos dias já correspondem a uma nova era, a Era do Conhecimento ou da Informação. Se isto for aceito como paradigma, então, seguindo as teorias de Émile Durkheim, está claro que um novo tipo de solidariedade deve estar a acontecer entre os homens do século XXI, e, portanto, um novo tipo de Direito e Justiça deverá ser pensado e surgir em breve – um tipo de *solidariedade cívico-digital*.

haveria uma justificativa estatística, positivista, mas real, para o *Direito Repressivo* e a *Justiça Retributiva*. No entanto, a violência e o crime só têm aumentado nas sociedades modernas, citadamente nos centros urbanos, expandindo-se para o interior, como é o nosso caso. Tempo este tipo de Direito e justiça já tiveram para resolver as anomias e patologias que o próprio sistema engendra!

Ao final, há de se concluir que se está a trabalhar com as conseqüências e atacando-se pouco as causas. A causa, pelo menos para a Sociologia Jurídica, pelo menos no sentido da Sociologia de Émile Durkheim, é o fracasso da solidariedade vista a partir da ineficiência e desventura egoísta e mecanicista, da *divisão do trabalho social*. Sem utilidade para a comunidade em que pertence, o indivíduo "não é nada"! A responsabilidade de dar esta importância a cada membro social, pelo trabalho digno e útil, diferentemente do que os adeptos do extremo individualismo e privatismo gostam de defender, diferentemente do que os ardorosos defensores da livre concorrência e consumismo afirmam, esta responsabilidade de integração, repetimos, é do grupo social, da comunidade. Há falta de uma visão mais ampla, social e humana, há falta de políticas governamentais mais fundamentadas, há falta de estratégias mais criativas e democráticas das instituições e dos estatutos mais importantes da sociedade, a violência e o crime só têm a crescer e a obrigar todos a viverem cativos do medo e da barbárie!

Se a sociedade não consegue cumprir o fundamental que é dar dignidade e utilidade a um indivíduo que em seu seio nasceu, foi educado e compartilhou coercitivamente – sempre – de seus valores e regras, por que esperar que as normas e os comportamentos esperados sejam obedecidos? Não se trata de olho por olho, embora assim tenha sido. Qual o benefício para a sociedade de forma geral – não apenas para a vítima – em excluir e violentar igualmente o que cometeu o desvio; o que isto contribui para a paz social e bem-estar de todos? Afinal, qual o real benefício de, após fracassar com a solidariedade, a comunidade e suas instituições de coerção usarem o fracassado e seu ato agressivo, muitas vezes mais desesperado do que desmesurado, como "funcionalidade criminal"?

Na maioria das vezes recria-se o monstro mais pelas atitudes impensadas e igualmente agressivas! Todas estas indagações são objeto de estudo para a Sociologia Jurídica, sem querer ser a dona da "verdade", mas no sentido de pensar um Direito, um sistema jurídico e penal mais eficiente e efetivo, inclusive humano e democrático, que a cada dia possa libertar os homens da violência endêmica. Não se trata de defender este ou aquele, mas de proteger todos. Precisa-se de um Direito multidisciplinar, precisa-se de uma Justiça teleológica, sistêmica e holística, talvez com mais sabedoria do que pragmatismo. Talvez menos dogmatismo e mais estoicismo[17]. A violência sempre gerou mais violência!

17 Os estóicos foram filósofos que apregoavam a sabedoria a partir da união da razão com a natureza e com todos os conhecimentos experimentais e científicos, além de defenderem a filosofia como alicerce da ação inexeqüível.

O índio homossexual

Até bem pouco tempo os cientistas acreditavam que o homossexualismo só existia entre a espécie humana. Há alguns anos, no entanto, descobriu-se que outras espécies animais, não só no reino vegetal, também podem constituir acasalamentos hermafroditas. Na natureza o importante é constituir mecanismos de sobrevivência, principalmente quando uma determinada espécie passa a se sentir ameaçada de extinção. Exatamente porque a união homossexual entre humanos nunca foi percebida como estratégia de sobrevivência da espécie, uma vez que essa sobrevivência está condicionada, por enquanto, ao acasalamento entre seres de sexos diferentes, parecia esdrúxulo imaginar a necessidade de indivíduos do mesmo sexo se unirem. Mesmo quando essa união aparece como produto de um sentimento, portanto, muito além da visão meramente biológica que só vê no relacionamento humano uma estratégia de sobrevivência, e mesmo quando além desse sentimento não está dito que, em nossos dias, essa estratégia tenha de ser entre indivíduos de sexos opostos, mesmo assim, ainda hoje este tipo de relacionamento encontra veemente aversão pelas visões mais ortodoxas e tradicionalistas de nossa sociedade. Para muitos de nós essa é uma questão cultural-moral. Para o Estado é uma questão de saber como atender juridicamente a todas as novas circunstâncias que esse tipo de união provoca.

Em uma tribo de índios do litoral do Equador, foi encontrado um caso que chamou a atenção dos antropólogos por ser a primeira vez que tal fenômeno era observado em tribos indígenas isoladas e afastadas de outras civilizações. Nessa sociedade a divisão do trabalho social era bem delineada entre homens e mulheres: eles caçadores, elas coletoras. Assim, desde que nasciam, os meninos eram instruídos a brincar com pequenos arcos e flechas, instrumentos de caça que eram trocados por outros mais sofisticados à medida que cresciam, até se tornarem caçadores. Por outro lado, as meninas, desde tenra idade, eram encorajadas a brincar com pequenos cestos, que, de igual forma, ganhavam dimensões maiores e complexidade maior à medida que cresciam. Os arcos e flechas eram fabricados pelos homens e cada um portava uma característica diferente que identificava o indivíduo como único. Assim, o arco e a flecha de cada caçador eram únicos, uma extensão de sua própria identidade e personalidade. O mesmo acontecia com as mulheres: ao confeccionar seus cestos a serem usados na coleta de alimentos na própria floresta, cada mulher produzia um cesto com características próprias.

O inusitado é que um determinado indivíduo do sexo masculino, em determinado momento, demonstrou total inabilidade em confeccionar arcos e flechas e, assim sendo, fabricava os melhores cestos. Como nesta sociedade o instrumento de trabalho é determinante da posição que cada indivíduo ocupa na divisão do trabalho social, este elemento masculino passou a se juntar às mulheres em suas atividades de coleta, trocando assim o seu papel na atividade produtiva do grupo. Além disso, os cientistas constataram que o referido elemento freqüentava e desempenhava todas as demais tarefas das mulheres, como cuidar das crianças, preparar os alimentos, cuidar das áreas comuns da aldeia e, por mais estranho que possa parecer, do ritual de menstruação das mulheres próprio daquele grupo indígena. Acontece que culturalmente a comunidade considerava a menstruação feminina como ruim para a caça e para as demais atividades econômicas da tribo. Desta forma, toda vez que uma mulher chegava a seu período de fertilidade inconclusa, ela se recolhia a uma região afastada da tribo, e ali, em companhia de todas nas mesmas condições, permanecia retirada, passando por certos rituais de purificação, compostos de lavagens e cantorias, permanecendo quase em jejum durante esse período. Assim procedia inclusive o indivíduo de sexo masculino que usava o cesto: uma vez por mês ele se retirava para junto dessas mulheres nesse local afastado da tribo e se submetia a todo o processo ritualístico. Os cientistas relataram que nenhuma atitude de exclusão e discriminação foi percebida entre os demais membros homens da comunidade.

EXERCÍCIOS

1. Explique a relação entre o caso citado acima e a necessidade da utilidade do trabalho para que um indivíduo seja/não seja marginalizado.
2. Qual a relação existente entre *divisão do trabalho social* e *solidariedade* em Durkheim?
3. Que tipo de Direito e Justiça foi aplicado pela comunidade indígena ao índio do cesto? Explique.
4. Por que na *solidariedade orgânica*, de acordo com o pensamento de Durkheim, podemos dizer que os indivíduos estão mais interdependentes e, ao mesmo tempo, mais solitários?
5. Crie uma situação em nossa sociedade onde a decisão da justiça seja típica de *justiça restaurativa*.

6

A Sociologia compreensiva de Max Weber

Max Weber (1864-1920), pensador alemão do início do século XX, é um dos autores clássicos da Sociologia, sendo autor de uma obra vasta e original. Professor, Weber nem sempre produziu obras acabadas (grande parte de seus escritos e pensamentos foram coletados, organizados por seus alunos e seguidores, e publicado após sua morte), mas dedicou-se a vários temas sociológicos, como Religião, Burocracia, Relações Sociais, Dominação e Direito, entre outros.

A originalidade de Weber está em pensar a sociedade a partir de relações sociais determinadas por certa "autonomia" dos agentes sociais, construindo o conceito de *Ação Social* como uma conduta pessoal determinada por objetivos específicos em relação ao outro (agente social: indivíduo, organização, instituição). Assim, *Ação Social* é a conduta e comportamento orientado pelas expectativas dos outros; ora, como é o indivíduo, de forma pessoal, que percebe e realiza esse entendimento do comportamento esperado, pelos outros, a vida em sociedade adquire num certo sentido uma pessoalidade, uma individualidade, na medida em que se realiza pela conduta pessoal a partir dessas expectativas alheias.

Diferentemente, pois, dos outros autores fundadores da Sociologia, o peso da coercitividade das instituições de controle social está bastante minimizado, apenas existindo enquanto uma expectativa que será compreendida por cada elemento social, de uma forma ou de outra, portanto, de forma subjetiva. Na Sociologia Compreensiva de Max Weber aquela objetividade nas relações sociais, paradigma da possibilidade de se formar um objeto próprio para a Sociologia como ciência a estudar, deverá ser revista. Talvez por isso mesmo, Weber diga que o cientista social deve tentar ser objetivo em sua pesquisa, procurando deixar de lado seus pré-conceitos, mas que esta neutralidade é sempre subjetiva e bastante difícil de realizar, diferente dos autores positivistas como Durkheim, onde o cientista social deve ser e pode ser neutro.

Este conceito inusitado de Weber leva-nos a pensar que a Sociologia não precisa necessariamente conceber um determinismo nas relações sociais para ter um objeto de estudo próprio; podemos agora visualizar a constituição do grupo social tão-somente a partir da possibilidade de que um determinado comportamento tenha um sentido colocado por cada indivíduo com base na orientação que outro agente, individual ou coletivo, empresta àquela conduta. É social o comportamento portador de sentido orientado pelo outro, de forma subjetiva e individual, não importa.

6.1 | AÇÃO SOCIAL E RELAÇÃO SOCIAL

As conseqüências desta visão quase fenomenológica[18] para a Sociologia e para o Direito são expressivas. Assim considerada a vida social apresenta duas características: 1) O comportamento de indivíduos ou grupos não é previsível nem probabilista, sendo apenas uma possibilidade de vir a acontecer; 2) O relacionamento entre os indivíduos ou grupos não tem, necessariamente, o mesmo sentido, e ainda assim existe comportamento social.

Primeiramente, é natural que cheguemos à conclusão de que o comportamento social não é previsível, na medida em que o sentido

18 "Fenomenologia" é a corrente filosófica onde a realidade apenas interessa na medida em que apenas, e somente apenas, o indivíduo coloca o significado e a interpretação dos fatos e cada indivíduo o faz de forma absolutamente subjetiva.

da ação é sempre subjetivo, dito de outra forma, é o indivíduo que de forma particular terá de: a) interpretar, decodificar a expectativa dos outros sobre seu comportamento, b) isto a cada caso e função social, determinado pelo contexto, c) de tal monta que nunca saberei, eu como indivíduo, se estou capturando corretamente a mensagem que o outro ou os outros estão me enviando, ou já o enviaram, e d) mesmo imaginando que seria possível acertar inteiramente a expectativa dos outros, ainda assim, existe sempre a possibilidade de não aceitar essa expectativa, em parte ou no todo, e, portanto, determinar minha conduta por outros fatores que fogem especificamente à orientação esperada. Por tudo isso, a Sociologia Compreensiva de Max Weber é antes de tudo uma ciência que aceita a probabilidade social como fundamento, e procura entender essa diferença e essa possibilidade de comportamento diferenciado, por mais que isto transforme a Sociologia numa ciência impactante do ponto de vista da procura de respostas esperadas e absolutas para a vida social, principalmente em uma sociedade complexa e moderna.

Com relação à segunda característica da *Ação Social*, é importante atentar para a concepção weberiana de que para existir vida social não é necessário que os elementos coloquem o mesmo sentido nas suas ações, mesmo quando estão em processo de convivência. Na verdade, Weber chega a considerar que na maioria das vezes os indivíduos não o fazem; o normal é conviver-se sem colocar o mesmo sentido nas ações ainda que referenciadas, e a exceção é que a reciprocidade tenha o mesmo sentido nos comportamentos referenciados. Para esta segunda condição, indivíduos referenciados podem agir de forma tal que o sentido seja o mesmo, ou não, quer dizer, pessoas podem estar reciprocamente orientadas sem que tenham colocado o mesmo sentido em suas ações. Portanto, uma *Relação Social* acontece simplesmente quando dois ou mais indivíduos orientam suas ações pelas expectativas uns dos outros, sem, contudo, colocarem o mesmo sentido nessa reciprocidade do agir.

Uma sala de aula é exatamente uma *Relação Social* nesse sentido; mesmo que alunos e professor não estejam imbuídos do mesmo sentido neste convívio. Por exemplo, o professor quer ensinar e o aluno quer aprender; mas pode acontecer de o professor querer ensinar e o aluno estar na sala por outro motivo, digamos, porque acha que precisa do certificado para empregar-se melhor futuramente, ou vice-versa. No entanto, mesmo nessas condições últimas, onde o sentido da ação não é o mesmo, ainda assim, existe um ambiente social e existe um convívio social, na medida em que tanto professor como aluno orientam permanentemente e de forma interativa suas ações, de maneira que a aula aconteça de alguma forma, quer dizer, estão orientando suas ações pela expectativa do outro. Por isso mesmo, podemos afirmar que a dificuldade do convívio social pode estar, e muitas vezes está, na inadequação das expectativas dos indivíduos uns com os outros, e, em condições específicas, é necessário que um ou ambos acabem adequando suas ações de forma a ter-se o mínimo de empatia nos comportamentos, ainda que essa adequação, na maioria das vezes e na vida cotidiana, não seja perceptível e mesmo consciente. É como se fizesse parte, *sine qua non*, do convívio social a capacidade de adequação desta subjetividade comportamental; se assim não fosse, e de acordo com a teoria compreensiva de Max Weber, seria quase impossível a existência social dos indivíduos[19]. No entanto, essa inadequação pode ser por incompreensão da expectativa do outro, por incapacidade de atender a essa expectativa, não sabendo como reagir em determinado ambiente e diante de atitudes alheias, ou mesmo por se recusar consciente e premeditadamente a atender a essa expectativa do outro. Em suma, a vida social e a sociedade são instituições que, contrariamente ao senso comum, prescindem de unicidade nos comportamentos dos agentes que a formam, e nesta medida, quando dizemos *Relação Social*, estamos apenas, na maioria das vezes, falando de *Ação Social* simples.

O diagrama a seguir exemplifica o conceito de Relação Social:

19 Algo parecido acontece na vida natural e é conhecido modernamente como a teoria do caos. Os sistemas tendem a se organizar espontaneamente quando situações extremamente caóticas parecem indicar a destruição de todos que compõem o referido sistema.

RELAÇÃO SOCIAL DIVERGENTE: A distância que separa as setas demonstra sentidos diferentes colocados nas ações dos individuos.

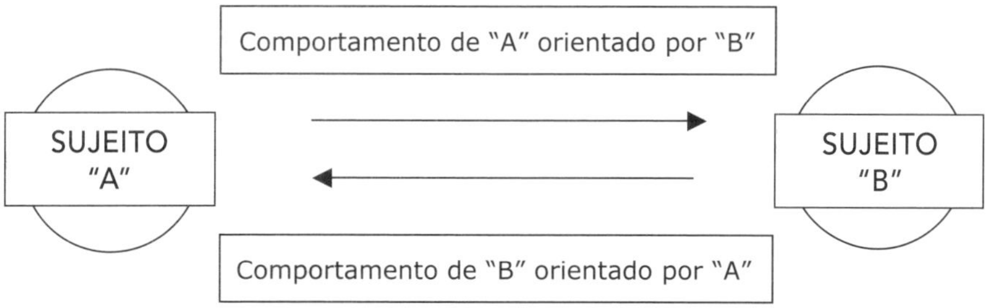

RELAÇÃO SOCIAL CONVERGENTE: Como o sentido das ações dos individuos é o mesmo, não existe distância entre as setas.

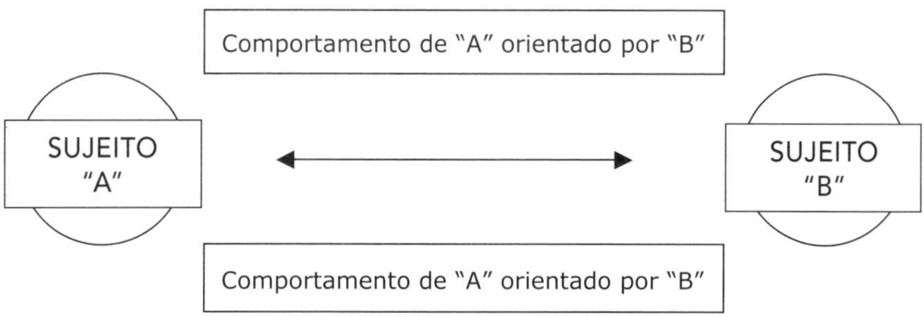

Fig. 6.1 – Relação Social

6.2 | TIPOS DE AÇÃO SOCIAL

Após elaborar os conceitos de *Ação Social* e *Relação Social*, Max Weber tratou de classificar as ações dos agentes em tipos característicos. Em verdade, o comportamento humano não é de um único tipo; na maioria das vezes os indivíduos "pulam" de um tipo de *Ação Social* para outro, ou seja, um mesmo indivíduo pode se comportar motivado de formas diferentes em um curtíssimo espaço de tempo. Ademais, diz Weber, muitas vezes não é fácil nem mesmo possível distinguir exatamente os tipos de *Ação Social* em um comportamento dado, uma vez que a fronteira entre um tipo de comportamento e outro, é muito "tênue", e o comportamento pode mesmo misturar vários tipos de comportamento. Assim, esta classificação proposta por Weber serve mais como recurso tipológico para comparar comportamentos diversos e perceber a sociedade como uma malha imbricada de orientações comportamentais subjetivas, complexas, onde cada indivíduo procura reagir às expectativas dos outros levando em conta valores próprios que se misturam; a sociedade parece ser um grande "tabuleiro de xadrez", onde cada jogador replaneja sua jogada a cada jogada do oponente, e ao fazê-lo, mistura diversos tipos de motivações pessoais. Ao afirmar isto e ao classificar os vários tipos de *Ação Social*, mais uma vez a Sociologia Compreensiva de Weber aponta uma preocupação com a complexidade e a diversificação do comportamento social, fugindo, de novo, à homogeneização de grandes categorias na Sociologia e buscando compreender as particularidades da vida em sociedade, centrando a problemática a ser estudada no "sujeito".

Os tipos de *Ação Social* são: 1) Ação Social do tipo Tradicional; 2) Ação Social do tipo Emocional; 3) Ação Social do tipo Racional com Relação a Valores; e 4) Ação Social do tipo Racional com Relação a Fins. Os dois primeiros tipos de *Ação Social* não são comportamentos racionais. Quem age pela tradição leva em conta costumes arraigados em sua personalidade de consonância com valores e cultura de seu grupo de referência social; ao fazê-lo, no entanto, não racionaliza premeditadamente esse comportamento assim orientado, uma vez que o costume já criou um padrão de comportamento que, na maioria das vezes, é suficiente para obter sucesso entre seus pares e semelhantes. Quando age por tradição, a pessoa age por hábito e raramente questiona o sentido desse comportamento, tampouco sabe exatamente por que assim se comporta.

Da mesma forma, quem age por emoção, muito menos age racionalmente, na medida em que o comportamento emocional deriva dos sentimentos humanos, e ainda que se queira reduzir esses sentimentos a experiências e aspectos culturais sociabilizantes, o fato importante é que no momento de se comportar levado pela emoção, nenhum questionamento sobre a validade desse comportamento é considerado, mesmo que logo em seguida o indivíduo procure lógica em tal ação. O homem é, na Sociologia Compreensiva de Max Weber, um misto de sensações e racionalidade, um corpo social portador de uma alma indissolúvel e concomitantemente ilógica e transcendental.

Os dois outros tipos de *Ação Social* são preconizados por Weber como racionais, portanto planejados. Nestes comportamentos os homens pensam nos meios mais adequados para obterem seus fins e, conseqüentemente, nos desdobramentos e resultados prováveis das opções que fizeram. O que muda é a ênfase dada, ou nos meios – racional com relação a valores, ou nos objetivos almejados – racional com relação a fins. Se em seu planejamento antecipado um determinado indivíduo tem a preocupação focada em não atingir seus objetivos passando por cima de determinados valores, colocando, por exemplo, a ética como premissa de suas ações, os objetivos, então, só serão alcançados se esses valores éticos forem respeitados, e não de uma forma que fira a honestidade, a justiça, a honradez, a amizade etc. Neste caso, o foco são os meios, quer dizer, não se fará qualquer coisa de qualquer forma para se chegar aonde se pretende ou obter o que se deseja. Assim, na racionalidade com relação a valores o certo seria afirmar que "os meios é que justificam os fins".

Contrariamente, se são "os fins que justificam os meios", então a importância maior está sendo dada ao resultado, aos objetivos, não importa de que forma os mesmos sejam realizados e obtidos. No comportamento racional com relação a fins é próprio se afirmar que toda a racionalidade dá ênfase reduzida aos métodos e formas de conduta, justificando, muitas vezes, condutas menos éticas pela obtenção dos resultados desejados.

Diante desses tipos de Ação Social, Max Weber conclui que nas sociedades modernas, industriais e capitalistas, o tipo de conduta preponderante é o racional com relação a fins, e chamou a este tipo de conduta, que mais caracteriza os agentes sociais num grupo e época determinados, de *Tipo Ideal*. Em uma determinada sociedade, em um determinado momento de sua história, sempre um tipo de comportamento se destaca como sendo aquele que melhor identifica os comportamentos dos agentes sociais, por sua abrangência, repetição e conseqüências significativas para o grupo. Isto não quer dizer que os agentes sociais não apresentem outros destes tipos de *Ação Social*, ou que não os relacionem e os pratiquem até simultaneamente; quer dizer apenas que no momento de agirem, primeiro se comportam em escala maior de forma racional, planejada, e que ao o fazerem desta forma, visam antes de tudo, em uma constância significativa, a obtenção de seus objetivos e resultados desejados.

Visto desta forma, o *Tipo Ideal* não é algo que se deseja do comportamento social, mas uma constatação empírica da realidade social. Por outro lado, como se disse acima, se o comportamento social não pode ser precisado, objetivado, e se apresenta uma subjetividade que leva em seu seio o sincretismo, nem sempre claramente definido de vários tipos de comportamento, então o *Tipo Ideal* não pode ser preciso, sendo mais uma tentativa de caracterizar uma sociedade em um determinado momento por um conjunto de aspectos que sobressaem naquele instante no grupo referido, em comparação com o qual se pode referenciar outros comportamentos típicos de outros grupos, ou do mesmo grupo, em momentos históricos diferentes. O próprio Weber assim tinha opinião em relação a esta sua categoria, e daí a importância de sua sociologia sempre em busca dos detalhes, das particularidades e da diversidade social[20].

6.3 | A QUESTÃO DA ÉTICA PROTESTANTE

Para exemplificar a sua tese de que um grupo social apresenta uma miríade de alternativas estruturais e que dificilmente pode-se eleger um fator como preponderante na formação e desenvolvimento social, Max Weber elabora o mais importante estudo de sua obra e uma das mais importantes pesquisas teóricas da Sociologia: o estudo da ética e sua relação religiosa com o desenvolvimento social, que ficou consagrado na obra *A Ética Protestante e o Espírito do Capitalismo.*

Nessa obra, o autor defende a tese de que uma sociedade cujos valores éticos tenham por base a religião protestante desenvolver-se-á mais

---

20 "Justamente por ser o conteúdo dos conceitos históricos necessariamente variável, é que é indispensável formulá-los sempre com maior precisão. Exigir-se-á apenas uma coisa: a necessidade de manter com precaução seu caráter de tipo ideal no momento de os utilizar e não confundir o tipo ideal com a história" (Max Weber, Essais sur la théorie de la science, Paris, 1965, p. 205, apud Julien Freund, *Sociologia de Max Weber*, 1980, p. 53).

rapidamente em relação ao modo capitalista de produção do que outra sociedade que tenha como característica preponderante uma ética baseada na religião católica, por exemplo. Para entendermos isso, temos de compreender quais as características desta ética protestante. Apesar do Catolicismo e o Protestantismo terem em sua essência uma mesma moral cristã, o Protestantismo ao reformar a tradicional e medieval visão e leitura cristã dos escritos sagrados, pôde imprimir uma ética, uma prática cristã, que está no sentido da revolução liberal burguesa, e, portanto, acaba agindo como impulsionador do sistema capitalista de produção, inversamente da ética católica tradicional que de alguma forma conserva em seu imaginário moral fortes entraves à sociedade de livre mercado.

O quadro 6.1 serve apenas de referência e exemplo de algumas características que dão dimensões diferentes a uma prática produtiva, financeira e religiosa que podem garantir, e mesmo acelerar, o desenvolvimento mais rápido do capitalismo, da livre concorrência, da acumulação de capitais e da produção industrial:

Quadro 6.1 – Religiões e Ética

Plano	Religioso	Produtivo	Financeiro	Justiça
Católica	Protecionismo – para salvar as almas os fiéis devem freqüentar assiduamente a igreja e seguir seus sacramentos.	Humanismo – o homem não pode ser objeto de exploração, por exemplo, em seu trabalho.	Usura – é condenável a acumulação de riquezas por expedientes imorais, como o empréstimo de dinheiro a juros.	Transcendência – a justiça final será no dia do juízo final; a justiça dos homens não os resgata dos pecados aos olhos de Deus.
Protestante	Liberdade vigiada – rezar já resgata em si a presença de Deus que lhe redimirá dos pecados.	Contratualismo – não há nada de errado na contratação de mão-de-obra, pois o trabalho dignifica o homem.	Mercantilização – se alguém é rico e tem capacidade de enriquecer é porque Deus assim o dotou de qualidades especiais; seja comedido nos gastos e ajude a sua igreja.	Secularismo – a justiça dos homens já é uma visão de Deus; o julgamento está sendo feito a cada vez que rezar e ali será perdoado.

6.4 | PLURALIDADE E DESENVOLVIMENTO

Ao demonstrar que a Ética Protestante é um fator determinante no desenvolvimento do sistema capitalista de produção, Weber quer provar que não podemos eleger apenas um fator específico como responsável por esse desenvolvimento, contrariamente à posição marxista que é determinantemente econômica. Mas, provavelmente, a maior contribuição dessa pluralidade na gênese da constituição e desenvolvimento social é afirmar que cada povo pode e deve encontrar o fator ou os fatores que lhe são próprios, aqueles que em seu meio mais se adaptam à sua história e que podem alavancar de forma eficiente seu desenvolvimento.

Ao invés de procurar copiar simplesmente o modelo de desenvolvimento de outra sociedade, cada sociedade deve investigar e descobrir seus pontos fortes em relação a um desenvolvimento sustentável com raízes próprias, caminho único capaz de maximizar suas potencialidades, e desta forma, rápida e efetivamente colocar essa sociedade em condições de competir como potência socioprodutiva. Esta visão, sem dúvida, é um forte alento para os países menos desenvolvidos que precisam, em curto espaço de tempo, recuperar uma condição de desenvolvimento, sustentável, na medida em que podem (re)definir suas estratégias a partir de fatores históricos, culturais e naturais próprios.

Prostituição

Dos seus arts. 227 ao 232, o Código Penal trata do favorecimento ou indução à prostituição. Depreende-se do código que a prostituição só é crime quando uma pessoa: convence, induz ou atrai alguém a praticar ato sexual com outras pessoas; impede que alguém saia da prostituição; tem lucro ou é sustentado com a prostituição de outra pessoa; mantém casa de prostituição. Pena: reclusão de 1 a 10 anos e multa, de acordo com cada caso. *A prostituição não é crime para a pessoa que se prostitui por vontade própria.*

A prostituição infantil só tem aumentado no Brasil no decorrer dos últimos anos, principalmente no que se refere ao sexo-turismo. Essa corrupção de menores já esteve prevista como crime nos arts. 217 e 218 do Código Penal. Em números divulgados pela O.N.U., mais de 50 mil meninas estão em condições de prostituição no Brasil, o que nos coloca em 2º lugar do *ranking* mundial, só perdendo para a Tailândia. Eis alguns números dos estados onde o problema é mais grave:

– Rio de Janeiro: cerca de mil meninas de rua entre 8 e 15 anos de idade se prostituem, segundo dados do Centro Brasileiro de Defesa dos Direitos da Criança e do Adolescente.

– Pernambuco: uma em cada três prostitutas de Recife tem menos de 18 anos.

– Paraíba: dados da CPI federal sobre prostituição infantil e juvenil em João Pessoa: 175 meninas e 75 meninos de rua se prostituem, muitos deles de 5 a 7 anos de idade.

– Rio Grande do Norte: 61% das meninas de rua entre 12 e 14 anos (90% delas não usam preservativos).

– Bahia: em Salvador, a faixa de idade fica entre 12 e 17 anos. Pesquisa com 74 prostitutas dessa faixa revelou que a maior parte teve a sua primeira relação sexual aos 10 anos; 80% delas são negras, pobres e analfabetas.

EXERCÍCIOS

1. Qual a causa imediata que favorece a prostituição infantil?
2. Identifique no texto legal do CP a subjetividade da sociologia compreensiva de Weber. Explique.
3. Quando uma menina ou menino menor de idade se prostitui caracteriza uma Ação Social segundo a teoria de Weber? Justifique.
4. Veja este depoimento: "Você precisava ver como eram as festas de despedida dos agentes (estrangeiros) quando encerravam uma temporada no Recife. Era festa no aeroporto com meninas de 13, 14 anos de idade, choro de despedida e tudo!" (Olga Câmara – DPCA/ Recife). Por esta manifestação podemos dizer que a prostituição é uma Relação Social nos moldes considerados por Weber? Justifique.
5. "De certa forma, a visão subjetiva do comportamento social em Weber pode 'incentivar' o crime, neste caso a violência e a exploração sexual de menores". Diga se concorda ou não com esta afirmativa, e explique a sua resposta.

7

Subjetividade, Direito garantido e dominação em Weber

O pensamento de Max Weber é, sem dúvida, um dos mais apaixonantes da sociologia clássica. Suas categorias visam sempre a construir uma sociologia provocante e que se rebela contra o senso comum; muitas vezes contra o *status quo* de paradigmas petrificados. Na Sociologia Jurídica não é diferente.

7.1 | DIREITO SUBJETIVO

O conceito weberiano de subjetividade no Direito é o ponto de partida para uma visão da Sociologia Jurídica que procura demonstrar o seu relativismo, e, portanto, rebela-se contra o dogmatismo normativo da filosofia positivista. Como no capítulo anterior foi dito, os agentes sociais não são previsíveis em relação a seus comportamentos: não o são na medida em que, para Weber, é no ato da convivência de uns com os outros que cada um deles decide pessoalmente seu comportamento, orientados por expectativas alheias poucas vezes transparentes e imediatamente compreensíveis, muitas vezes muito pouco sinceras, cuja resposta visa, na maioria das vezes, a alguma utilidade futura. Uma relação entre dois ou mais indivíduos pouco ou nada tem de objetividade que permita predizer o comportamento de cada um deles, mesmo que todo o sentido e expectativa do interlocutor fossem passíveis de ser desvendados em suas mais profundas nuances. Além disso, ainda resta sempre a possibilidade de um agente, entendendo perfeitamente o comportamento de seu interlocutor e as expectativas que este espera dele, apresentar comportamento inusitado, imprevisível, indesejado. Por isso, em Weber uma relação social é apenas uma probabilidade de que respostas esperadas venham a acontecer entre dois ou mais agentes sociais (quanto maior o número de participantes que estiverem envolvidos na relação então mais esta imprevisibilidade se fará sentir).

Com relação à lei acontece o mesmo, segundo Weber. Se substituirmos a relação indivíduo–indivíduo pela relação lei–indivíduo, podemos afirmar que de forma similar a resposta do indivíduo em relação à lei será sempre apenas uma probabilidade de vir a acontecer conforme essa lei prescreve. Aliás, o fato de ser característica normativa a "prescrição", quer dizer, a norma se apresenta antes do fato social concreto que lhe dá resposta[21], já é elucidativo de que a resposta dos indivíduos em relação a ela seja subjetiva, probabilística, imprevisível e interessada. Desta forma, o Direito, visto como um conjunto organizado e sistêmico de normas, o ordenamento jurídico de forma geral, não pode ser aceito como objetivo. Se a base desse ordenamento jurídico é o conjunto de leis que pretendem ordenar um determinado grupo social, e se a relação entre lei e indivíduo é desse tipo probabilístico, o Direito deve ser considerado "subjetivo" e não "objetivo". A mesma inconstância de interpretação e o mesmo julgamento interessado do agente social, e da própria norma, na medida em que também é produto de interpretações interessadas de grupos e do poder do Estado, colocam irremediavelmente o Direito na esfera do imprevisível e imponderável, seja pela relativa compreensão do texto legal, seja pela subjetiva decisão daqueles que se relacionam com ele.

21 Destarte a prescrição de a norma ser categoria positivista de Hans Kelsen, ela contém em si a compreensão de que por mais atualizada que seja a lei só pode esperar que seja compreendida e obedecida quando da ação concreta do agente social, e que, portanto, contém em si toda a subjetividade de decisão e utilidade que o cidadão lhe puder dar.

Um Direito assim concebido, como subjetivo, próprio de uma sociologia que prima pelo "detalhe insuspeito" do comportamento social, rebela-se contra o misticismo da objetividade do Direito tão caro ao positivismo jurídico, e o coloca na razão direta de uma conduta humana orientada por incompetências, desejos e objetivos dos agentes sociais. Aqui, no "Direito subjetivo", o centro do judiciário, e do sistema jurídico como um todo, é o agente social com atividade suficiente para compreender ou não o texto legal e, principalmente, para aceitá-lo ou não, para emitir respostas concretas que podem ou não agradar ao sistema, ao Estado, visto que são permeadas por um conjunto de expectativas e interesses que se manifestam subjetivamente na figura do cidadão. Não é mais um ordenamento e sistema jurídico exterior e superior aos indivíduos, capaz de refletir de forma autônoma o corpo social em sua abrangência e personalidade, nem tampouco um conjunto de normas que por si só possa objetivar acima e além da sociedade real respostas que, muitas vezes, estão revestidas de uma isenção e neutralidade duvidosa, seja porque emanam de poderes constituídos de classes e grupos que se colocam acima dos cidadãos, seja pelo sonho megalomaníaco do Estado.

Portanto, o Direito subjetivo de Max Weber é um ícone à liberdade e à igualdade, à democratização do sistema jurídico. Revela, de uma forma sociológica diferente, que o positivismo jurídico esconde esta condição amorfa quando pseudoconcretamente passa um espírito de objetividade e neutralidade desinteressada.

7.2 | DIREITO GARANTIDO

Afinal, neste contexto, em que medida o Direito pode ser garantido? Se o Direito é subjetivo, se o ordenamento jurídico tende sempre à inconstância e imprevisibilidade dos agentes sociais, como se pode afirmar que o "Direito é garantido"? Para Max Weber, apesar de considerar o Direito "subjetivo", sociologicamente o Direito pode ser considerado "objetivamente garantido" na medida, e apenas na medida, em que um sistema de coerção jurídica seja capaz de inculcar algum "medo" nos agentes sociais e, ao mesmo tempo, a lei tenha alguma validade em relação a um interesse futuro dos agentes sociais, em face do qual estes estão dispostos a conviver com esse "medo". As duas faces de uma mesma moeda, por assim dizer, uma linha tênue entre a desobediência civil e a aceitação da autoridade da lei e do Estado, falando-se de um sistema democrático, obviamente.

Se a sociedade está sob o domínio do autoritarismo, de um governo despótico e um Estado tirânico, evidentemente que a aceitação subjetiva, orientada por interesses futuros dos agentes sociais, que assim validam a lei, está fora de questão: nestes casos de exceção e arbítrio, a coerção é puramente física; "coerção física" é o poder do Estado em obrigar os cidadãos a obedecerem às suas leis, usando para isso a força de polícia que assim, sem legitimidade, usa a truculência e brutalidade como forma de aterrorizar a sociedade. Neste caso a obediência à lei e a subserviência ao sistema jurídico se dá pelo terror, pelo mais puro medo do cidadão em sofrer todo tipo de barbaridade, inclusive ser torturado e morto. Quanto mais autoritário e ditatorial for o Estado mais a "coerção física" será a única maneira de obrigar o cidadão a cumprir a lei; assim, uma coisa leva à outra: maior violência, maior desobediência civil, que leva à maior violência física, que leva à maior resistência etc. etc. Evidentemente que, de um ponto de vista racional, sociológico, este tipo de Direito não pode ser considerado como "objetivamente garantido".

Fora dessa situação, portanto, pressupondo-se que o Direito precisa ser garantido em sociedades democráticas, objetivamente o Direito só pode ser garantido, dentro de toda a subjetividade que lhe é característica, por alguma aceitação que parta dos próprios agentes sociais. Não se trata aqui de imaginar uma sociedade de amplas liberdades onde todas as individualidades e interesses pessoais estejam contemplados pelo ordenamento jurídico. O próprio sistema jurídico, o próprio processo burocrático de se fazer justiça e punir do Estado, já é, de um lado, importante para que o cidadão reflita sobre a desobediência civil, sua validade e suas conseqüências. Na verdade não existe, de um ponto estritamente sociológico, sociedade cujo Estado não se apresente com essa força de regulamentação e que, nessa medida, não utilize seu aparato repressivo. Mas sendo um Estado democrático, o cidadão imagina que o Poder Público está lá para protegê-lo e não para aterrorizá-lo. Medo existe, mas não é da mesma espécie daquele arbitrário, porque o respeito à pessoa humana e aos dispositivos que defendem e protegem os cidadãos são respeitados dentro de um ordenamento minimamente legítimo. Podemos questionar as formas de representatividade social, as formas de confecção das leis, a brutalidade aqui ou ali da força policial, mas, o que interessa para a Sociologia, é que existe uma aceitação média de que esses males podem e estão sendo combatidos, e que são exceções dentro do Estado pleno de direito.

Ainda assim, quer demonstrar Max Weber que o cidadão só se submete a tal situação de "medo controlado" que o sistema lhe inculca se houver uma contrapartida: o outro lado da moeda é que essas normas, a lei e o Direito que dá poder ao Estado lhe servem de alguma forma, no presente e, fundamentalmente, no futuro. É com base nessa projeção, nessa racionalidade com objetivos pessoais, de novo de forma subjetiva, que se legitima uma norma e o conjunto do ordenamento jurídico, como algo que está lá para lhe favorecer de alguma forma. Em troca desse favorecimento submete-se a um sistema que utiliza desse Direito. Assim, todos os agentes sociais acabam por legitimar o sistema jurídico, que claro está, será tão mais eficiente e efetivo quanto mais a população se sentir participante e protegida por ele, mesmo que algumas exceções sejam cometidas esporadicamente. O Direito é, desta forma, subjetivamente garantido na medida em que os agentes sociais dominam e controlam seu "medo" do Estado em troca de um ordenamento jurídico que lhes seja minimamente favorável. A coerção física é então transformada em coerção jurídica.

7.3 | DOMINAÇÃO

Este tipo de domínio que o Estado tem sobre seus cidadãos, este que exerce uma violência controlada em troca de favores e interesses reais presentes e futuros, que a maioria da sociedade aceita como necessário, Weber denominou de *Dominação Racional Legal.* O Estado, portanto, que exerce coerção jurídica na forma acima exposta, domina pela legalidade racional.

Max Weber criou três tipos de dominação: 1) Dominação Tradicional, 2) Dominação Carismática e 3) Dominação Racional Legal. A *Dominação Tradicional* é aquela em que o líder, soberano, governante, domina os indivíduos em um grupo social pela tradição, quer dizer, pelo hábito dos costumes, e exerce seu poder conseguindo aceitação da população como ato relacionado a uma tradição e costume. Exemplo disto podem ser o poder e fascínio que um monarca exerce sobre seus súditos, ainda hoje, e seu sucessor, pela tradição e hábitos mais seculares, obedecidos os dogmas e tabus culturais do grupo sobre o qual se exerce prestígio pessoal.

A *Dominação Carismática*, por outro lado, confere ao soberano, ao governante um tipo de liderança pessoalíssima, uma aceitação quase inconteste de seu poder que advém de características pessoais superiores, quase divinas. Dependendo do grau de influência metafísica que exerce sobre os indivíduos, este líder pode levar milhões a se submeterem inconteste a sacrifícios elevados em nome unicamente de preservar sua figura. Ainda hoje temos exemplos de líderes cujo poder inquestionável vem do exacerbar com que os seus concidadãos o divinizam e tentam manter inviolável sua liderança e sua própria vida. O carisma muitas vezes é tido como um dom natural do líder, mas muitas vezes se apresenta em situações reais e concretas de perigo onde o líder aparece como o salvador de todos e daquilo que lhes é caro. Todos os grandes líderes da humanidade que levaram seus povos a grandes conquistas, e igualmente a estrondosa ruína, eram percebidos por seus cidadãos como líderes carismáticos, ou por traços pessoais de sua personalidade ou por feitos heróicos.

A *Dominação Racional Legal*, no entanto, diverge profundamente das anteriores pelo seu caráter racional e profundo foco na lei. A Dominação Tradicional e a Carismática são, na visão de Weber, tipos de liderança e exercício de poder que dispensam maciçamente certa racionalidade humana, quer dizer, os agentes sociais estão dispostos a seguir e obedecer este tipo de líder sem grandes questionamentos e sem procurarem tirar dele uma contrapartida significativa para a sua lealdade. Ainda que um Estado moderno, diz-nos Weber, tenha um soberano elevado a tal por tradição, ou mesmo enxergue em seu governante um dom especial cativante, a objetivação dos agentes sociais será sempre, em última instância, procurar favores perante a lei, resguardar interesses pelo texto legal e pelo sistema jurídico, que, assim, aparece para os indivíduos como impessoal, objetivo, isento e instaurado pela razão e necessidade dos fatos sociais. A *Dominação Racional Legal* é sempre uma troca entre Estado e cidadãos: o Estado exerce seu poder desde que racionalmente isto seja útil, necessário, e favoreça o interesse presente e preserve o interesse futuro dos cidadãos com base na lei.

No fundo, a idéia weberiana remete o poder exercido pelo Estado moderno a uma condição de racionalidade legal. Só pela evidente e efetiva razão os indivíduos estão dispostos a abrir mão de suas prerrogativas de liberdade e igualdade perante o Poder Público. Assim, o Estado moderno, através do sistema jurídico, através do Direito, precisa sustentar um poder e uma coerção que sejam compatíveis com esta necessidade e utilidade de suas funções sociais, visando sempre a garantia da ordem e do desenvolvimento do bem-estar social. O motivo pelo qual indivíduos subjetivamente pensam e planejam seus atos em relação à lei, deve-se mais à aceitação de que o Estado lhes rouba soberania em troca destes favores do que ao medo de sua máquina coativa, ainda que esta algum receio possa acometer a todos. Num Estado democrático, quanto mais a base social se aproximar do sistema jurídico e da máquina estatal, mais legítimo aparecerá o ordenamento jurídico, por isso mais garantido o Direito estará, ainda de uma forma eminentemente racional e subjetiva. Quanto mais legítimo o Estado e o Direito que lhe sustenta o poder, maior a eficiência e efetividade os sistemas legislativos, judiciários e penal apresentarão. E assim, menos temor, e menos necessidade de se fazer justiça pelas próprias mãos. Talvez então, nem o Estado, nem o cidadão comum, nem o bandido, precisem da truculência e bestialidade animalesca para sobreviver. Esta parece ser a maior contribuição de Max Weber ao Direito com sua sociologia jurídica subjetiva. A continuidade desta discussão, no entanto, precisa ser complementada com uma visão de sociedade específica, a sociedade burguesa.

Reintegração de posse

Recentemente assistimos ao vivo a um fato inusitado na sociedade brasileira. Um determinado terreno completamente desocupado, sem qualquer indicação de propriedade, na cidade de São Paulo, havia sido "invadido" por uma dezena de famílias sem-teto, que precariamente ergueram barracos de madeira para se instalarem. Aparecendo o proprietário, e diante da relutância dos invasores em saírem do local, aquele entrou com ação judicial de reintegração de posse, o que foi acatado e deferido pelo Poder Judiciário após 2 anos e meio.

Nesse meio tempo, mais uma dezena de famílias já se haviam instalado no mesmo terreno e erigido seus barracos. Como os sem-teto continuaram a se negar a desocupar o local, a justiça ordenou que a polícia se dirigisse ao local e fizesse cumprir a decisão judicial de reintegração de posse. Em virtude do número grande de pessoas e de barracos, a polícia se fez acompanhar de um trator para derrubar as casas após os ocupantes terem abandonado suas "moradias". Acontece que, diferentemente de outras tantas vezes, os sem-teto decidiram não enfrentar as forças policiais, mas se recusaram a retirar seus parcos pertences de dentro dos barracos, o que dificultava a derrubada dos mesmos. Diante do impasse, e após muitas horas de discussão sem uma solução negociada, o comandante das forças policiais ordenou a derrubada das moradias pelo trator mesmo com os pertences dentro, alegando que precisava cumprir a decisão judicial e que essa tinha sido a opção dos sem-teto.

Mais inusitado, no entanto, foi o que aconteceu em seguida. O maquinista que conduzia o trator recusou-se a derrubar os barracos, mesmo tendo iniciado a marcha até bem próximo dos casebres. Por uma segunda vez, orientado pelo oficial de justiça e pelo comandante policial, de que se não cumprisse essa ordem seria preso por desacato à autoridade e recusa de cumprimento de ordem judicial, dirigiu o trator até bem próximo dos barracos, mas de novo parou e não cumpriu a ordem legal. Ao vivo, o Brasil assistiu a um cidadão já de idade madura, de uma condição social bastante humilde, ser preso em tais condições e dizer à repórter, chorando, que não conseguia fazer o que lhe ordenavam.

EXERCÍCIOS

1. Explique, segundo Max Weber, por que o Direito não pode ser objetivo, usando o caso acima como referência.
2. Demonstre, usando o caso acima, como a subjetividade weberiana derruba a idéia de que o Direito se garante pela *coerção física.*
3. Se estivéssemos em uma sociedade não democrática, você acha que os acontecimentos se repetiriam conforme relatado no estudo de caso? Justifique.
4. Pesquise e produza os autos de processo com relação à decisão do magistrado, só que desta vez tomando atitude diferente da que foi tomada no caso relatado.
5. Conte outro caso que não seja o de Reintegração de Posse, e que demonstre como o Direito é subjetivamente garantido quando o cidadão aceita a *coerção jurídica* nos moldes defendidos por Max Weber.

8

Karl Marx e a luta de classes

Dê Karl Heinrich Marx (1818-1883) pode-se não gostar, não concordar com suas idéias, ou mesmo achar que suas afirmações não se mostraram verdadeiras, mas não se pode negar sua objetividade e seu brilhantismo em formular uma teoria social que o coloca definitivamente entre os grandes pensadores da humanidade.

Negligenciado por uns e idolatrado por outros, Marx produziu uma obra de caráter sistêmico e tão universal que até nossos dias é imprescindível estudar sua teoria se se pretende compreender adequadamente a sociedade contemporânea e suas formações socioeconômicas, nomeadamente quando a regulação da vida moderna que vivemos é do tipo capitalista. Para Marx o capitalismo é um sistema produtivo específico, construído historicamente pelos homens na luta pela sobrevivência. Isto quer dizer que o sistema capitalista de produção é uma etapa do desenvolvimento histórico da humanidade, que antes deste outros sistemas produtivos lhe precederam e lhe deram origem, da mesma forma que outros lhe sucederão. De um lado, a importância da obra de Marx é demonstrar cientificamente esta realidade histórica e revolucionária da humanidade na luta incessante pela sua existência material. De outro lado, entender profundamente a essência deste estágio de desenvolvimento produtivo, o sistema capitalista, quais as suas determinações, suas origens e suas conseqüências. E assim, entendendo a história pregressa e atual, poder delinear algo do desenvolvimento posterior.

Para explicar a história anterior e entender a atualidade do sistema capitalista de produção no século XIX, e, a partir daí, descortinar e mesmo propor politicamente um movimento de transformação rumo a outro modo de produção, Marx elabora uma obra multi e interdisciplinar, complexa e substancial, onde disciplinas como Sociologia, Filosofia, Economia, Política, Antropologia, Psicologia, Religião, Ética, e mesmo ciências naturais como a Biologia, se apresentam imbricadas contribuindo de forma sistêmica para a defesa das suas teses. Na essência, a explicação marxista para o funcionamento social, e que é o que aqui nos interessa aprofundar, é bastante simples e original.

8.1 | MATERIALISMO HISTÓRICO DIALÉTICO

A explicação sociológica marxista começa pela produção, pelo trabalho humano necessário à produção de bens e serviços indispensáveis à sobrevivência dos homens. A esta base produtiva Marx chamou de *Estrutura*. A estrutura social é composta pelas forças produtivas e pelas relações de produção subjacentes. Forças produtivas são as ferramentas e os métodos de trabalho, que em um determinado momento, o grupo social desenvolve e utiliza na produção desses bens e serviços, necessários à sua sobrevivência. Meios e formas de produção são a maneira concreta e material de sobrevivência e reprodução da existência do grupo social. Mas não basta ter instrumentos e conhecimentos técnicos de trabalho para que um grupo social sobreviva materialmente: é preciso organizar essa produção, esse trabalho, e essa organização do trabalho já implica, obrigatoriamente, que os homens devam se relacionar para que a utilidade do trabalho e sua ciência produtiva sejam eficientes em suprir as necessidades da vida real.

Neste ponto Marx e Durkheim se assemelham: a divisão do trabalho repartindo entre os membros do grupo tarefas e responsabilidades produtivas são o maior exemplo e a mola propulsora mais forte da cooperação produtiva pela sobrevivência de todos (embora entre estes autores existam diferenças substanciais quanto aos desdobramentos posteriores deste conceito). Marx defende que são estas relações de trabalho, relações concretamente idealizadas e materializadas na produção da própria vida, e que são do interesse de sobrevivência de todos do grupo social, que solidificam de forma real as formações sociais. Posteriormente essas relações de produção extrapolam a existência na esfera do trabalho e se estendem a todos os processos de relacionamento social, estando na base e na formação da cultura, dos valores religiosos, da própria moral e ética, da noção de comportamento adequado e do que será rejeitado pelo grupo etc. Assim, fica claro que as próprias formas de relacionamento humano de um grupo social, que começam no nível da produção pela sobrevivência, que derivam diretamente daquelas forças produtivas, dos instrumentos e métodos de trabalho, das ferramentas e conhecimentos utilizados no trabalho, depois se estendem a todas as esferas da vida social humana. As relações humanas são determinadas concretamente pelos meios e pelas formas de trabalho dos homens na sua luta material pela sobrevivência. E, então, elas mesmas se aliam a estas últimas e dialeticamente produzem a *práxis*[22].

Evidentemente que esses meios e formas de produção não estão parados no tempo, nem no espaço. A cada momento de sua sobrevivência produtiva, os homens, movidos por necessidades sempre crescentes, impelidos inexoravelmente por suas exigências materiais e intelectuais, e de acordo com as circunstâncias e fatores determinantes em que estão inseridos, revolucionam permanentemente, e para melhor, aqueles instrumentos de trabalho e a organização desse mesmo trabalho. E, desta maneira, revolucionam concomitantemente as suas formas de relacionamento produtivo e sua organização social em todas as esferas e níveis sociais. Somos e vivemos – relacionamo-nos e organizamo-nos – da forma como trabalhamos e produzimos nossa sobrevivência, pela *práxis*.

22 A obra essencial sobre este conceito é de Karel Kosik: *Dialética do concreto*, 2. ed., Rio de Janeiro: Paz e Terra, 1976.

Faz-se necessário parar e entender melhor este Materialismo Histórico, que é a base do pensamento marxista, e a sua explicação estrutural do funcionamento social, com pena de se reduzir esta tese a um determinismo economicista ainda aludido por quem faz uma crítica vulgar a Marx. Materialismo: produção concreta dos bens e serviços necessários à existência humana. Histórico: transformação permanente dessa produção pela revolução incessante dos meios e formas de trabalho.

Em primeiro lugar é preciso entender, como Weber o demonstrou, que um grupo social, uma sociedade, transforma permanentemente suas condições concretas de produção de acordo com suas particularidades, não apenas de acordo com seu nível de desenvolvimento tecnológico, como alguns teimam em eleger como a determinante mais importante, mas de acordo com condições outras, como condições geográficas naturais (riquezas naturais, fatores de clima) territoriais, posicionamento geopolítico, fatores religiosos e culturais os mais diversos, fluxos imigratórios, miscigenação, colonização. Isto é tão verdade ontem como hoje (colonização, mercantilismo, globalização).

Aliás, mais correto seria entender-se que mesmo o nível de desenvolvimento tecnológico de uma determinada sociedade já está imantado por estas outras múltiplas determinações. Mas, de uma forma ou de outra, mais ou menos multideterminado, mais ou menos depressa, mais ou menos abruptamente, o fato relevante, absolutamente essencial na visão de Marx, é que cada sociedade em particular, a todo o momento, vivencia um processo que revoluciona incessantemente as suas condições de produção como forma mesma de sobrevivência. Aqui a história está em movimento inexorável conduzida pelo agente ativo, que é o homem, na procura infinita de soluções para capacitar sua sobrevivência e sua existência da melhor forma possível.

Em segundo lugar, é evidente também que, em determinado momento de sua produção material, na luta pela sobrevivência material, a transformação que o homem faz sobre suas forças produtivas já contém muito de seus anseios por uma qualidade de vida melhor. É que para o ser humano, a busca pelas formas de trabalho essenciais a manter-se vivo, como espécie, depois como grupo social, que só cresce em número, também é o aprimoramento de sua intelectualidade e sua concepção de vida, o que o leva a produzir não apenas quantitativamente mais, mas, fundamentalmente, qualitativamente melhor. Por isso o Materialismo Histórico não é apenas o reino da quantidade, mas também, e permanentemente, o mundo da qualidade. É esta *práxis* que transforma a produção do homem, de um lado necessidade de sobrevivência, em um homem intelectualmente produtivo, de outro lado a necessidade de melhor organizar-se e existir. O trabalho não é uma opção humana, é uma necessidade! Não apenas necessidade de sobreviver materialmente, mas necessidade de existir intelectualmente, ou seja, desenvolver-se como ser inteligente, desenvolver-se como ser espiritual.

De qualquer forma, é na "base estrutural", por ela e dentro dela, que a existência humana se realiza como potencialidade concreta, como forma de sobrevivência material e como forma concomitante de superar as dificuldades dessa necessidade do trabalho, exercendo e desenvolvendo para isso, e a par disso, todas as potencialidades intelectuais e espirituais rumo a uma realidade mais humanizante. Isto é *práxis*, isto é Materialismo Histórico Dialético.

Como se sabe, a dialética é sempre uma oposição entre elementos que se complementam e produzem uma síntese. Para sobreviverem os homens precisam ser dialéticos: é a oposição entre a necessidade de sobreviver e a luta para se apropriar da natureza em nome desta sobrevivência; é a oposição entre as condições materiais de produção e a potencialidade latente do conhecimento adquirido para transformá-las; é a oposição entre o conhecimento e a potencialidade tecnológica e as relações sociais anteriores que lhes entravam o caminho; é a oposição entre o interesse coletivo e o individual; entre o pessoal e o grupo; entre a materialidade e a espiritualidade da existência – ou como Kant (1724-1804) afirmou, entre o Imperativo Categórico e o Imperativo Hipotético; ou, então, Hegel (1770-1831), a oposição entre o Espírito Subjetivo e o Espírito Objetivo.

Marx, no entanto, não está contente com essa visão dialética de cunho "espiritualista". Segundo ele, não é na razão humana que estão as contradições dialéticas que incomodam os homens. Se, como se viu, a primeira preocupação do homem é sobreviver materialmente, se a necessidade de manter-se vivo é o primeiro elemento fundador da própria humanidade, é no âmbito dessa produção e necessidade de trabalho material, é na estrutura produtiva que devem ser buscadas a oposição, a contradição que dialeticamente movem a história das sociedades, antes, hoje e sempre. Diferentemente de seu mestre Hegel que apregoou um Idealismo Dialético[23], a dialética marxista é materialista:

> A minha investigação desembocava no resultado de que tanto as relações jurídicas como as formas de Estado não podem ser compreendidas por si mesmas nem pela chamada evolução geral do espírito humano, mas se baseiam, pelo contrário, nas condições materiais de vida cujo conjunto Hegel resume,... sob o nome de sociedade civil (...)
> (Marx [1859], Prefácio à *Contribuição à crítica da economia política*, 1980:301).

Aproveitando-se da célebre frase de Descartes, absolutamente idealista e racionalista, "Penso, logo existo", o Materialismo Dialético diz "Existo, logo penso". Aqui não se privilegia a razão, o pensamento, mas o foco é a vida concreta e material dos homens na luta incessante pelo trabalho que lhes provê a existência. Não é Idealismo, é Materialismo. Mas, da mesma forma como o racionalismo idealista de Descartes, Kant e Hegel não nega a existência de uma vida prática e a luta dos homens pela sobrevivência material, também o materialismo não nega a razão, a intelectualidade e mesmo a espiritualidade humanas. Simplesmente o foco está invertido. Há de se partir da realidade da vida humana na produção de sua sobrevivência para chegar às formas de pensar, filosofar e compreender o mundo, ao invés de

23 E. Bittar & G. Almeida: *Curso de filosofia do direito*, São Paulo: Atlas, 2001, p. 273: "A obra hegeliana possui um viés essencialmente racionalista. Dizer que há um racionalismo, de caráter idealista, no pensamento hegeliano significa dizer que toda a teoria do conhecimento vem marcada pela idéia de que a realidade mora na racionalidade, ou de que o sujeito é o construtor da realidade das coisas na idealidade da razão. Nada existe fora do pensamento, pois tudo o que é conhecido é já pensamento".

imaginá-lo e entender a partir da pura razão ou tentar modificá-lo a partir de elementos exteriores e mesmo transcendentais como a Moral (Kant) ou o Eu (Hegel). O método do Materialismo Histórico Dialético é indutivo e não dedutivo.

FIG. 8.1 – Materialismo Histórico Dialético

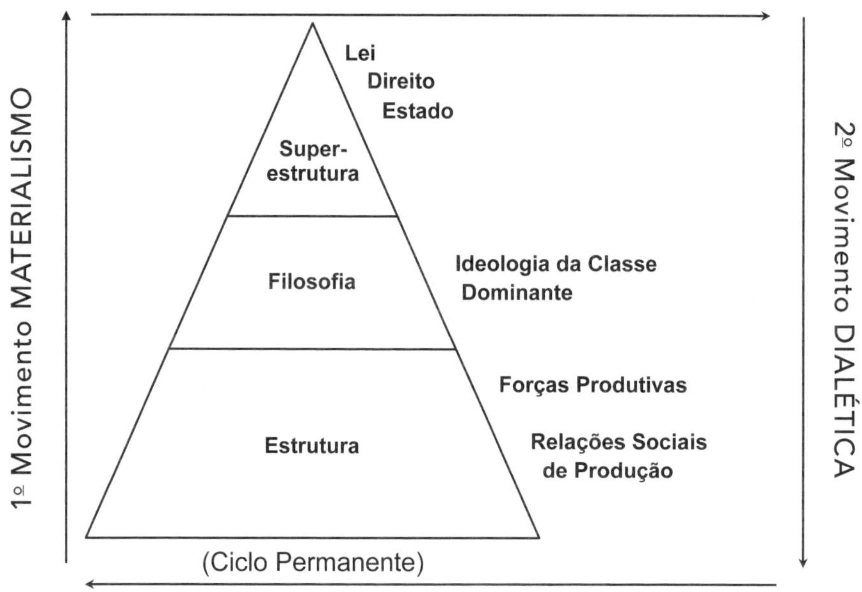

8.2 | DESIGUALDADE SOCIAL

Destarte esta visão materialista, para o Materialismo Histórico Dialético, a filosofia tem um papel importante na vida social, mais importante do que muitas vezes se percebe e apregoa. Porque se os homens são e pensam a partir da forma como produzem e trabalham para sobreviver, o papel da Filosofia será exatamente aquele momento em que é necessário capturar essa forma de trabalhar e produzir, principalmente as relações sociais mediatas que se engendram na estrutura produtiva e que, a partir daí, se estendem por todo o corpo social em seus mais intrínsecos e dissimulados aspectos socioculturais e políticos. A Filosofia é o elo de ligação entre a Estrutura e a Superestrutura social.

Ao se analisarem os modos de produção ao longo da história da humanidade, percebe-se como desde cedo essa produção social de bens e serviços necessários à sobrevivência do grupo se dá de forma desigual. À maioria dos pensadores que tentaram explicar a vida dos homens em sociedade este fato, absolutamente central, passou despercebido, ou por deficiência ou por falta de interesse ideológico. Em alguns casos isto até foi percebido, mas foi considerado de menor importância para as teses que procuravam defender. Desde Sócrates (469-399 a.C.) até nossos dias, raras são as mentes que produzem um pensamento baseado neste fato tão corriqueiro como essencial na formação das sociedades humanas. Marx demonstrou que a divisão do trabalho social sempre foi, na essência, a exploração do trabalho humano por um grupo menor de indivíduos que, por várias razões (mais forte, mais inteligente, mais capaz e eficiente, com alguma qualidade especial que lhe confere carisma acima da média, o mais corajoso e guerreiro que protege o grupo, o que atende de alguma forma especial a algum anseio do grupo ou mesmo a algum temor da comunidade) ao longo da história dos povos, chamou para si direitos acima dos demais e os passou a dominar de forma que o trabalho intelectual fosse valorizado acima do trabalho manual. Portanto, o poder desse grupo menor comanda de forma diferenciada e privilegiada a produção direta dos bens e serviços necessários à sobrevivência de todos. A produção material de uma sociedade é sempre coletiva, mas a apropriação do produto do trabalho social foi desde os primórdios sempre desigual, o que constitui prerrogativa de uma minoria que domina e explora a maioria, originalmente a partir dessa divisão especial do trabalho social. Assim, para Marx, à "divisão do trabalho social" corresponde sempre uma "divisão social do trabalho"!

Por exemplo, na Idade Antiga tínhamos a produção escravocrata, com senhores de um lado e escravos de outro, sendo estes que, em verdade, sustentavam materialmente a sociedade (talvez este seja o ponto falho da democracia grega). Na Idade Média as relações são de suserania: reis, senhores feudais e nobres sustentados pelo trabalho do vassalo e do plebeu que trabalha a terra (talvez aí o ponto falho do humanismo cristão desse período). No pré-capitalismo as relações são de artesãos e pequenos comerciantes, já associados em corporações, que se aproveitam dos aprendizes e dos miseráveis vadios perambulantes das incipientes cidades. Finalmente, no capitalismo, são os capitalistas que exploram os trabalhadores, de um lado a classe burguesa e de outro a classe trabalhadora. Portanto, como o próprio Marx e seu companheiro Friedrich Engels (1820-1895) disseram: *Até hoje, a história de todas as sociedades que existiram até nossos dias tem sido a história das lutas de classes* (Marx e Engels. *Manifesto* [1848], 1980:21).

E é aqui que a explicação do funcionamento social pelo Materialismo Histórico Dialético dá uma guinada, e se distancia radicalmente das outras formulações, como por exemplo, para ficarmos restritos às intenções deste livro, de Comte, ou de Durkheim no seu conceito fundamental da divisão do trabalho social, de Locke com seu estado de natureza "harmonioso", que nem o contrato social poderia alterar, o que é importantíssimo para o liberalismo e Direito burguês, e mesmo de Max Weber, com sua especificidade de fatores sociais, que sucedeu a Marx, mas que parece ter-se desencorajado em abordar o assunto. Ao olhar para os sistemas produtivos na história ocidental, Marx percebe o fundamento da desigualdade ao longo da história produtiva até a eclosão do sistema capitalista de produção. Ora, se a produção material da vida na luta pela sobrevivência é o essencial na sociedade, quem dominar a estrutura produtiva (no início talvez mesmo a partir daquelas qualidades que um ou um pequeno grupo possui e que atende a um anseio ou temor social), os meios e as formas de produção, terá mais poder e poderá dominar o resto da sociedade, explorando-a no seu trabalho produtivo e retirando da riqueza socialmente produzida um quinhão maior para seu benefício. É assim até nossos dias: a forma de produzir ainda não transformou substancialmente as formas e os meios de produzir; por isso o sistema continua explorando o trabalho humano e dominando as instâncias culturais e políticas da sociedade, até o nível do Estado, favorecendo pelo aparato sociocultural, político e jurídico a classe burguesa que domina esse processo produtivo.

A tese essencial do Materialismo Histórico Dialético está aqui: a desigualdade já está posta concretamente na base estrutural produtiva; enquanto houver duas classes antagônicas na base produtiva, teremos a oposição dialética que, de uma forma determinada, regula a existência de todas as categorias sociais. O que a burguesia faz é convencer a todos que esse modo produtivo é o melhor, que tem o melhor projeto social. Aqui o papel da Filosofia é fundamental: a serviço da divisão da sociedade em classes cumpre o papel fundamental de transformar o projeto particular da classe dominante em projeto geral do grupo social como um todo. Claro está que nesta indução do particular para o geral a classe dominante absorverá todas as instâncias do corpo social e do Estado, preservando juridicamente seus interesses particulares de classe.

Em termos filosóficos, pouco importa, pela essência mesma da construção materialista histórica, qual seja a classe que controla os meios e as formas de produção numa determinada sociedade em determinado momento de seu devir: sendo classe dominante, seu papel terá de ser, indubitavelmente, o controle do aparelho de Estado, e a partir dele consolidar seu projeto social geral, usando das mesmas prerrogativas jurídicas e de poder para transformar, pois, esta visão particular, de classe, em visão geral. Assim, ao analisar-se o sistema capitalista de produção é evidente que o papel desta hegemonia, que inverte o particular em geral, o superficial em essencial, e o consolida ideologicamente, cabe à classe burguesa. Mas em qualquer sociedade de classes a situação é a mesma: quem conquista supremacia no processo produtivo precisa rapidamente passar sua ideologia para o restante da sociedade e, então, de alguma forma, exercer a sua dominação oriunda do processo de produção. A ideologia não é apenas da classe burguesa; é de toda a classe dominante que almeja permanecer no poder, consolidar o poder no processo produtivo alcançando o poder de Estado, e a partir daí recriar as condições ideais que lhe sustentem as prerrogativas capazes de filosoficamente construir uma consciência e um imaginário coletivo que reproduza esse seu macro projeto social. Como se verá adiante, só a sociedade comunista é vista pelo marxismo como uma sociedade onde, ao não existir classes, não existiria a necessidade de ideologia que consolida no poder a hegemonia da classe dominante.

8.3 | MAIS-VALIA

Um dos conceitos mais importantes elaborados por Karl Marx é o conceito de *mais-valia*. Este conceito tem importância na obra marxista não só porque desvenda a compreensão do mecanismo de reprodução e acumulação de capital, a exploração do trabalho humano, mas toda a concepção de *valor-trabalho* que está por trás da necessidade da forma jurídica da sociedade burguesa.

Marx defendeu a seguinte idéia: o trabalho humano produz valor ao usufruir dos recursos naturais e transformá-los em bens necessários à sobrevivência da sociedade; esse valor que é acrescentado à natureza pelo esforço produtivo humano gera riqueza na medida em que a sociedade está disposta a pagar por essa necessidade; esse valor se transforma em mais valor, ou lucro, nas mãos de quem for detentor da propriedade desses bens necessários à sobrevivência social. No sistema capitalista de produção, os donos dos bens produzidos e que já incorporam certa quantidade de mais valor derivado do trabalho humano ali cristalizado, são os donos dos meios e formas de produção, os capitalistas. Diferentemente, por exemplo, do período anterior, do pré-capitalismo, onde o produtor era dono das ferramentas de trabalho e tinha o conhecimento integral da confecção de determinado produto, agora o conhecimento de fabricação é fragmentado na grande fábrica, sendo que as ferramentas de trabalho não pertencem mais ao trabalhador, mas ao capitalista. Portanto, enquanto no pré-capitalismo o lucro, ou o mais valor que o produto representa pelo trabalho humano nele incorporado, era do próprio produtor, agora, apesar de ser o trabalhador que fabrica o bem, o lucro ou o mais valor não lhe pertence, mas sim ao dono do capital, ao dono da fábrica e dos instrumentos de trabalho ali concentrados.

Uma conclusão óbvia dessa teoria, é que, o lucro já existe pelo simples fato de ao capitalista pertencer um bem que tem valor adicionado pelo trabalho humano sobre certa matéria-prima. Não é na margem da formação do preço que está o lucro, mas no fato de que ele é gerado pelo trabalho humano. O preço é formado a partir de outras necessidades de mercado, sob certas condições, por exemplo, custos indiretos da produção, como energia, estoque (quanto o capital investido em mercadorias valorizaria se fosse efetuado outro investimento ou poupança), transporte e distribuição, a própria concorrência entre capitalistas, circunstâncias da relação entre oferta e demanda etc. Mas o que Marx quer é chamar a atenção para o fato de que para que seja criado esse mais valor no processo de produção é necessário que exista a exploração do trabalho humano, ou seja, o lucro original é produto, nas condições de trabalho sob domínio do capital, da exploração do esforço produtivo do trabalhador. Como?

A explicação de Marx vem pela compreensão de que o trabalho humano é transformado em mercadoria quando, impossibilitado e privado da propriedade das ferramentas de trabalho e do conhecimento global da produção, o trabalhador só poderá sobreviver vendendo a sua força de trabalho. Por quanto o trabalhador assalariado, e o assalariamento é um dos pilares de todo o sistema, deve vender sua força de trabalho? Diz Marx: pelo valor total dos bens mínimos indispensáveis à sua sobrevivência como trabalhador. Se um trabalhador não puder adquirir os bens e serviços necessários à sua sobrevivência e de sua família, ele perecerá diante das circunstâncias adversas, de fome, de doença, ele e sua família, e assim, se impede a constituição futura de mão-de-obra para ser reincorporada como fator de produção, esta absolutamente vital, porque é ela que gera, como se disse, a riqueza, o mais valor. Portanto o capitalista paga ao trabalhador pela sua força de trabalho apenas o mínimo necessário à sua sobrevivência e de sua família. Como este valor é bastante inferior ao lucro gerado pelo trabalho do assalariado, basta que o trabalhador produza uma quantidade grande de bens para que pague seu salário e ainda dê lucro ao capitalista. É a esta taxa de exploração, de mais trabalho, que Marx chamou de *mais-valia*.

Pode-se imaginar a seguinte situação, por exemplo: digamos que um trabalhador assalariado receba do capitalista R$ 50,00 diários por uma jornada de trabalho de 8 horas; se a cada produto que ele faz se acrescenta por força de seu labor à matéria-prima e além dos demais custos, um valor de R$ 10,00, então, depois de 5 horas de trabalho, ele já se pagou, imaginando-se que este trabalhador produza um único item a cada hora, ou seja, o seu salário diário é pago por sua produção de 5 horas; mas esse assalariado continua trabalhando por mais 3 horas, logo, no final da jornada diária de trabalho, ele produziu uma mais valia de R$ 30,00, sobre a qual não tem qualquer direito, pois pertence ao capitalista. Ao pensar-se que um assalariado produz uma quantidade enorme de itens a cada hora de trabalho, que trabalha um número substancial de horas na semana, no mês e no ano, pode-se imaginar sem esforço como é enorme a mais valia produzida por centenas de trabalhadores em uma única fábrica. Multiplique-se por milhares de estabelecimentos fabris e milhões de assalariados!

No entanto, Marx foi além e distinguiu dois tipos de *mais-valia*: a *mais-valia absoluta* e a *mais-valia relativa*. No primeiro caso, *mais-valia absoluta*, que corresponde preponderantemente ao tipo de capitalismo industrial do século XIX e começo do século XX, o capitalista tenta aumentar seus lucros ou a taxa de exploração do assalariado ao exigir dele que trabalhe mais horas diárias, com uma jornada semanal maior de dias. É que, quanto mais horas produzir, mais o trabalhador estará transferindo valor a uma quantidade maior de mercadorias. Mesmo se imaginado, em nosso exemplo simples, que o trabalhador continue produzindo apenas um item por hora, se a sua jornada diária de trabalho subir, digamos, para 12 horas (em vez de 8 horas), então a *mais-valia* será de R$ 70,00 (não mais de R$ 30,00). Claro que o capitalista não irá aumentar o salário, apenas exige uma jornada de trabalho maior.

Na segunda alternativa, a *mais-valia relativa*, que começa a ser explorada pelo capitalista a partir já dos primeiros anos do século XX, mas intensifica-se na segunda metade do século passado, impulsionada pelas reivindicações dos trabalhadores, muitas vezes organizados em sindicatos, e possível pelas inovações tecnológicas que esse século experimentou praticamente ao longo de todo seu período, desde o surgimento da eletricidade até a tecnologia de informática, exige do trabalhador uma quantidade maior de bens produzidos numa mesma quantidade de horas trabalhadas. Se um assalariado, permanecendo seu salário inalterado, e mesmo mantendo estável certa quantidade de horas trabalhadas, consegue produzir mais e, fundamental também, melhor, então a taxa de *mais-valia* aumenta, pois a quantidade produzida aumenta da mesma forma. Normalmente é a este fenômeno que se dá o nome de produtividade. Pelo nosso exemplo simples, mesmo mantendo as 8 horas de jornada diária de trabalho, mantendo fixo o salário de R$ 50,00 diários, o que se exige desse trabalhador é que ele passe a produzir não uma unidade por hora, mas, digamos, duas unidades. Então, a cada 2,5 horas o salário do trabalhador estará pago; ao final do processo, o capitalista tem uma *mais-valia* de R$ 110,00 (serão 5,5 horas excedentes, o que dará onze unidades extra-salário produzidas).

Quando as condições de exploração do trabalho assalariado não foram mais possíveis de ser mantidas via aumento de quantidade de horas trabalhadas, rejeição essa produto de lutas históricas das massas trabalhadoras, o sistema passou a exercer mais fortemente a exigência de aumento da produtividade do trabalhador. De forma geral, mesmo nos países mais industrialmente desenvolvidos, a jornada de trabalho média das massas assalariadas ainda não sofreu uma diminuição significativa – a reivindicação por 40 horas semanais ainda não foi conquistada na maioria dos países capitalistas, mesmos os mais desenvolvidos economicamente. Então, mais do que abolir a *mais-valia absoluta*, o que se implementou em grande parte do mundo capitalista foi a conjugação desta com a *mais-valia relativa*, ou em outras palavras, uma jornada de trabalho semanal de cinco e seis dias, com uma jornada diária de trabalho de 8 ou 9 horas (formal, pois para alguns assalariados pode chegar a 12 horas), e uma exigência cada vez maior de produtividade. Em parte esse aumento de produtividade é possível devido às modernas tecnologias, equipamentos e conhecimentos técnico-administrativos da gestão do trabalho. E, mais recentemente, uma terceira exigência, qual seja a de incorporar às mercadorias produzidas qualidade, diferenciais de funcionamento, que, obviamente, são vistos como um valor de trabalho humano maior.

A *mais-valia relativa*, no entanto, ainda adquiriu, na segunda metade do século XX, uma transformação e um incremento muito além do que Marx e seus contemporâneos do século XIX poderiam imaginar: as tecnologias de informação aplicadas à produção, como as telecomunicações globais, a informática avançada a mecanização autômata, e a união dessas mesmas ciências – telemática, mecatrônica etc. Evidentemente que essas novas e poderosas forças de trabalho revolucionaram também as formas de trabalho e a gestão da produção: gestão de qualidade, reengenharia etc. Portanto, novas relações sociais de produção haveriam de surgir e imediatamente haveriam de se propagar em todos os níveis da vida social. Vivemos esta época. Essas transformações têm produzido mudanças tão radicais e profundas na vida dos indivíduos, como aquelas do século XVIII, pelo menos para os inseridos numa economia de mercado desenvolvido, que muitos especialistas já consideram que se adentrou em uma nova era, a pós-modernidade.

O aumento de produtividade, de todas as formas, um vez que aumenta as quantidades produzidas em um menor espaço de tempo, traz ao capital uma taxa maior de lucro, naquilo que os economistas normalmente chamam de ganhos de escala. Produzindo mais os custos unitários de produção de cada item diminuem, porque existem custos de produção que não se alteram ou alteram pouco, mesmo quando as quantidades produzidas aumentam.

Os custos que variam com o aumento da produtividade são chamados de custos variáveis e os que não se alteram são chamados de custos fixos. Com toda certeza existe aumento, por exemplo, de matéria-prima quando as quantidades produzidas aumentam, mas se se pensar em consumo de energia, percebe-se que este pode ter um pequeno aumento, mas não na mesma proporção da quantidade produzida, pois aquele trabalhador que produzia uma unidade em 1 hora gastava 1 hora de energia, e ao produzir duas unidades em 1 hora, continua consumindo 1 hora de energia. Claro que esse exemplo é hipotético: para que seja absolutamente real, a produtividade desse trabalhador teria de ser muito baixa. Então parece razoável aceitar que se passe a gastar um pouco mais de energia para produzir duas unidades, mas também nada indica que o consumo de energia seja simplesmente duplicado. Portanto, mesmo os custos variáveis não aumentam proporcionalmente ao incremento de quantidades produzidas e, portanto, quanto mais se produzir menor será o custo unitário de cada item (se os custos totais para produzir 100 unidades são de R$ 1.000,00, cada item tem um custo de produção de R$ 10,00; se a quantidade produzida aumentar para 200 unidades, os custos totais podem subir, digamos, para R$ 1.800,00, o que faz com que o custo unitário de cada item seja agora R$ 6,00).

Os salários dos trabalhadores também são considerados como custos variáveis, na medida em que, teoricamente, o incremento na produção levará as empresas a contratarem mais trabalhadores, mas, da mesma forma, a quantidade de assalariados que se contrata quando existe um incremento produtivo é muito pouco em relação ao aumento das quantidades produtivas, principalmente nos dias atuais, primeiro porque a exigência sobre a produtividade dos já contratados atende de imediato a grande parte dessa demanda, e, em segundo lugar, porque o trabalho morto ou os bens de capital duráveis (máquinas e tecnologias de trabalho e gestão do trabalho) possibilitam esse aumento de produtividade, seja aplicado aos trabalhadores ativos, seja substituindo-os, não havendo grandes demandas por novas contratações. De qualquer maneira, enquanto a produtividade só cresce como forma de reproduzir essa *mais-valia relativa*, a quantidade de trabalhadores empregados só diminui, e o salário destes, na melhor das hipóteses, em termos médios, permanece igual. Portanto, a taxa de exploração do trabalho vivo tem permanente incremento, subindo constantemente os lucros de produção do dono do capital.

Na verdade, a pressão sobre a diminuição dos salários dos trabalhadores é enorme, e sobre este fenômeno atuam dois fatores. De um lado, temos um exército sempre crescente de trabalhadores desempregados; essa massa de desempregados atua contra sua própria classe, pois esse exército de reserva faz com que a demanda por trabalho seja maior que a oferta, e por isso, quando o capital vai a mercado comprar força de trabalho, pode oferecer um valor de salário cada vez menor. Este fenômeno é mais perceptível pela sociedade e pelas massas trabalhadoras. Mas existe outro fator menos aparente: disse-se que o valor da força de trabalho como mercadoria é o valor dos bens necessários para o trabalhador e sua família sobreviverem. Ora, se a produtividade e a qualidade incorporada a esses víveres que compõem a cesta básica do trabalhador diminuem o seu custo por ganhos de escala, então o preço que o trabalhador pagará para sobreviver e a sua família, será menor. Logo, o capital verá nisso a possibilidade de diminuir o salário do trabalhador.

É por isso que é muito comum que grandes organizações, que empregam muitos trabalhadores, tenham cooperativas de consumo, pois subsidiando parte da compra desses víveres, conseguindo melhores preços por comprarem grandes quantidades, podem diminuir, no mínimo, a pressão por aumentos reais de salários. Este é o mesmo sentido de outros "benefícios" que as empresas oferecem como, por exemplo, vale-refeição, vale-alimentação, vale-transporte, cesta básica, plano médico, criação de entidades de financiamento direto, como cooperativas e fundos, e mesmo entidades assistenciais e de lazer. Tudo isto barateia objetivamente o valor da força de trabalho do assalariado, ou, no mínimo, impede que existam aumentos reais no valor dessa força de trabalho, vale dizer, inibe transferência real de riqueza para a classe trabalhadora. Se se pensar que grande parte destes mecanismos encontra respaldo e incentivo do Estado através de diminuição de impostos e outros mecanismos compensatórios para as empresas, e se, *surrealisticamente*, pensar-se que parte desses mecanismos é subsidiada pelos próprios trabalhadores, descontados diretamente pela fonte pagadora de seus vencimentos, poder-se-á ter a dimensão de quanto o sistema todo é perverso e está colocado a serviço apenas das classes proprietárias.

A primeira conseqüência do aumento de produtividade, ou incremento da *mais-valia relativa*, seja pela exigência de aumento de produtividade dos trabalhadores, e por isso a ciência administrativa burguesa deve muito aos inventos de Taylor (1856-1915) e Fayol (1841-1925)[24], seja pela inversão de parte substancial do lucro de capital variável em capital fixo, ou de trabalho vivo em trabalho morto, é a diminuição paulatina e constante do valor da força de trabalho do assalariado. A segunda conseqüência é o agigantar-se do exército de reserva das massas trabalhadoras, o desemprego que ao longo do século XX só fez aumentar por todos os lugares em que esta lógica se faz presente. Os salários só não diminuem mais, e o desemprego só não cresce mais forte e rapidamente, porque o mercado precisa de consumidores! De uma forma ou de outra, o sistema capitalista de produção é prisioneiro da geração de *mais-valia*, pois esta é a forma ontológica de sua produção de riqueza, a possibilidade de reproduzir e concentrar incessantemente o capital.

É prisioneiro, por outro lado, do consumo irrefreável e crescente das mercadorias que produz, pois precisa realizar o lucro que está em potencial cristalizado nos bens produzidos pelos assalariados. Quanto mais produz e melhor, maior a geração de *mais-valia*. E como facilmente se depreende deste processo, o sistema só tende a explorar mais e mais o trabalho assalariado e a concentrar mais e mais riqueza nas mãos de poucos capitalistas. O pouco que o sistema em sua espiral perversa e de crises cíclicas distribui é uma necessidade intrínseca:

24 Frederick Taylor fez verdadeira revolução nos processos de produção fabril ao publicar em 1911, nos E. U. A., *Princípios da administração científica*, cuja contribuição fundamental ao sistema foi introduzir por métodos estatísticos e medições de tempo de produção o controle científico da produtividade do trabalhador industrial. A partir daí, o salário passou a ser pago de acordo com a produtividade média dos trabalhadores para cada etapa da produção, extremamente fragmentada, de forma a aumentar a produtividade. Henry Fayol dedicou-se à administração científica de forma mais abrangente, desenvolvendo um manual de organização e gestão para todos os níveis da empresa industrial, inclusive referente aos setores administrativos. Fundou na França uma escola de altos estudos de administração, para aplicar as idéias de sua obra *Administração industrial e geral*, publicada em 1916. Os dois são considerados os fundadores da teoria administrativa clássica.

alguém tem de consumir toda a produtividade ofertada ao mercado. Mas, como os salários só diminuem e a quantidade de trabalhadores assalariados também, o mercado agoniza sufocado pela sua própria lógica autodestrutiva. Como a racionalidade técnico-administrativa encontra seu limite na acumulação e concentração de capital, a própria produção vê-se obrigada a refrear seu impulso de produtividade e sua ânsia de *mais-valia*. Mas pode o capital racionalizar sua produção? Não, porque, em última instância, isto significa diminuição de lucros. Pode o capital distribuir melhor a riqueza gerada pela exploração da força de trabalho das massas trabalhadoras? Não, porque isto significa o fim da irracional acumulação e concentração de renda. Sem estes dois pressupostos, sem exploração do trabalho humano e sem acumulação de capital, não existe sistema capitalista de produção, não existe a sociedade burguesa, não existe a sociedade de classes.

Durante muito tempo, os economistas burgueses, seguidores das teorias clássicas de Adam Smith (1723-1790) e David Ricardo (1772-1823)[25] acreditaram que uma "mão invisível" no mercado regularia esta anarquia, regulando a oferta pela demanda e vice-versa, pelos artifícios da concorrência entre capitalistas, mesmo gerando ciclos de desajuste ora inflacionário, ora recessivo, claro, desconsiderando os males irrecuperáveis e irreversíveis que estas crises provocam nas massas assalariadas, pobres e excluídas mundo afora. Este é o período inicial do capitalismo, o liberalismo econômico clássico, a não intervenção do Estado na economia. Depois, diante das grandes crises do início do século XX, o Estado passou a tentar controlar e acompanhar mais de perto a anarquia da produção-consumo, passando ele mesmo a grande investidor em empreendimentos de demanda intensiva de capital que o próprio capitalista privado não podia ou não queria assumir. É o período do Estado de "bem-estar social". O grande teórico desta solução foi Jonh Maynard Keynes (1883-1946)[26].

25 A principal obra de Adam Smith é *A riqueza das nações*, publicada em 1776, na Escócia. David Ricardo publicou, em 1817, na Inglaterra, *Princípios de política econômica e taxação*.

26 Diferentemente de Smith e Ricardo, Keynes defendeu o intervencionismo estatal

Já na segunda metade do século XX, o Estado burguês se afasta de novo do mercado, passa a privatizar todas as empresas estatais e restringe os investimentos sociais, mesmo em áreas consideradas fundamentais, como saúde, educação, transporte, habitação etc. É o ressurgimento do liberalismo de mercado, o neoliberalismo. Em todos estes períodos, no entanto, o capital só alargou seus horizontes de acumulação e concentração de renda, e, portanto, a racionalidade da "mão invisível" do mercado nunca se fez presente, ao contrário. Nem a equação demanda-oferta, nem tampouco a concorrência entre capitalistas privados podem transformar a essência de um modo de produção cuja dimensão e lógica está limitada pela ganância e superlativação das mercadorias. Prova disso é a construção de grandes cartéis e trustes, conglomerados produtivos que, ao invés de se digladiarem no mercado livre, se arregimentaram em corporações capitalistas que acabaram monopolizando os mercados mundo afora. A lógica é esta, a intervenção estatal foi e é apenas um momento de reflexão e reorganização desta lógica.

Diante desse quadro insano, o sistema só pode apresentar crises cíclicas e de profundidade cada vez maior, de difícil solução: o desenvolvimento do capitalismo leva-o a crises cada vez mais insolúveis, a criatura se volta contra o criador, o feiticeiro já não consegue dominar seu feitiço. Por quê? A resposta de Marx e Engels é categórica:

> Porque a sociedade possui demasiada civilização, demasiados meios de subsistência, demasiada indústria, demasiado comércio. As forças produtivas que dispõe não mais favorecem o desenvolvimento das relações de propriedade burguesa; pelo contrário, tornaram-se por demais poderosas para essas condições, que passam a entravá-las; e todas as vezes que as

alegando que o capital privado não podia sustentar infinitamente o desenvolvimento e o pleno emprego, levando o capitalismo a crises de recessão. O Estado deveria, então, criar empregos e distribuir renda através de financiamentos públicos transferidos às empresas privadas, ou mesmo através de grandes empreendimentos estatais. Com esses grandes investimentos públicos o emprego voltaria e com isso a possibilidade de consumo, o que reativaria a produção. É atribuída a Keynes a frase "O Estado deve construir pirâmides e destruí-las, para depois reconstruí-las". Publicou em 1936, na Inglaterra, *Teoria geral do emprego, do juro e da moeda.*

> forças produtivas sociais se libertam desses entraves, precipitam na desordem a sociedade inteira e ameaçam a existência da propriedade burguesa. O sistema burguês tornou-se demasiado estreito para conter as riquezas criadas em seu seio. De que maneira consegue a burguesia vencer essas crises? De um lado, pela destruição violenta de grande quantidade de forças produtivas; de outro lado, pela conquista de novos mercados e pela exploração mais intensa dos antigos. A que leva isso? Ao preparo de crises mais extensas e mais destruidoras e à diminuição dos meios de evitá-las (Marx e Engels. *Manifesto* [1848], 1980:26).

Qual a filosofia possível nesta lógica assim dominada pelo capital? Qual a consciência possível entre indivíduos que são valorizados pelo que possuem de bens materiais, pelo que podem consumir, pela quantidade de dinheiro que podem movimentar, e não, simplesmente, pelo que são?

8.4 | MERCADORIA E ALIENAÇÃO

Um famoso estadista que liderou, em 1990, o movimento da ex-União Soviética ao regime de mercado concorrencial, Mikhail Gorbachev, disse certa vez: "O mercado não é invenção do capitalismo. Ele existe há séculos. É uma invenção da civilização"[27].

De um ponto de vista genérico, não há dúvida que o mercado, entendido como a atividade que proporciona aos homens a troca de bens e serviços produzidos por seus trabalhos individuais ou mesmo comunitários, é tão antigo quanto a própria existência da civilização. Mas, como se sabe, as formas de produção e troca foram e são permanentemente renovadas e substituídas por outras. A cada modo de produção corresponde um tipo próprio de mercado. Assim, ao modo capitalista de produção corresponde um mercado de livre concorrência, em contraposição a um mercado de planificação central, como nos regimes socialistas.

27 Revista *História*, n. 2, p. 17, dez. 2003.

O que caracteriza o mercado de livre concorrência, típico do modo capitalista de produção, é que os bens e serviços, produto do trabalho humano, são dirigidos desde a sua concepção para o mercado, vale dizer, a produção humana é dirigida não para o consumo particular e individual, mas para o chamado consumo de massa. Bens e serviços são produtos enquanto *valores de uso* são mercadorias enquanto *valores de troca*. Socialmente, bens e serviços são produtos enquanto são fabricados para atender a uma necessidade específica humana – se não há a necessidade, material ou intelectual, não existe motivação para a confecção de um determinado bem. Mas, no aspecto em que atendem apenas a uma necessidade humana, eles são apenas *valores de uso*, e assim permanecem se sua fabricação foi motivada pelo único propósito de atender a essa necessidade específica, conhecida e determinada.

No entanto, quando desde a concepção do bem o motivo da produção não é apenas atender a uma necessidade particular e sim disponibilizá-lo para consumo genérico de outro que reconhece no produto seu *valor de uso*, então esse produto adquire um *valor de troca*. O *valor de troca* é quando o outro, não o produtor, reconhece como *valor de uso* para si, consumidor. Portanto, toda mercadoria tem *valor de uso*, certa quantidade de trabalho humano que supre uma necessidade específica, e tem *valor de troca*, quando outro indivíduo ou outros indivíduos estão dispostos a reconhecer esse trabalho humano, uma vez que necessitam desse bem ou serviço. Mas, nem todo produto, bem ou serviço que atende a uma necessidade humana possui *valor de troca*; se o bem ou serviço é confeccionado para uso individual e particular, é um produto que supre uma necessidade humana, mas cujo intento não foi atender a necessidades de alguém genérico, e, portanto, seu *valor de uso* não se realiza, quer dizer, não se transforma em *valor de troca*, não se materializa como mercadoria.

Acontece que trocas sempre houve na civilização humana, mas o objetivo, o impulso que leva os homens a confeccionar bens e serviços para um mercado, pode ser de dois tipos: trocar o que fiz ou adquiri por outro bem ou serviço cujo objetivo é suprir exclusivamente minhas necessidades de sobrevivência, ou trocar com o objetivo de acumular capital. Pode-se até dizer que o mercado tem um caráter universal, mas a troca de bens e serviços com o intuito declarado, não de suprir necessidades, mas de acumular riquezas muito além daquela necessidade de sobrevivência, é próprio de um modo específico de produção, mais especificamente do modo capitalista de produção. Na famosa fórmula de Marx, enquanto antes do capitalismo os homens trocavam para sobreviver, portanto mercadorias são trocadas por dinheiro para se adquirir outras mercadorias (M–D–M'), no capitalismo, dinheiro é trocado por mercadorias para se conseguir mais dinheiro (D–M–D'). Da mesma forma, o dinheiro é apenas uma mercadoria universal, um equivalente geral, com a característica de ser intercambiável com todas as outras mercadorias, o que facilita e agiliza o processo de trocas. Também se pode dizer que o dinheiro, a forma monetária da mercadoria, é invento da civilização humana, mas anteriormente, quando os homens eram considerados ricos, sua posição social privilegiada era medida e reconhecida pelos bens materiais que possuíam e que lhes supriam as necessidades de sobrevivência muito além da média da sociedade. No modo capitalista, no entanto, o maior bem que se pode ter é dinheiro, a mercadoria mais valorizada é moeda, e daí o caráter de acumulação de capital que é próprio desse sistema.

Porém, existe algo mais profundo, mais sutil e de difícil apreensão na mercantilização da vida das sociedades. Como se disse, na essência todas as mercadorias são trabalho humano incorporado à natureza; todas as mercadorias, no sistema capitalista, são produto da venda, também como mercadoria, da força de trabalho humana; na essência o mercado capitalista incorpora em cada mercadoria a exploração da força de trabalho humano em sua taxa de *mais-valia*. Só que no plano do mercado capitalista, produtores, distribuidores e consumidores não reconhecem isto, não percebem de forma mediata que os valores pelos quais efetuam o intercâmbio de seus produtos são determinados pela quantidade de trabalho humano incorporada nele, a gerar, sob a égide do modo capitalista, o lucro pela taxa de *mais-valia*, ou taxa de exploração da força de trabalho humano. As mercadorias "metamorfoseiam" o trabalho vivo do trabalhador, vale dizer, adquirem um *status* de coisas em si mesmas, quando são, sempre, trabalho humano utilizado e explorado sob certas condições.

Por seu próprio dinamismo, os homens pensam, de forma vulgar, que vão ao mercado vender e comprar coisas; eles na verdade vão vender e comprar trabalho humano que agiu, em última instância, sobre a natureza, ou seja, eles compram e vendem a sobrevivência, não de quem está vendendo ou comprando um bem ou serviço, mas sim de quem já, num processo determinado, vendeu sua força de trabalho como mercadoria e como alternativa única de sobrevivência econômica. É a este processo que "coisifica" o trabalho humano, que coloca as mercadorias e o mercado acima e além da capacidade material e intelectual do trabalhador, que se chama de "reificação". Marx falou sobre o processo de alienação em várias instâncias do processo produtivo: a expropriação das ferramentas e formas de trabalho, a exploração pelo salário e a construção da *mais-valia* sob o domínio do capitalista, a conseqüente alienação cultural e política das massas trabalhadoras. Mas a mais perversa forma de alienação que o sistema provoca é a alienação da sobrevalorização das mercadorias.

Neste processo, a *unidimensionalidade*[28] da vida se realiza sem que os indivíduos percebam que os aspectos não materiais da existência se tornam totalmente subordinados a uma lógica de valor de coisas que, no fundo, serve apenas ao espírito acumulativo e de concentração minoritária da riqueza socialmente produzida. O homem neste processo se torna uma extensão da mercadoria que ele mesmo produz. A criatura domina o criador sem este o perceber. Qual a racionalidade deste processo de alienação? Transferir as expectativas e os anseios da vida para o consumo! É a forma política de apaziguar as demandas sociais mais essenciais, como saúde, educação, lazer, trabalho, crescimento espiritual etc. É a forma ideológica de realizar aparentemente um projeto social que promete a felicidade humana pela aquisição de coisas materiais. É, no fundo no fundo, a raça humana subordinada

28 Tese defendida por Herbert Marcuse em *A ideologia da sociedade industrial*, Rio de Janeiro: Zahar, 1982.

aos interesses de acumulação desordenada e desigual do capital. É, essencialmente, a humanidade escravizada e subserviente do capital. É a brutalização do homem. É a desumanização real de nossos dias!

O sistema capitalista de produção seria, em tese, um sistema de mercado livre, de concorrência livre: isto quer dizer que aquilo que é produzido como mercadoria, normalmente é motivado pela necessidade e acumulação de capital, ou pela ânsia de lucro através da realização da *mais-valia* auferida no processo de produção. Assim, o consumo deve ser irrefreável para que *valores de uso* se materializem, se realizem concretamente, no mercado, em *valores de troca*. E por isso, o capitalista não tem alternativa a não ser colocar incessantemente à disposição do mercado quantidades e variedades de produtos sempre crescentes. A produção é genérica, para um mercado genérico de consumidores. Neste processo vários capitalistas entram em concorrência direta uns com os outros ao disputarem com suas mercadorias os consumidores. Teoricamente o mercado é livre e concorrencial. Essa concorrência desenfreada e os poucos obstáculos que o sistema impõe ao mercado, transforma o mercado capitalista em uma anarquia.

Desde o início a administração capitalista procura evitar essa anarquia, e para isso utiliza técnicas de planejamento mercadológicas, inventando mesmo ciências específicas que possibilitem certa coerência e harmonia entre, principalmente, oferta e demanda das mercadorias colocadas à disposição dos consumidores. Infelizmente, essas tecnologias sob os domínios da lógica de acumulação e concentração de riquezas do capital não têm evitado crises cíclicas e cada vez mais aprofundadas no sistema, com prejuízos desastrosos para as massas trabalhadoras e excluídas de forma geral. A lógica do capital e a forma de mercado que utiliza é perversa. Destarte, ter colocado durante quase dois séculos à disposição das massas bens e serviços que pudessem melhorar a existência humana e aumentar qualitativamente o seu padrão e expectativa de vida, o fato é que o sistema se esgotou em crises de profundidade cada vez maiores e de maior dificuldade para sua racional solução. Toda a sua eficiência é colocada à prova, ainda hoje, pela irracionalidade do sistema, por exemplo, quando o mercado é monopolizado ou trustificado. O capital só enxerga o capital. O ser humano só tem valor como mercadoria! Os homens são apenas números: os números do que produzem, os números que acrescentam de valor ao capital, os números do que consomem!

8.5 | SOCIALISMO E COMUNISMO

E é isto que outra forma de Estado deveria trabalhar para eliminar; esta é a única razão da troca para uma economia de mercado planificado e centralizado. Ainda que se possa entender que fora do domínio da lógica do capital a burocracia técnico-administrativa de um socialismo de transição seria mais eficiente, não é neste pormenor que outra forma de Estado se mostra mais útil, e efetiva. O que se deveria colocar como tarefa imediata e primordial, é resgatar o valor de trabalho humano incorporado nas mercadorias, é *desreificar* o caráter superlativo da coisa mercadoria e trabalhar com essa coisa como produto do trabalho vivo; eliminar o valor que advém da exploração da força do trabalho humano. O socialismo não seria mais eficiente e mais racional porque seria melhor tecnicamente do que o capitalismo, mas porque elimina o aspecto "unidimensional" da sociedade de mercado capitalista, onde tudo e todos são apenas valores de troca e visam apenas à acumulação privada de riqueza. A acumulação Estatal também não é melhor do que a privada se não lutar estrategicamente, como plano de governo, para emancipar os homens não só da necessidade econômica do trabalho, mas da consciência deturpada e da alienação que as mercadorias impõem ao se apresentarem elas mesmas como coisas vivas, como a essência da existência humana, quando, na verdade, são apenas a aparência mais imediata do esforço social de uma comunidade pela sobrevivência. Acontece que esta desalienação, o resgate da essência do trabalho humano, o fim da exploração da força de trabalho das massas e, finalmente, a construção de um espírito que coloque o homem acima das coisas que ele mesmo produz e consome, e que quebre de vez com a "unidimensionalidade" da materialidade da vida e da luta pela sobrevivência, só pode ser almejada e planejada com a participação e gestão efetivas das massas trabalhadoras e excluídas da sociedade. E é neste ponto fundamental que capitalismo e socialismo real, infelizmente, se aproximam e se identificam na sua rudeza de princípios, na sua dogmatização do poder, no seu autoritarismo e centralismo das classes dominantes, dirigentes e elites.

Os desdobramentos da tese marxista para o devir da sociedade capitalista é conhecido. E é talvez aqui que os opositores de Marx mais se baseiam para criticá-lo. A humanidade procurou, a partir do final do século XIX, colocar em prática as idéias e o chamamento do socialismo aos trabalhadores explorados de todo o mundo. A grande revolução de 1917-1918 na ex-União Soviética foi a epopéia prática dos homens chamados a construir uma nova sociedade a partir de um modelo científico alternativo ao sistema produtivo capitalista.

Muitos se perguntam até hoje o que aconteceu, por que afinal o regime socialista soviético e suas vertentes mundo afora não deram certo, foram ineficientes nas conquistas materiais e espirituais apregoadas pelo marxismo, além de terem cometido atrocidades tão ou mais desumanizantes do que aquelas que o capitalismo produz. O regime soviético extinguiu-se com massas imensas na penúria e miséria. O sistema soviético exterminou milhões de pessoas. O sistema soviético espalhou o terror e não reverteu o pauperismo de sociedades inteiras em todos os lugares satélites de seu domínio. Tudo em nome de um socialismo que resgataria a humanidade das garras do perverso sistema capitalista, que libertaria a humanidade da lógica financeira do capital e terminaria com a exploração do homem pelo homem. E tornou-se um sistema totalitário exterminador, um poder de uma pequena classe de dirigentes autoritários, pequenos ditadores disfarçados de socialistas, e o pior, que se diziam e dizem socialistas científicos. Foi assim na ex-União Soviética, em todos os países satélites do leste europeu, foi e é assim nos países subalternos e miseráveis do continente africano, em Cuba, na China, na Coréia do Norte[29].

29 Segundo dados oficiosos, mais de 11 milhões de pessoas foram exterminadas pelo regime da ex-União Soviética. Mais de trinta práticas monstruosas de tortura aos prisioneiros são relatadas por Alexandre Soljenítsin, um desses prisioneiros, que vão desde interrogatórios noturnos, "porque, durante a noite, arrancado violentamente ao

Várias são as hipóteses levantadas, por muito tempo ainda, tanto a esquerda como a direita elaborarão teses para justificar o fracasso e o desenvolvimento dos acontecimentos. Muitas dessas teses têm fundamento e são bem elaboradas; outras, evidentemente, são descabidas e sem qualquer propósito científico e pouco embasadas em pesquisa empírica confiável; ou pior, algumas são apenas reflexos da frustração ou justificativas para um mundo que defenderam como a utopia realizável e que não passou de uma farsa esquerdista que até Marx condenaria, aliás, como o fez Lenin (1870-1924) no final de sua vida[30].

Uns vão dizer da necessidade de se proteger e combater o capitalismo internacional através da centralidade do poder na ex-União Soviética; outros vão dizer que o fracasso se deve ao distanciamento de Stalin (1879-1953) com os princípios da Quarta Internacional e sua visão de mundialização do socialismo, o que na verdade o pacto pós Segunda Guerra Mundial, que Stalin fez com os EUA, Inglaterra e França, impediu essa mobilização[31]; outros ainda têm alegado que

---

sono (e mesmo ainda não amolecido pelo sono), o preso não pode manter o equilíbrio e guardar a lucidez como de dia, tornando-se mais maleável", até espancamentos sem deixar vestígios, "faz-se uso de cassetetes de borracha, malhetes e sacos de areia" (Alexandre Soljenítsin. *Arquipélago Gulag*, 1975, p. 111-124 e s.).

30 "O nosso aparelho de Estado encontra-se em um estado tão lamentável, para não dizer abominável, que devemos primeiro refletir profundamente sobre as formas de lutar contra os seus defeitos, recordando que as raízes destes defeitos se encontram no passado, o qual, embora derrubado, não foi superado, não passou a ser um estádio de cultura pertencente ao passado remoto" (Lênin. É melhor menos, mas melhor, publicado em 4 de março de 1923, no nº 49 do *Pravda*, in: V. I. Lenin, *Obras escolhidas*, v. 3, 1980, p. 670).

31 Esta é a posição do trotskismo, dissidência do stalinismo e do burocratismo estatal da ex-U. R. S. S. O próprio Trotsky, inimigo e perseguido por Stalin, demonstra que desde a Revolução de Outubro, o regime stalinista fez vários acordos com os países capitalistas do ocidente: "O governo dos Sovietes assinou desde então diversos tratados com os Estados Burgueses: o tratado de Brest-Litovsky, em março de 1918; o tratado com a Estônia, em fevereiro de 1920; o tratado de Riga, com a Polônia, em outubro de 1920; o tratado de Rapallo, em abril de 1922, com a Alemanha, e outros acordos diplomáticos menos importantes" (Leon Trotsky, *A revolução traída*, São Paulo: Global, 1980, p. 130). Os acordos da U. R. S. S. durante a II Grande Guerra, principalmente o de Ialta, que mergulharam o mundo na "guerra fria", seriam, na verdade, continuações de uma visão errônea de que o socialismo mundial poderia ser vitorioso por pactos de não-agressão com o capitalismo internacional. A própria

as condições eminentemente agrárias da sociedade soviética no início do século XX não possibilitavam a consciência dos operários, uma consciência para si, de classe, capaz de constituir uma força política real contra o regime czarista, sendo que esta consciência coletiva então precisou ser substituída pela "inteligência" dos dirigentes do partido central, os bolcheviques; para muitos foi o despreparo dos operários soviéticos em assumir as funções vitais do Estado pós-czar, o seu despreparo técnico e administrativo que empurrou o Poder, consubstanciado no conhecimento técnico-científico e administrativo, para os braços dos burocratas do antigo regime que se converteram numa classe tecnocrática com poder de Estado, muito antes do povo e dos operários organizados terem possibilidade de revolucionar essa centralidade do conhecimento técnico; alguns têm alegado a velha fórmula de que o poder corrompe e que a dominação do homem sobre o homem é endógeno ao caráter humano e, assim, não é a transformação da propriedade no sistema produtivo que vai possibilitar suplantar esta condição espiritual, psicológica, do caráter e da índole humana. Provavelmente tudo isto, em graus variados, constitui boas razões e argumentações para o totalitarismo de Estado em que os regimes socialistas reais se transformaram, com peso de todas as atrocidades e genocídios em massa que perpetuaram em suas fronteiras mundo afora.

Com toda certeza, tudo isto ao mesmo tempo, de acordo com as particularidades de cada lugar e da inserção geopolítica na contextualização da bipolaridade esquerda-direita, e do avanço rumo à conquista de mercados, bipolaridade esta, portanto, muito mais reforçada pelos sistemas financeiros e comerciais, do que por qualquer ideologia de caráter utópico ou teoricamente científico.

Para nós interessa discutir o Materialismo Histórico Dialético. O que nos dizem o método e a filosofia de Marx? Dizem que a Superestrutura social – Lei, Direito e Estado – se aproxima permanentemente da Estrutura social, a sociedade – produção, trabalho, sobrevivência, relações reais e concretas de existência – pelo movimento dialético que

"guerra-fria" demonstrou que mais do que se conquistar uma nova forma de sociedade se fortaleceu e espalhou-se a economia de mercado.

inexoravelmente cria não uma pseudoconcreticidade superestrutural, mas a *práxis* material e concreta do grupo social. Em outras palavras: sem dialética a Lei, o Direito e o Estado só podem se afastar a passos largos da base social da qual derivam; sem dialética a *práxis* se esvai e o mundo da aparência domina e submete cada vez pedaços maiores da realidade social, da filosofia e da consciência social. A este afastamento corresponde inevitavelmente o predomínio da aparência sobre a essência e da mercadoria sobre o trabalho. A este distanciamento corresponde malfadadamente o autoritarismo do poder do Estado, inclusive consubstanciado pelo Direito e sistemas jurídicos, sobre o trabalhador, o cidadão, o povo. Revolucionário apenas no primeiro momento, ainda que assim o consideremos em uma transformação social profunda com participação popular expressiva, todo o sistema de governo e todo o tipo de Estado acabam sendo autoritários, com elites autocráticas ditatoriais e com líderes totalitários. Os socialismos reais padecem deste vírus: de revolucionários que possam ter sido em um primeiro momento, se tornam rapidamente reacionários pela ruptura com a dinâmica dialética que caracteriza o próprio método e filosofia do Materialismo Histórico Dialético. E assim, sem democracia, não há qualquer possibilidade de emancipar o homem do trabalho exploratório e escravizante e da dominação de uma classe sobre a outra, até porque numa perspectiva mais realista e atual, constitui-se como classe qualquer grupo que de uma forma ou de outra consegue hegemonia suficiente, poder suficiente, para controlar o resto da sociedade, os restantes grupos ou classes a partir da massificação de um projeto geral e comum, que é só daquele grupo hegemônico, mas que aparece nas consciências dos indivíduos como sendo o melhor e a única possibilidade da vida e sobrevivência social.

O socialismo precisa ser democrático ou então jamais será realizado cientificamente. Para muitos isto é uma heresia até nossos dias, assim como para muitos o tabu de um socialismo ateu e laico é a única verdade marxista, sendo inadmissível um marxismo cristão. No cerne dessas visões restritas e dogmatizadas, *doxas* nas palavras de

Bourdieu[32], continua a mesma falta de visão dialética, a preponderância do pensamento sobre a realidade dos grupos em sua interatividade social real, a da Superestrutura sobre a Estrutura e a prevalência de um único aspecto da vida social, contrário à plasticidade do relacionamento social estruturado por múltiplas determinações e que afasta a humanidade dos ideais socialistas. É a pobreza de espírito que maltrata e justifica responsavelmente a bestialidade humana!

É comum confundir-se socialismo com comunismo, identificando-os como sinônimos. Cientificamente, no entanto, são coisas diversas: o comunismo é uma etapa superior do capitalismo, na concepção marxista, intermediado pelo socialismo. Marx, na sua concepção histórico–dialética, elaborou uma seqüência para o movimento das forças sociais: capitalismo, socialismo, comunismo. O socialismo científico se apropriaria do poder de Estado pela mobilização da classe trabalhadora, a "ditadura do proletariado", e esta reverteria as condições de dominação e exploração de classe. E aqui o detalhe crucial: na sociedade capitalista a dominação é realizada concretamente pelo direito à propriedade privada dos meios e formas de produção, por parte do capitalista, e, como conseqüência, a exploração se verifica na mercantilização do trabalho humano, na venda da força de trabalho de todos os trabalhadores. Portanto, a "ditadura do proletariado", antes de tudo, precisa construir bases reais para que os aspectos mercantis do modo de produção capitalista (propriedade privada e mercantilização do trabalho humano) venham, ainda que lentamente, a ser completamente extirpados, o que só é possível, evidentemente, se a divisão do trabalho social necessário não ensejar novas formações de classe. Este seria o papel fundamental do Socialismo. Socializando as forças produtivas, planejando o ciclo produção-consumo e distribuindo de forma demo-

32 Esta expressão (*doxa*) é usada pelo sociólogo francês Pierre Bourdieu. Veja-se, por exemplo, em entrevista a Maria Andréa Loyola: "Essa idéia se tornou uma *doxa*, ou seja, mais do que um *dogma* (palavra da mesma família que *doxa*): um conjunto de crenças que não precisam sequer ser enunciadas, que existem por si mesmas. O papel dos intelectuais, ao menos os sociólogos, deveria ser o de romper com isso, de quebrar essa chapa transparente de evidências que impede que se coloquem questões e que se pense" (*Coleção Pensamento Contemporâneo*, n. 1, 2002, p. 25).

crática e justa a riqueza produzida socialmente, a sociedade se elevaria a um patamar diferenciado e superior de sociabilidade e convivência, revolucionando completamente as formas concretas de produzir a vida e, portanto, numa visão materialista, a partir dessa forma real de existência, a forma dos homens relacionarem-se e de pensarem a própria existência e convívio humano. A melhor forma de definir o comunismo marxista como etapa histórica do desenvolvimento social humano pode ser encontrada nas próprias palavras de Marx:

> Na fase superior da sociedade comunista, quando houver desaparecido a subordinação escravizante dos indivíduos à divisão do trabalho e, com ela, o contraste entre o trabalho intelectual e o trabalho manual; quando o trabalho não for somente um meio de vida, mas a primeira necessidade vital; quando, com o desenvolvimento dos indivíduos em todos os seus aspectos, crescerem também as forças produtivas e jorrarem em caudais os mananciais da riqueza coletiva, só então será possível ultrapassar-se totalmente o estreito horizonte do direito burguês e a sociedade poderá inscrever em suas bandeiras: de cada qual, segundo sua capacidade; a cada qual, segundo suas necessidades (Marx. *Crítica ao programa de Gotha*, [1875], 1980:214-215).

Portanto, neste pequeno texto, fica claro o que já se afirmou: 1) o trabalho como fundamento da existência e desenvolvimento material e intelectual do homem; 2) a necessidade de não escravizar os homens em nome dessa necessidade de produção material da sobrevivência e o fim da divisão de classes sociais; 3) a necessidade do incremento das forças produtivas no sentido de aumentar a produtividade e qualidade do trabalho e no sentido de maximizar a produção da riqueza social que é coletiva; 4) o enfoque na superação da dimensão intelectual e filosófica atual pertinente ao estágio burguês de desenvolvimento, o sistema capitalista de produção, e, portanto, uma nova possibilidade de um existir social em bases fundamentalmente novas; e 5) a desmistificação de que uma sociedade comunista não valorizaria as capacidades individuais e não remuneraria os indivíduos pelo seu esforço, qualidade e produtividade.

Para o Materialismo Histórico Dialético a história social de uma comunidade não está fixada em bases imutáveis e agentes sociais como meros espectadores; diferentemente do Positivismo, esta história é projetada pelo movimento inexorável e transformador dos agentes sociais na sua luta concreta pela sobrevivência. Este movimento permanente revoluciona as formas de produção e reinventa as forças de produção, os instrumentos de trabalho, a ciência aplicada nas formas de trabalhar e conquistar a natureza e, pretensamente, o Universo; concomitantemente, no entanto, revoluciona e reinventa as formas de relacionamento social e os valores sobre os quais esses relacionamentos se sustentam. O modo de produção capitalista é apenas um desses modos de produção e relacionamento, valores e formas de apropriação da riqueza social coletiva (e esta apropriação aparece tão natural por já ser um valor, mesmo sendo ela mesma a origem material desse valor de desigualdade), oriundos de um tipo específico de divisão social do trabalho – de um lado, uma classe que domina as formas e instrumentos de produção e, com isso, o poder de Estado, que reciprocamente consolida essa desigualdade sobre as demais classes sociais; de outro lado, especificamente, a classe trabalhadora, que apenas pode sobreviver vendendo como mercadoria sua força de trabalho ao burguês capitalista.

De todas as formas, o socialismo de Marx, realizável ou não, é apenas uma forma de transição entre o sistema capitalista de produção e o sistema comunista, e terá, obrigatoriamente, de se sobrepor à forma concreta de produção capitalista e às relações sociais particulares e gerais que daí advêm, possibilitando, facilitando e fabricando novos valores na produção e distribuição da riqueza social. Em outras palavras: o socialismo científico não é um modo de produção em si mesmo, e por isso não pode gerar relações próprias de produção e perpetuar-se como forma jurídica de Estado. Em tese, na verdade, não existe um Estado socialista! Nas palavras de Pachukanis (1891-1937):

> A essência do problema é que o período de transição revolucionária do capitalismo para o comunismo, não pode ser considerado como uma formação socioeconômica especial e completa, e por isso não se pode criar para ela um sistema de direito especial e completo, ou procurar por alguma forma especial de direito, acompanhando a simetria: direito-feudal, direito-burguês e direito-proletário. Isso encerra uma tendência perigosa de retardar o avanço para o socialismo que está ocorrendo agora... Nós não temos um sistema acabado de relações de produção porque estamos transformando-o a cada dia e a cada hora (Pachukanis, *apud* Naves, 2000:99).

Como transição o proletariado deveria procurar agilizar o seu capitalismo de Estado[33], uma vez que as estruturas socioprodutivas e jurídicas burguesas não se dissipam imediatamente, de forma a qualificar a sociedade comunista. As atribuições do socialismo como transição deveriam ser, *grosso modo*, extinguir a propriedade privada a partir da extinção da dominação de classe, eliminar as relações mercantis da exploração da força de trabalho e planejar centralizadamente a economia de livre mercado.

No entanto, existe uma dificuldade: a passagem do Estado burguês para o Estado comunista, ou, em outras palavras, a realização das atividades transitórias e "autofágicas" do socialismo, levam a um aparato técnico-administrativo colossal e imensamente poderoso, pois precisa, a um tempo, planejar um mercado anárquico, onde a relação de valor mercantil se encarregava, e não mais o faz, de organizar as relações de produção-distribuição, e destruir paulatinamente todas as relações sociais de classe burguesas e os valores advindos dessas relações. Ainda, concomitantemente, sustentar um poder de Estado formal e político capaz de resistir às forças perenemente organizadas do modo de produção anterior, em meio a uma nova construção-des-

33 O capitalismo de Estado na fase de transição do capitalismo para o comunismo se diferencia do Estado capitalista pela ditadura do proletariado que já começa abolindo o poder da classe burguesa, o poder de Estado que esta classe tem no capitalismo genuíno.

truição permanente, e defender-se de agressões e armadilhas da reação interna e externa. Só que tudo isto de forma dialética e democrática!

E aqui, paradoxalmente de novo, mais um empecilho: o grupo que detém este poder em nome do proletariado, ao invés de destruir-se na fase de transição do socialismo, acaba por assumir um novo tipo de capitalismo, eternizando o totalitarismo de esquerda que longe de aparecer como transitório, se perpetua de forma elitista, e assim, o socialismo real acaba formando novas estruturas sociopolíticas e jurídicas, a partir da planificação central do mercado, em uma pseudodestruição da sociedade de classes, trocando capitalistas por tecnocratas e burgueses por elites de gerenciamento político, permanecendo a esmagadora maioria da população como indivíduos apáticos, temerosos e paupérrimos. E este talvez seja o maior defeito dos assim chamados socialismos reais: transformarem o transitório em permanente, o socialismo de um modo de produção em construção em modo específico.

A prova de que as ditaduras do proletariado nunca deixaram de ser modos de produção capitalistas de base estatal, ou capitalismo de Estado, sem intenções verdadeiras de se transformarem em sistemas comunistas, está no fato de uma União Soviética depois de mais de 80 anos ter sucumbido aos preceitos mais genuínos e radicais do capitalismo globalizado, e dos demais Estados remanescentes terem aderido de forma sistemática ao fetiche do mercado de livre concorrência (caso significativo da China). Se algum Estado moderno ainda não compartilha do mercado capitalista genuíno é mais por imposição do capital internacional do que por vontade própria (talvez o caso mais exemplificativo seja Cuba). Então, um novo Direito se apresenta, mas não pode ir além de seu caráter repressivo e restitutivo e muito menos almejar a substituição do Estado como entidade suprema de organização social como a entendemos hoje.

8.6 | REVOLUÇÃO HOJE

No século XIX Marx enxergou esta conscientização como possibilidade única do operariado fabril que, como principal classe de oposição ao capital industrial, então no auge de sua supremacia, poderia unir-se de forma universal ("Proletários de todos os países, uni-vos!")[34] e conquistar o poder de Estado, através da "ditadura do proletariado". Isto, como já dissemos, redundou em fracasso em todos os casos reais, em todos os socialismos reais até nossos dias. De certa forma, existe um paradoxo entre prática e pensamento marxista, principalmente as derivações leninistas: de um lado fica claro que a "produção crescente" e riqueza devem "jorrar como mananciais", de outro lado, o deslumbramento prático-político que coloca a classe trabalhadora como revolucionária em condições de um industrialismo incipiente e um desenvolvimento técnico-científico ainda imberbe.

Quiçá dizer da possibilidade da tomada do poder de fato do Estado (não de uma burocracia elitista interessada em preservar algo de seus privilégios no tumultuado desmanche do Estado burguês) e capaz de revolucionar substancialmente o direito burguês que o sustenta, pela classe trabalhadora, paupérrima, de instrução precária, cooptada, dominada e explorada, como foi o caso da maioria das revoluções socialistas, na Europa Oriental, na Ásia, na África, na América do Sul e Caribe etc. O que dizer então de em tais condições se modificarem profundamente as mentes e as consciências dos homens de forma a criar uma nova dimensão filosófica que confirme e explique lógica e moralmente toda essa imensa estrutura de existência real!? De alguma forma, é esta contradição, este paradoxo, que os homens não conseguiram superar. Não podia dar certo no século XIX, nem no século XX, nem no limiar do século XXI e nem tampouco enquanto o socialismo científico não se realize: o comunismo deve distribuir riqueza emancipando o homem da escravidão do trabalho pela sobrevivência.

---

34 Karl Marx e Friedrich Engels, Manifesto do partido comunista, in: Karl Marx e Friedrich Engels, *Obras escolhidas*, v. 1, 1980, p. 47. É esta frase, aliás, que sustentou as teses da IV Internacional Socialista, o ponto de partida para a oposição trotskista à burocracia stalinista e à forma de conduzir a Revolução de Outubro, fundamentalmente, a idéia de que o socialismo e a ditadura do proletariado têm sobrevivência condicionada às lutas dos trabalhadores em nível mundial, e que para isso seria necessária uma "revolução permanente" frente ao poder burguês em nível mundial, e, também, a idéia de que os trabalhadores, efetivamente, devem assumir o controle e a gestão da produção e do Estado. Para se entender melhor o trotskismo e os fundamentos da IV Internacional, ver Leon Trostky: *A revolução traída*, 1980.

Mesmo para Marx, toda a possibilidade de uma revolução proletária está inserida completa e indissociavelmente no desenvolvimento do sistema capitalista, como se verifica no Manifesto do Partido Comunista:

> A condição essencial da existência e da supremacia da classe burguesa é a acumulação da riqueza nas mãos dos particulares, a formação e o crescimento do capital; *a condição de existência do capital é o trabalho assalariado.* Esta baseia-se exclusivamente na concorrência dos operários entre si. O progresso da indústria, de que a burguesia é agente passivo e inconsciente, *substitui o isolamento dos operários, resultante de sua competição, por sua união revolucionária mediante a associação.* Assim, o desenvolvimento da grande indústria socava o terreno em que a burguesia assentou o seu regime de produção e de apropriação dos produtos. A burguesia produz, sobretudo, seus próprios coveiros. Sua queda e a vitória do proletariado são igualmente inevitáveis (Marx e Engels. *Manifesto* [1848], 1980:3, grifos nossos).

Como estas condições de trabalho estão embasadas, até hoje, em um processo de desigualdade no modo de produção e na distribuição da riqueza produzida, e como se fundamentam numa economia de mercado essencialmente anárquica, onde a relação produção-consumo e produção-exploração do meio-ambiente se verificam impelidas unicamente pelo apego maior do capital e supervalorização do sistema financeiro, grandes e graves deficiências opõem permanentemente diversas categorias: interesses opostos entre classes, capitalistas e trabalhadores, capitalistas financeiros e capitalistas industriais, por exemplo, entre produção e consumo, entre exploração da natureza e sobrevivência sustentável no planeta, entre trabalho vivo (trabalhadores) e trabalho morto (máquinas), entre o interesse individual e o coletivo, entre desenvolvimento e subdesenvolvimento, entre países e blocos econômicos, entre raças, entre religiões, entre direitos civis e direitos sociais, entre direito privado e direito público, entre Direito nacional e Direito internacional etc. etc. Então, na mesma proporção em que o sistema capitalista mais necessita continuar a desenvolver as suas forças produtivas para reproduzir o capital, mais e mais isto acarreta na concentração de renda nas mãos de cada vez menos indivíduos no planeta e, à medida que mais e mais indivíduos em todo o mundo puderem compreender e insurgir-se contra este pauperismo das condições de vida tanto do ponto de vista econômico como ecológico, mais as condições para um novo modo de produção e relações sociais subjacentes se apresentarão.

Profeticamente, Marx e Engels viram, a partir das condições de trabalho do século XIX, o que aconteceria no século seguinte. Apenas para ilustrar, pode-se mencionar a substituição do trabalho vivo pelo trabalho morto (substituição de mão-de-obra por maquinário; inversão de capital variável em capital constante) e o pauperismo e degeneração de todas as classes sob o domínio insano do capital, inclusive a internacionalização deste, e, portanto, aquelas deteriorizações em nível mundial. No entanto, fiéis à sua concepção dialética, é neste mesmo processo de empobrecimento e exclusão social que colocam as possibilidades de um movimento revolucionário. Mais uma vez, no *Manifesto*, lê-se:

> A burguesia vive em guerra perpétua: primeiro, contra a aristocracia; depois, contra as frações da própria burguesia cujos interesses se encontram em conflito com os progressos da indústria; e sempre contra a burguesia dos países estrangeiros. Em todas essas lutas, vê-se forçada a apelar para o proletariado, reclamar seu concurso e arrastá-lo assim para o movimento político, *de modo que a burguesia fornece aos proletários os elementos de sua própria educação política*, isto é, armas contra ela própria (Marx e Engels. *Manifesto* [1848], 1980:29, grifos nossos).

Além de demonstrar que a capacidade revolucionária dos trabalhadores continua sendo "cria" do desenvolvimento produtivo, aqui os autores falam do ponto que se quer ressaltar: a necessidade de desenvolvimento intelectual, instrução de forma geral e educação política em particular, dos assalariados de todo o mundo (na medida em que o capital é hoje transnacional), condições estas que se encontravam e ainda se encontram em estado precário quando das revoluções populares[35]. Como os autores trabalham com uma perspectiva materialista, é evidente que não basta o fator "educação" para que uma nova consciência política possa determinar uma reação eficiente e efetiva aos problemas que as sociedades contemporâneas apresentam: a "educação política" tem de ser produto das condições concretas de sobrevivência impostas pelo modo produtivo. Então dizem os autores, ainda no *Manifesto*:

> Demais, como já vimos, frações inteiras da *classe dominante, em conseqüência do desenvolvimento da indústria são precipitadas no proletariado*, ou ameaçadas, pelo menos, em suas condições de existência. Também elas trazem ao proletariado numerosos elementos de educação. Finalmente, nos períodos em que a luta de classes se aproxima da hora decisiva, o processo de dissolução da classe dominante, de toda a velha sociedade, adquire um caráter tão violento e agudo, que *uma pequena fração da classe dominante se desliga desta, ligando-se à classe revolucionária*, a classe que traz em si o futuro. Do mesmo modo que outrora uma parte da nobreza passou-se para a burguesia, em nossos dias, uma parte da burguesia passa-se para o proletariado, *especialmente a parte dos ideólogos burgueses que chegaram à compreensão teórica do movimento histórico em seu conjunto.* De todas as classes que ora enfrentam a burguesia, só o proletariado é uma classe verdadeiramente revolucionária.

35 Ainda hoje uma parte significativa das nações de regimes ditos socialistas é subdesenvolvida economicamente e, portanto, as condições de educação política são absolutamente insuficientes para provocar rupturas eficientes e promissoras em relação a um estágio de existência social superior; mesmo aquelas nações que, após suas revoluções populares, conseguiram desenvolver-se à custa dos esforços desmedidos de seus trabalhadores do campo e da cidade, são "incultas" politicamente devido ao verdadeiro massacre ideológico que o aparelho de Estado promove em suas consciências.

> *As outras classes degeneram e perecem com o desenvolvimento da grande indústria*; o proletariado, pelo contrário, é seu produto mais autêntico. *As classes médias* – pequenos comerciantes, pequenos fabricantes, artesãos, *camponeses* – combatem a burguesia porque esta compromete sua existência como classes médias. Não são, pois, revolucionárias, mas conservadoras; mais ainda, reacionárias, pois pretendem fazer girar para trás a roda da história. *Quando são revolucionárias é em conseqüência de sua iminente passagem para o proletariado*; não defendem então seus interesses atuais, mas seus interesses futuros; *abandonam seu próprio ponto de vista para se colocar no do proletariado* (Marx e Engels. *Manifesto* [1848], 1980:29, grifos nossos).

É evidente que uma revolução pode ser levada a cabo, vitoriosamente, por camadas paupérrimas e sem instrução. Dependendo de circunstâncias regionais e geopolíticas próprias, envolvidas por lideranças eficazes em sua apresentação como comprometidas com os interesses nacionais e de resgate dessas camadas marginalizadas e excluídas, massas consideráveis de indivíduos podem optar e "embarcar" quase de forma messiânica, num projeto revolucionário radical vitorioso. A questão que se coloca é com relação ao futuro dessa revolução, dessas massas e da relação com suas lideranças após a conquista do poder de Estado.

Com base no Materialismo Histórico Dialético, o que se depreende é que uma revolução eficiente e efetiva frente ao modo capitalista de produção depende substancialmente que alguns fatores estejam presentes: 1) que exista desenvolvimento desse mesmo capitalismo, principalmente das condições de exploração do trabalho assalariado, que se agigantam para a maioria dos trabalhadores, com a inversão de capital variável em capital constante, algo que o próprio modelo não pode refrear sob pena de se desqualificar; 2) que essa exploração e essas condições de trabalho, essa revolução tecnológica e financeira se estenda por todo o mundo, o que leva os assalariados e os demais envolvidos no processo de pauperismo e exclusão a se identificarem como vítimas, de um lado, e parceiros de outro, vítimas dessa dinâmica autodestrutiva do capital e parceiros na luta contra sua degenerescência como classe trabalhadora, classe-média e pequeno-burguês, excluídos e empobrecidos; 3) que partes substanciais das massas de trabalhadores, ex-operários, ex-classes médias, ex-camponeses e mesmo ex-burgueses que o próprio capital "destronou" de seu *status*, dentro da lógica de autoflagelação provocada pelo canibalismo entre os proprietários de capital mundo afora, jogadas, assim, à miséria e excluídas dos grandes mercados consumidores, tenham formação e instrução capazes de lhes trazerem uma "certa consciência para si", vale dizer, possam se organizar em caráter internacional e fazer frente a este estado de coisas que não poupa nem indivíduos nem meio ambiente. Mesmo na revolução da Rússia, em 1917, o partido bolchevique, marxista-leninista, só chegou de fato ao poder após as insurreições dos camponeses, pois enquanto defendeu apenas os trabalhadores fabris como alavanca dessa revolução, não conseguiu forças para implantar a ditadura do proletariado[36].

Mas, a história provou que, exatamente por causa dessa base "despreparada" politicamente, um campesinato pobre e explorado pelo latifúndio, não pôde, logo depois, fazer frente ao poder exacerbado de suas lideranças, imbuídas mais de seus interesses pessoais e megalomaníacos, do que da realização efetiva de uma revolução que levasse a uma sociedade comunitária, igualitária e justa. Massas que nada têm a perder fazem revoluções vitoriosas fantásticas, mas a história demonstrou sempre que em um segundo momento essas massas são usadas e espezinhadas pela insanidade de totalitarismos de Estado, nada tendo de conformidade com uma sociedade efetivamente igualitária, fraterna e livre. Neste pormenor, tanto faz "revoluções" de direita ou de esquerda! Nazismo, Stalinismo, Fascismo (Mussolini, Franco, Salazar,

36 "Será ainda possível perante tais fatos ser um partidário honesto do proletariado e negar que a crise amadureceu, que a revolução atravessa uma grandiosa viragem, que a vitória do governo sobre a insurreição camponesa seria agora o enterro definitivo da revolução, o triunfo definitivo da kornilovada?" (Vladímir Ilitch Lênin, *A crise amadureceu*, in: V. I. Lenin – *Obras escolhidas*. v. 2, 1980, p. 321).

Vargas, Peron), Maoísmo, Castrismo, e outros "ismos" revelaram sempre a insanidade e demência de pseudolíderes, que uma vez tendo o poder de Estado sacrificam as massas revolucionárias a condições de vida tão abomináveis como as do capitalismo original.

O que temos de novo na degenerescência do capital em sua fase contemporânea, a Era do Capital financeiro e do monopólio transnacional? Aquilo que profeticamente Marx e Engels e mesmo Lenin[37] previram: camadas imensas de trabalhadores instruídos; contingentes gigantescos de assalariados das ex-classes médias, mais educadas politicamente; populações consideráveis da classe dominante e das elites expulsas pelo sistema, que possuem perfeito entendimento da filosofia e dos mecanismos de conscientização ideológica burguesa; o crescimento exponencial das massas mais pobres que passam rapidamente a miseráveis, verdadeiros farrapos humanos, mas que freqüentaram as escolas oficiais dos Estados burgueses[38], todas, produto das condições materiais autofágicas do sistema capitalista de produção, frustradas pelas perdas materiais e revoltadas pelo discurso oficial das classes dominantes e elites que se mostra inverossímil, isto, de forma globalizada. O exemplo desta situação eminentemente revolucionária, neste começo do terceiro milênio aparece todos os dias nos noticiários ao redor do mundo: grupos de pessoas e indivíduos protestando e se aglutinando em torno de projetos ecológicos, contra tudo que revele o lado demente e perverso do sistema. Estas multidões, espalhadas pelo planeta, tão distantes entre si em termos geográficos, raciais, culturais, religiosos, têm hoje uma arma a seu favor, as tecnologias de informação, como Internet, algo que nem Marx e Engels poderiam imaginar,

37 Lenin também fez "predições" importantes sobre o desenvolvimento do sistema capitalista rumo à globalização do capital e suas características contemporâneas, embora para isso já estivessem presentes, no início do século XX, fatores determinantes de um capitalismo mais desenvolvido e mundializado do que Marx e Engels experimentaram. Como exemplo disto, pode-se ver "O imperialismo, fase superior do capitalismo" (Vladimir Ilitch Lenin: O imperialismo, fase superior do capitalismo, in: V.I. Lenin, *Obras escolhidas*. v. 1, 1980).

38 Exemplo recente deste fenômeno de miserabilidade de classes médias e da proliferação de miseráveis, para se ater a um país sul-americano, é o caso da Argentina, em sua mais recente crise de isolamento e evasão de capitais.

e que se transforma numa ferramenta poderosa de comunicação, e, se ajuda o capital transnacional a se organizar, administrar e a reproduzir seus capitais de forma rápida, barata e fácil, também ajuda esses movimentos de contestação a difundir, da mesma forma, informações, denunciar, protestar e organizar-se, do ponto de vista de suas manifestações de massa, virtuais ou físicas, bem como a angariar recursos para sustentar-se e a esses focos de contestação.

Podem essas multidões, mundo afora, reconquistar a esperança de uma revolução que traga racionalidade e comunitarismo à raça humana? Podem essas legiões de ex-burgueses, ex-classes médias, ex-assalariados, intelectuais, ecologistas, desempregados, esfomeados, excluídos, empregados explorados como jamais o foram, da cidade, do campo, todos juntos, de alguma forma, preparar ao menos uma nova etapa no desenvolvimento da sociedade humana, sem repetir os totalitarismos de sempre e se emancipar definitivamente dos interesses egoístas de lideranças e do poder do Estado? Podem eles formular um novo projeto social em substituição ao projeto liberal burguês?

O monopólio

Alguns casos de fusão empresarial chamaram a atenção da sociedade brasileira recentemente. O primeiro, mais bem sucedido, é o caso da fusão das cervejarias. As duas maiores e mais tradicionais fabricantes de cerveja do país se fundiram operacional e administrativamente, permanecendo, no entanto, com as duas marcas no mercado. Alegando a necessidade de diminuição de custos produtivos e, conseqüentemente, o aumento da competitividade frente a outras marcas, principalmente estrangeiras, produzidas no Brasil (este parece ser o fato) ou importadas, e, portanto, para poder melhor inserir-se no processo de globalização, as duas megaempresas tiveram suas pretensões atendidas pelo órgão controlador, o CADE – Conselho de Acompanhamento e Desenvolvimento Econômico. A exigência do organismo fiscalizador estatal foi que uma unidade fabril em uma cidade do interior de São Paulo fosse vendida a terceiros, como forma de evitar o monopólio de determinada marca de refrigerante na região.

Os resultados práticos dessa fusão não parecem ter atingido o consumidor: se não houve aumento de preços por conta dessa fusão, a verdade é que a pretendida diminuição de custos, se os houve, não foram repassados aos preços de venda. Só muito recentemente uma das marcas ficou mais agressiva em termos de preços como forma de reagir ao lançamento de marcas novas de cerveja e, principalmente, ao relançamento de uma marca já existente cujo marketing agressivo se baseava em mídia televisiva e preços abaixo da concorrência. Além disso, houve demissões com a fusão, mas de pouca repercussão no cenário nacional. A verdade é que a nova empresa, devido ao mercado ainda pulverizado, não conseguiu o monopólio.

O segundo caso refere-se à fusão de companhias aéreas. Diante de uma crise com o recrudescimento de dívidas milionárias junto aos organismos estatais como INSS, COFINS e mesmo FGTS, e pressionadas não só pelos credores nacionais como pelos internacionais, principalmente os fornecedores de aeronaves, duas companhias aéreas pleitearam fundir-se, sendo uma delas a mais antiga e mais tradicional companhia aérea brasileira, e a outra uma empresa mais nova, mas que conseguiu em pouco tempo transformar-se em uma empresa de prestígio com conceito de qualidade elevado junto ao mercado. Neste caso, no entanto, as negociações para a propalada fusão se arrastam já há alguns anos, e mesmo com a intermediação do CADE, um final nesse projeto parece ser demorado e difícil. É que neste caso tudo indica que haverá demissões em massa de funcionários, além de existirem poucas garantias de que as dívidas sejam pagas em curto prazo, o que não agrada nem aos credores públicos nem aos privados.

O terceiro caso é mais inusitado e mais recente. Uma renomada fábrica de chocolates com dívidas impagáveis foi comprada pela gigante produtora nacional. Aconteceu, no entanto, que ao submeter-se à fusão para apreciação e aprovação do órgão competente – o CADE –, este vetou a fusão das duas empresas, visto que neste caso haveria a monopolização de vários segmentos do mercado. Acontece que a fábrica comprada emprega mais de 100.000 empregos diretos e indiretos na região em que se localiza, uma cidade satélite de um Estado menos rico do Sudeste brasileiro, e, portanto, se constitui como o pólo centralizador mais importante da região. Neste caso, se a fábrica fechar haverá a demissão de todos os funcionários, além de perdas econômicas e fiscais acentuadas para a região e para o governo local. O inusitado é que o negócio de compra da fábrica em dificuldades já havia sido concretizado.

EXERCÍCIOS

1. Estabeleça possível relação entre as três fusões comentadas no estudo de caso e justifique à luz da compreensão do modo capitalista de produção.
2. Relacione o problema do desemprego com a fusão de empresas e com o possível monopólio de mercado após a fusão.

3. Se você fosse membro do CADE, seu voto seria a favor ou contra a fusão das empresas de chocolate? Justifique seu voto.
4. Explique mais-valia relativa e o incremento da concentração de renda.
5. Qual sua opinião sobre os movimentos antiglobalização, como o "Fórum Social Mundial" (pesquise sobre este organismo e suas atividades).

9

Marxismo e Forma Jurídica

Na visão marxista, o fundamento do modo capitalista de produção é reproduzir permanentemente a existência dos homens como fenômeno mercantil. O fundamento do sistema capitalista é o mercado de livre concorrência. O fundamento histórico da sociedade mercantil de livre concorrência é transformar permanentemente produtos e indivíduos em objetos passíveis de troca e realização de lucro. O caráter essencial deste sistema é, portanto, reinventar inexoravelmente, sob as condições do capital, as formas de dominação e exploração do trabalho humano para que a vida seja toda ela colocada a serviço do lucro e acumulação de capital.

Essa subjugação da sociedade à lógica de mercantilização do capital fundamenta-se, segundo esta teoria, em alguns princípios basilares: 1) propriedade privada dos meios e formas de produção; 2) exploração da força de trabalho dos trabalhadores – não proprietários das forças produtivas; 3) dominação jurídica no nível formal – sistema e norma, tanto quanto no nível político –, dominação da classe burguesa do aparelho de Estado; 4) na capacidade de fornecer de forma acabada uma visão de mundo e um projeto de vida em sociedade para a esmagadora maioria dos indivíduos – o papel da filosofia burguesa. Logo, toda a lógica e filosofia da burguesia precisam realizar com sucesso, permanentemente, uma *práxis* que converta todas as formas de existência de determinado grupo social, transformando produtos e pessoas, pelo trabalho, em mercadorias, meros *valores de troca*. Portanto, tanto o normativismo como a estrutura jurídica devem acompanhar e ser colocadas à disposição desta lógica mercantil, reafirmando a validade de uma existência assim engendrada, consolidando como poder de Estado – força de polícia/punição, as relações sociais que *praxianamente* concretizam este modo de produzir, pensar e ser.

Como tudo isto acontece? Como juridicamente a classe dominante garante sua hegemonia e projeto social? Qual o papel do Direito na formulação e manutenção das formas de existência à luz do Materialismo Histórico Dialético? O que, afinal, seria diferente do ponto de vista jurídico entre um Estado genuinamente capitalista, um Capitalismo de Estado nas formas do "socialismo de transição" e um hipotético Estado Comunista? A estas perguntas pretende responder este capítulo.

9.1 | PRESSUPOSTOS

Para começar, deve-se relembrar que segundo o Materialismo Histórico é a Estrutura social – forças produtivas e relações sociais de produção – que determinam a Superestrutura – o sistema jurídico (elaboração da lei, execução e controle da lei, julgamento e punição) e o Estado. Ora, no âmbito da divisão do trabalho social, as forças produtivas se encontram distribuídas de forma específica neste modo de produção genuinamente capitalista, a visar a maximização do capital a cada instante: divisão entre trabalho manual e trabalho intelectual, entre capitalistas e trabalhadores de forma geral. Existem outras divisões do trabalho, formas "especiais" que adquirem maior ou menor importância num contexto histórico determinado, nesta ou naquela sociedade, mas que se subordinam de forma geral à divisão maior própria do capitalismo em seu estado genuíno (p. ex., separação entre trabalho feminino e masculino ou entre negros e brancos). Portanto, o sistema jurídico de forma geral só pode refletir estas separações seja na formalidade e dogmatismo de suas leis, como no *modus operandis* de suas estruturas operacionais de execução, controle e punição. Em outras palavras, toda a estrutura jurídica no âmbito do sistema capitalista original, tanto do ponto de vista formal como operacional, é conseqüência das relações sociais e das formas como as forças produtivas se encontram distribuí-das no âmbito concreto da produção material. Se a divisão do trabalho coloca de forma real o trabalho intelectual como superior ao trabalho manual, se é uma classe que domina os instrumentos e as formas de trabalho, e se distribui conforme sua conveniência e *status* quem faz o quê e qual a importância do trabalho de cada um, a lei, o Direito, o sistema jurídico e o Estado serão convertidos em instrumentos de reafirmação desta forma de ser, podendo elaborar, executar, julgar e punir de acordo com os interesses da classe dominante.

É importante, já agora, perceber que quando a classe dominante determina o valor dos tipos de trabalho social – trabalho intelectual maior valor que trabalho manual – já está visando que seus privilégios e *status*, no caso da sociedade burguesa, a obtenção da maximização do capital, sejam conseguidos. No caso da sociedade burguesa, ao longo do seu desenvolvimento produtivo, elegem-se alguns trabalhadores como designatários e assim lhes é conferida uma exploração da força de trabalho algo diferente dos trabalhadores que executam funções mais operacionais. É importante perceber que este jogo da classe dominante consegue não só cooptar trabalhadores, mas, também, estender a questão dos valores diferenciados para toda a sociedade. Qual a importância disto? Além de preservar o sentido de que existem trabalhos sociais mais importantes que outros, assim como indivíduos que executam trabalhos mais importantes do que outros, e por isso o valor que percebem por esse trabalho socialmente útil deve ser remunerado de forma diferente, evidentemente que isso necessita de um sistema jurídico geral que formule uma legalidade que preserve a desigualdade que já é estrutural no seio da sociedade. Desta forma, em uma filosofia dogmatizada que parece ser do interesse geral, se esconde, pois, a essência das relações desiguais de produção e distribuição de riqueza socialmente produzida. Para que um Direito burguês? Para que todos se sintam protegidos igualmente na desigualdade! E, assim, para que a efetiva dominação e exploração de classes permaneçam "naturais" e sejam protegidas pelo

Estado como algo essencial à ordem e ao progresso. No fundo, só uma minoria se faz mais presente de forma efetiva na relação com esse Direito e esse Estado: a classe dominante e seus prepostos! Como é a vida material que determina a consciência dos indivíduos, toda a possibilidade material de uma qualidade de vida melhor já é suficiente para que a consciência como assalariado se esvaia como num passe de mágica (a consciência permanece *em si* e não *para si*).

Por isso, o marxismo jurídico vai ver sempre nas formas fenomênicas do Estado a consolidação de uma desigualdade engendrada a partir das relações sociais de produção onde a determinação de valores do trabalho, a partir de sua divisão social, levará repetidamente a lei e o Direito a perpetuarem as formas de dominação e exploração da força de trabalho humano. Esta desigualdade já está posta nas formas de produção e nas relações sociais correspondentes ao modo capitalista de produção. O Direito, como Superestrutura, não pode, em princípio, revoltar-se e revolucionar esta realidade e este caráter mercantil do valor trabalho e da dominação de classes oriunda dele. De certa forma, pode-se dizer que o Direito, em si mesmo, não é o culpado pela desigualdade e pela injustiça social que tais mecanismos estruturais fabricam incessantemente. Igualmente, pode-se dizer que o Direito e o sistema jurídico como um todo, não têm mecanismos, na sociedade burguesa, que por si só possam reverter esta situação de subordinação à dinâmica do capital enquanto modo de produção genuíno determinado historicamente. Se o Direito, o ordenamento jurídico, o aparelho judicial e o sistema penitenciário aparecem injustos, ineficazes e ineficientes, se a violência social de um lado, e a truculência do Estado do outro, só fazem crescer nas sociedades modernas, a origem tem de ser buscada nas condições de origem desse Direito e desse Estado. Se, por vezes, não se consegue entender o recrudescimento deste "caos" no âmbito da legalidade e justiça, é porque não se entende essa origem!

Finalmente, o marxismo jurídico pretende enfrentar a questão mais crucial no sistema jurídico burguês: todos os mecanismos de defesa das relações de propriedade e assalariamento. Como se viu, a essência da lógica do sistema capitalista é a reprodução e acumulação de capital nas mãos da classe burguesa. Esta reprodução e acumulação privada da riqueza social só podem ser efetuadas segundo relações de produção bastante específicas, quais sejam as que exploram a força de trabalho do trabalhador e sua capacidade de gerar mais valor. A esse processo de exploração da força de trabalho corresponde, de um lado, a possibilidade de transformá-la em mercadoria e como tal pagar por ela, em forma de salário, um valor mínimo, suficiente apenas para a sobrevivência do trabalhador, e, de outro lado, a condição absolutamente especial de que todo o excedente de produção já com o mais valor cristalizado em cada mercadoria, pertença ao capitalista, expropriação possibilitada por uma divisão social do trabalho onde a classe burguesa detém como dominação política a propriedade privada dos meios e formas de produção. A condição necessária a esta dominação que expropria e transforma em propriedade privada os meios e formas de produção, e, assim sendo, lhes outorga a propriedade dos bens e serviços produzidos, é o domínio das formas jurídicas que, emanadas desta relação de expropriação, são criadas como aparelho legal de Estado. Da mesma forma, os mecanismos de consolidação das relações de trabalho, onde a *mais-valia* reproduz o capital nas mãos do capitalista, encontram respaldo legal no amparo de um ordenamento e sistema jurídico criado e recriado permanentemente para consolidar e preservar estas relações de desigualdade.

9.2 | SOCIALISMO E FORMA JURÍDICA

Para o Materialismo Histórico Dialético, a sociedade é sempre uma determinação histórica, vale dizer, em incessante estágio de transformação evolutiva. Marx afirmou:

> (...) Ao chegar a uma determinada fase de desenvolvimento, as forças produtivas materiais da sociedade se chocam com as relações de produção existentes, ou, o que não é senão a sua expressão jurídica, com as relações de propriedade dentro das quais se desenvolveram até ali. De formas de desenvolvimento das forças produtivas, estas relações se convertem

> em obstáculos a elas. E se abre, assim, uma época de revolução social. Ao mudar a base econômica, revoluciona-se, mais ou menos rapidamente, toda a imensa superestrutura erigida sobre ela... As forças produtivas, porém, que se desenvolvem no seio da sociedade burguesa criam, ao mesmo tempo, as condições materiais para a solução desse antagonismo. Com esta formação social se encerra, portanto, a pré-história da sociedade humana (Marx. Prefácio à *Contribuição à crítica da economia política*, [1859], 1980:301-302).

Portanto, da mesma forma que ao modo feudal de produção sucedeu-se o modo capitalista de produção, as contradições inerentes à produção burguesa levarão a uma inconformidade ontológica entre a organização das forças produtivas e suas relações sócio-estruturais e a superestrutura jurídico-política determinada. De sustentáculo de determinadas relações sociais dominantes, todo o aparelho legal e político se constituirá em um entrave ao desenvolvimento de novas formas e meios de produção e a uma nova organização social.

Por todo o lado, atualmente, em âmbito mundial, pode-se ver como as estruturas jurídico-políticas do Estado capitalista têm dificuldades em assegurar a convivência pacífica e o desenvolvimento harmonioso do engenho e das potencialidades humanas. Do ponto de vista do capital internacional globalizado e do Neoliberalismo – seu correspondente como filosofia de gestão da coisa pública por parte do Estado – os problemas do capitalismo original só têm se agigantado: a desigualdade, a injustiça social, a concentração de renda, a exploração da força de trabalho humana, a pobreza, a corrupção e a ineficiência do Estado.

Para o Materialismo Histórico Dialético, o socialismo, como etapa de transição do capitalismo para o comunismo, pode, em tese, surgir de um conflito como este, no limite ou esgotamento das formas superestruturais em desconformidade com a nova organização da produção e as novas relações que daí deriva e se estendem para todo corpo social. Tem-se a tendência a acreditar que a transição para uma nova organização social só se fará por uma revolução, ou seja, pela tomada "violenta" do aparelho de Estado. Esta forma pode ser uma realidade em momentos históricos determinados, mas não é, no Materialismo Histórico Dialético, um dogma. Acontece que, evidentemente, a classe dominante sempre levará às últimas conseqüências a perda de seu poder e de seu *status* e, portanto, defenderá com "ardor" o modo de produção que lhe concretiza a hegemonia como classe. O que Marx entendia, é que contra o poder da classe burguesa só uma revolução da classe trabalhadora poderia dominar o aparelho de Estado, e a partir desse poder conquistado, fazer acontecer as mudanças de uma nova organização socioprodutiva e a sua correspondente jurídico-política. Marx nunca subestimou – como muitas vezes acontece e aconteceu no plano teórico e prático – a validade da filosofia e a capacidade da classe dominante de reformular a seu contento, ainda que de forma cada vez mais incoerente e contraditória, e para seu benefício, as formas de organização do trabalho e as formas jurídicas correspondentes. Mas ele não podia imaginar que a ditadura do proletariado seria tomada de assalto por uma elite de burocratas técnico-administrativos. Este grupo no poder comporta-se exatamente como uma classe dominante, muitas vezes pior do que a classe burguesa. O que vale na teoria para uns vale para outros!

Para se entender as possibilidades e o papel do Direito na construção de uma sociedade que supere as atuais contradições e desmandos dos Estados e seus sistemas jurídicos, precisa-se entender como Marx imaginou uma forma nova de transição socioprodutiva e política: o socialismo científico. O "cogito" marxista, neste contexto, encontra-se melhor delineado da seguinte forma:

> No seio de uma sociedade coletivista, baseada na propriedade comum dos meios de produção, os produtores não trocam seus produtos; o trabalho invertido nos produtos não se apresenta aqui, tampouco, *como valor* destes produtos, como uma qualidade material, por eles possuída, pois aqui, em oposição ao que sucede na sociedade capitalista, os trabalhos individuais já não constituem parte integrante do trabalho comum através de um rodeio, mas diretamente... Por isso, o

> *direito igual* continua sendo aqui, em princípio, o direito burguês, ainda que agora o princípio e a prática já não estejam mais em conflito... Se as condições materiais de produção fossem propriedade coletiva dos próprios operários, isto determinaria, por si só, uma distribuição dos meios de consumo diferente da atual (Marx. *Crítica ao programa de Gotha*, [1875], 1980:213-214).

Seja qual for a forma com que o socialismo se consolida como alternativa transitória ao capitalismo genuíno, e de forma geral, pela força, engenhosidade e recursos que a classe burguesa coloca em seu projeto de sociedade, este socialismo, por força revolucionária das massas injustiçadas e excluídas, deveria voltar a organização produtiva para o controle dos trabalhadores, acabando com a mercantilização da força de trabalho, o que implica, claro está, na eliminação de todas as categorizações próprias da divisão do trabalho na produção capitalista, entre trabalho manual e trabalho intelectual, principalmente a relação de *mais-valia*. Isto significa que não basta ao Estado socialista acabar com a propriedade privada dos meios e formas de produção, porque, mesmo que a produção seja de propriedade do Estado e seja tecnicamente planejada por ele, se houver o distanciamento das massas em relação à gestão da produção, apenas se transfere de dono o poder produtivo. E é aqui, como se disse, que a *práxis* da vida perde a dimensão dialética, na medida em que as massas que revolucionam o Estado não tomam para si o poder da Estrutura produtiva, e, portanto, num segundo momento, quando, exatamente, esse Estado deveria colocar o Direito e todo o sistema jurídico a favor dessas massas, nada mais faz do que colocá-los a serviço da nova classe dominante, a burocracia do Estado de planejamento central. Isto quer dizer que as classes se "metamorfosearam", mas não se extinguiram em sua relação de dominação e exploração; vale dizer, portanto, que a concepção de valor se perpetua entre outros agentes – técnicos estatais e seus prepostos de um lado, e todos os outros cidadãos de outro. Em resumo: acabar com a propriedade privada é o início da revolução, mas não é sinônimo do fim da dominação de classe, pois o poder de organizar o mercado produtivamente em seu ciclo virtuoso de relacionamentos sociais não foi destinado às massas trabalhadoras.

Por isso, à luz do próprio marxismo, o socialismo real não passou, até nossos dias, de um capitalismo de Estado, onde a mercantilização da força de trabalho ou a desigualdade de valores atribuídos aos vários trabalhos sociais, inclusive a dinâmica da *mais-valia*, permaneceu, só que agora não atribuídos pela classe burguesa e pelos capitalistas, mas pelos técnicos burocratas gestores do mercado planificado. Planificação e gestão centralizada da economia de uma sociedade não significam o fim da dominação de classes nem a plena democratização do Estado. Exemplo de que os Estados ditos socialistas foram e são capitalismos de Estado é o fato de sempre oprimirem brutalmente as massas como forma de as impedir de formular elas mesmas as políticas de organização e gestão da produção e distribuição da riqueza social.

Viu-se anteriormente que o capitalista naquele modo de produção original destinguia os valores do trabalho como forma de *cooptar* parte dos trabalhadores e consolidar juridicamente a desigualdade de valores e a manutenção da exploração de força de trabalho pela *mais-valia*. O socialismo deveria acabar com essa desigualdade, ou seja, de que funções determinadas sejam mais importantes e melhor remuneradas do que outras. Como isto não acontece, na verdade o fundamento mercantil capitalista burguês permanece, e assim toda a superestrutura jurídico-política que sustenta essa desigualdade, e, portanto, a dominação e exploração do homem sobre o homem, o fundamento da *mais-valia*, lá, do capitalista sobre o trabalhador, aqui, do burocrata estatal sobre o cidadão de forma geral. É como se o direito burguês existisse sem a classe burguesa, nas mãos das novas elites tecnocratas.

Em uma visão hipotética, no entanto, como defendido por Gramsci/Bordiga em seus conselhos de fábrica[39], se as massas trabalhadoras

39 Antonio Gramsci e Amadeo Bordiga, *Conselhos de fábrica*, São Paulo: Brasiliense, 1982. Os autores distinguem "Conselho de fábrica", que é a participação efetiva dos operários na organização e coordenação da produção, de "Comissão de fábrica", que têm seu poder limitado pelo capital e que, normalmente, são formados apenas para

tomam para si a tarefa de organizar a produção, reformam a distinção entre valores da força trabalho, e acabam não apenas com as classes, mas com a exploração da força de trabalho pela *mais-valia*. Aqui, não é mais o aspecto burocrático técnico-administrativo que marca a sociedade de transição, mas a participação na gestão e formulação de políticas e sistemas para a produção dos bens e serviços necessários à existência humana. Agora o Direito poderia descer permanente e eficientemente, pela *dialética praxiana*, à base que formula concretamente toda a Superestrutura jurídica, a formulação de leis, o controle social sobre o cidadão, o julgamento e as formas de punição. É nesta aproximação incessante que o Direito se democratiza e que o Estado lentamente passa de um Estado de direito burguês para um Estado de controle de massas, um Estado comunista. O direito burguês poderia sobreviver sob os cuidados das massas, até a sua superação, quando a transição socialista, de forma científica e controlada pelas massas, não só controlaria de forma planificada a produção e distribuição de riqueza social, mas, sobretudo, deveria eliminar a existência do Estado como órgão que historicamente tende a consolidar as formas de exploração da força de trabalho humana e a sustentação da desigualdade em todos os aspectos práticos da humanidade.

9.3 | MATERIALISMO DIALÉTICO E DIREITO HISTÓRICO

Viu-se como todo o arcabouço teórico marxista parte de Estrutura social, o modo produtivo, o estágio de desenvolvimento das forças produtivas e suas relações sociais de produção. Só então, a partir da sobredeterminação que a filosofia da classe dominante elabora, chega-se à Superestrutura social: lei, Direito e Estado. E, desta forma, a determinação jurídica do Materialismo Histórico Dialético é colocar o Direito e o aparelho jurídico-estatal como conseqüência das formas e meios de produção dos bens e serviços necessários à sobrevivência humana.

Seja qual for a teorização que se faça para a compreensão de uma sociedade real, como as sociedades que vigoram sob a égide do capital,

---

maximizar a produtividade em benefício do próprio capitalista e reprodução das condições de mais-valia.

seja para a hipótese de uma sociedade socialista em transição, no âmbito do Materialismo Histórico Dialético, o Direito se apresenta sempre como uma ciência indutiva, ascendente e preocupada em efetuar uma leitura o mais real dos reclames sociais. A concepção marxista aproxima o Direito da sua base social na medida em que procura capturar de forma incessante o particular da mutabilidade existencial dos homens na luta pela sobrevivência. Parte-se dos homens concretos e reais em suas relações de vida para, então, se pensar a lei e o Direito, que não são mais do que a expressão jurídica dessas formas concretas de interagirem na reprodução de sua existência. Portanto, indo do particular para o geral, o marxismo jurídico, por força de sua metodologia e filosofia, inventa o Direito e o Estado em sua forma jurídica e política a partir da realidade social, inversamente do que o positivismo jurídico executa, quando dedutivamente inventa a sociedade a partir desse Direito e desse Estado, estes, vistos como as formas superiores da existência humana. Todavia, a realidade da existência humana está nas formas de trabalho, na organização da produção e em suas implicações no relacionamento produtivo e social de forma geral, não em um Direito que a partir de categorias eminentemente teóricas inventa uma sociedade apenas para o bem-estar de uma parcela menor do corpo social.

O Direito Histórico, filosoficamente, se opõe ao Direito positivo nesse movimento ascendente – da Estrutura para a Superestrutura, da produção e organização social para o Direito e o Estado. No entanto, como já foi dito, este primeiro movimento não é suficiente para que o Direito e o Estado sejam mantidos vivos em relação ao dinamismo social. Todo o Direito que pressupõe a sociedade a partir de categorias gerais e procura controlar mais do que regular o corpo social, de forma ideológica, claro está, é um Direito que rapidamente se torna obsoleto e ineficiente. A eficiência do Direito, e, por conseguinte, a possibilidade de regulação social e inibição da desobediência civil prejudicial ao grupo, combate a violência e a violação de certos direitos e deveres fundamentais, nos moldes em que isto seja efetivamente possível numa sociedade de classes, está minimamente circunscrito à aproximação desse direito da sociedade. Ora, se o Direito se afasta dessa base de forma positivista, e engendra as formas de regulação, controle e, fundamentalmente, as de punição, a partir de um aparelho ideológico de Estado, vale dizer, a partir daquilo que as elites consideram como sendo o melhor como projeto social para todos, evidentemente sobrepondo sempre seus interesses particulares acima dos da comunidade, só pode, esse Direito ou esse Estado, manter-se através da arbitrariedade e truculência, passando muitas vezes por cima dos direitos civis e políticos que apregoa, ou mesmo que revolucionariamente apregoou.

Nestes casos o Direito não emana da sociedade e, portanto, perde sua legitimidade. Um Direito que perde a legitimidade das massas, que se afasta delas e engendra sua existência sem sua participação, só pode cair, mais tarde ou mais cedo, em descrédito. O descrédito nas instituições jurídicas é o descrédito na justiça, na eqüidistância e eqüidade, na proteção que esse aparelho jurídico e o Estado deveriam prestar, até em nome do contrato social que transfere à máquina estatal a soberania popular para em seu nome ter o poder de proteger a todos os cidadãos – isto é tão verdade para Estados capitalistas como para capitalismos de Estado. Como isto não acontece, e os problemas sociais da criminalidade e violência generalizados só fazem demonstrar a falência do Estado e do Direito, cada cidadão e as massas de forma geral passam a se considerar no direito de resgatar essa soberania fazendo justiça pelas próprias mãos, ao que o Direito e o Estado costumam, salvo raras exceções, responder com mais leis e mais otimização do aparelho repressivo-punitivo. Nessa espiral a violência de uns e outros só faz aumentar e a soberania e liberdade de todos só faz diminuir!

É este o aspecto mais importante que o marxismo jurídico empresta à discussão na procura de um Direito mais eficiente e mais efetivo, tanto quanto possível, nas sociedades contemporâneas. Na sua dialética, quer dizer, pelo seu movimento secundário, o Direito deve ser construído a partir de suas bases sociais, não podendo deixar de ser incessante e incansável na procura dessas mesmas bases, sob pena de se transformar em um Direito obsoleto e inócuo no seu papel de auxílio à regulação social, naquilo que a cada momento histórico determinado o grupo social, e só este, disser o que deve ser considerado crime e em que termos se deve julgar e punir. As possibilidades de um Direito menos repressivo e uma justiça menos restitutiva, que vá muito além da ideologia das classes dominantes e das elites de todos os tipos de sociedade e modos de produção, está na razão direta da capacidade de os homens colocarem o Direito como subordinado ao dinamismo real da maioria da sociedade, esforçando-se por ultrapassar os limites unicamente da questão valor, e procurar essencialmente o que é importante ao grupo e quais as causas no grupo que criam o que considera o grupo indesejável puramente do ponto de vista da convivência harmônica da sociedade, a buscar, portanto, formas alternativas de julgar e punir e a levar sempre em consideração como valor maior o direito à emancipação material e intelectual de cada indivíduo.

O Direito Histórico, em contraposição ao Direito Positivo, não vê o progresso como conseqüência da ordem e sim o contrário, e, portanto, não pode deixar de agir denunciando e auxiliando no resgate da qualidade humana e todo seu potencial, independente de qualquer outra determinação, econômica, política, racial, sexual, religiosa, cultural etc. O Direito Histórico, mais do que punir o infrator e pagar a vítima – aqui o caráter restitutivo – procurará, a par disso, compreender a essência sociopolítica do problema, suas circunstâncias e determinações, e, a partir daí, criar condições para que a reincidência seja restringida drasticamente – aqui o caráter restaurativo. No limite, um Direito que tenha esta visão mais abrangente, que queira ser dinâmico e não perder completamente a sua utilidade e conseqüente legitimidade; que queira atender às massas e aos que mais dele necessitam, precisa refletir sobre as determinações que o capital privado ou de Estado, capitalistas e burocratas, elites e privilegiados lhe impõem, e permanecer no movimento inexorável de consulta às massas inseridas que estão em sua luta real pela sobrevivência. No limite, este movimento de aproximação poderá, pelo menos à luz da teoria, aproximar tanto as massas cidadãs do Direito e do Estado que a necessidade de ambos, pelo menos nos moldes em que entendemos o Direito e o Estado hoje, sejam completamente revolucionadas.

Controle externo do judiciário

Um Direito que assume as prerrogativas de Estado Imperial precisa de um poder externo capaz de lhe refrear os anseios por sua divinização. Um sistema jurídico onde a legalidade não é capaz de conter a corrupção em seu próprio seio, até em função dessa divinização, precisa de um acompanhamento mais célere e exógeno a suas instituições. Um judiciário que se movimenta quase exclusivamente pelas e nas entranhas do poder, precisa de uma reforma que tenha "cheiro" de povo. Um país que de forma recorrente vê, apenas na maximização do ordenamento jurídico, a possibilidade de solucionar seus problemas sociais, que vê exclusivamente na força de polícia a forma de assegurar a harmonia social, precisa chamar a cidadania a, igualmente, participar responsavelmente na elaboração de um projeto abrangente de recuperação da legitimidade do sistema jurídico, da lei à punição.

EXERCÍCIOS

1. Explique o que seria o controle externo do judiciário e qual sua opinião a respeito.
2. A partir do conteúdo deste capítulo, estabeleça um paralelo entre a necessidade do controle externo do judiciário e a democratização do Direito.
3. Explique a diferença entre o "primeiro momento" e o "segundo momento" a que se refere o capítulo e como a dialética é importante na democratização do Direito.
4. Qual a sua opinião sobre o texto acima? Qual a relação entre controle externo do judiciário e a responsabilidade dos cidadãos em relação ao sistema judiciário?
5. Pesquise formas de controle externo do judiciário existentes em outros países e comente sua aplicabilidade no Brasil.

10

Controle social e microfísica do poder

Em uma sociedade dada, a sociabilização e as estratégias de sobrevivência coletiva e individual são permeadas, e em grande parte determinadas, pelas Instituições de Controle Social (ICS). As grandes ICS são a Família, o Estado, a Escola e a Igreja. Se, por um lado, estes espaços sociais têm capacidade para criar idéias e visões de mundo e as instrumentar entre os agentes sociais, por outro lado se intercomunicam e relacionam de forma a tecer um imbricado mecanismo de organização técnico-científica e ideológica que abranja toda a sociedade. Com alguma autonomia individual, tais espaços atuam em bloco e assim determinam as formas e os meios de sociabilização geral.[40]

Nas sociedades complexas modernas, o Estado assume no bloco de sociabilização a centralidade enquanto instituição de controle social, como um "grande aparelho" técnico-ideológico capaz de orientar e preferencialmente coagir pessoas e organismos em relação a suas políticas e sua ideologia. Assim o faz de forma direta, sobremaneira através de organismos e instituições próprias, tais como o Exército e a Polícia, o sistema Judiciário e Penal, os Órgãos e Autarquias de administração

40 A tese é originalmente defendida por Pierre Bourdieu. Para melhor compreensão, ver Patrice Bonnewitz, *Primeiras lições sobre a sociologia de P. Bourdieu*, Petrópolis: Vozes, 2003.

pública (Ministérios, Secretarias, Escritórios, Órgãos, Agências Reguladoras, Empresas Estatais e demais prestadoras de serviços essenciais públicos – inclusive os terceirizados). E pela sua interpenetração nas demais ICS, estende determinantemente seu poder técnico-ideológico onde não pode ou não lhe interessa estar presente de forma direta, como nas instituições e organismos de caráter privado. Portanto, o Estado constitui um aparelho maior, um sistema capaz de sobredeterminar as visões de organização técnico-valorativas da sociedade. Isto, evidentemente, não quer dizer que também as demais ICS não exerçam alguma determinação sobre o Estado, apenas não na mesma intensidade e não tão facilmente.

10.1 | APARELHOS IDEOLÓGICOS E REPRESSIVOS DE ESTADO

Em uma sociedade de classes moderna, este papel central do Estado, enquanto reprodutor do *modus vivendis* social através de seu controle sobre as demais ICS, se organiza de forma a realizar e reproduzir a ideologia e ciência, em todos os níveis e nas mais diversas especialidades que interessam à consolidação das vantagens materiais e intelectuais das classes dominantes. Assim, mesmo a Família, bem como a Igreja e primordialmente a Escola, acabam por adotar, de alguma forma e em determinado grau, essa visão de organização técnico-valorativa, cientificamente, o que possibilita a universalização da ideologia dominante. Por outro lado e ao mesmo tempo, à medida que o grau (intensidade) e o gênero (forma de atuação) de coercitividade variam em cada ICS e em cada órgão e subórgão de gestão social, podemos distinguir dois grandes tipos de ICS: aquilo a que Althusser chamou de Aparelhos Ideológicos de Estado (AIE) e Aparelhos Repressivos de Estado (ARE)[41]. Os AIE primam por exercer sua coercitividade através do pensamento, da inteligência, da racionalidade valorativa, da moral e ética, da ideologia. Os ARE exercem, sobretudo, sua coercitividade através da hostilidade e

41 Louis Althusser, *Aparelhos Ideológicos de Estado*, Rio de Janeiro: Graal,1982.

violência. Em termos weberianos, dir-se-ia que os AIE exercem "coação jurídica"[42] e que os ARE exercem "coação física". Assim podemos dizer que a Família, a Escola e a Igreja acabam recebendo influências do Estado transformando-se de certa forma em AIE. Já a Polícia e o Exército, ao contrário, são ARE. O sistema Judiciário e Penal acumula duplamente as duas funções, tanto como AIE como ARE. E assim sucessivamente, todos os órgãos, empresas e instituições públicas ou privadas acabam por exercer em graus e gêneros determinados sua coercitividade, ora mais como AIE, ora como ARE, ora misturando as duas funções.

No entanto, é contemporaneamente defensável a idéia menos estruturalista (marxista) que as Instituições de Controle Social (ICS) como a Família, a Igreja e mesmo a Escola, gozem de uma "subjetividade" e "informalidade" capazes de contrapor ao Estado, com autonomia e liberdade, certos valores (contravalores, reivindicações, anomias e recusas), importantes, ainda que em momentos e específicos graus variados. Nas formações pré-capitalistas, por exemplo, a Família e a Igreja exerciam papel central e preponderante sobre as estratégias de sociabilização e sobrevivência dos indivíduos em grupo. Neste período, ainda que Aparelhos Ideológicos de Estado (AIE), como a Escola, e Aparelhos Repressivos de Estado (ARE), como a lei e a polícia pudessem exercer seu papel coercitivo-ideológico, o foco era passar à família e à sociedade valores e visões de mundo para que estas exercessem por si mesmas o papel de educar e determinar a repartição do poder instrumental (trabalho manual em oposição ao trabalho intelectual) e político (monarcas e fidalgos, latifundiários, elites religiosas e jurídicas, de um lado, artesãos e pequenos burgueses, plebeus e aprendizes de ofícios, de outro). Como exemplo deste conservadorismo ético-valorativo, que tem suas raízes em uma estrutura produtiva técnico-científica em mutação (do feudalismo para o capitalismo), pode-se citar a punição absolutamente severa que a própria família impunha a seus membros como a expulsão de casa dos filhos

42 "Jurídica" na medida em que efetivamente aqui a legalidade suporta as formas ideológicas valorativas.

pelos pais caso "caíssem em desgraça" ou "afrontassem" a autoridade de seus pais (principalmente o pai – patriarcado); com relação à sociedade de forma geral deve-se lembrar, por exemplo, como bem o fez Foucault[43], a prática de que o julgamento e a punição, muitas vezes a pena de morte por enforcamento, são efetuados em praça pública, portanto com a anuência e participação geral da comunidade.

Com o advento e consolidação do projeto liberal burguês e de sua agenda de interesses, a partir da Revolução Francesa e Industrial no final do século XVIII, rapidamente o Estado assume grande parte deste processo educacional e coercitivo, forjando-se então os AIE como forma primordial de estabelecer os parâmetros instrumentais (principalmente a Escola, conforme a tese de Althusser e Bourdier[44]), morais e políticos da nova sociedade de classes, a sociedade burguesa. Sem dúvida, os AIE destroem em grande parte e com intensidade as formas mais subjetivas e informais das outras ICS (família e igreja), adotando em seu lugar a "objetividade" e a "formalidade" como características preponderantes de seu atuar ideológico. Mas não puderam dominar de forma absoluta, colocar sob seu irrestrito domínio todas as relações familiares, nucleares, e menos ainda todas as intersubjetividades no plano macro dos espaços e campos de atuação das comunidades. Assim, vêem-se hoje ressurgir mais e mais formas de conduta alternativas e mesmo contestatórias da hegemonia estatal nas sociedades de classes. Então, ainda que seja forçoso admitir o poder e penetração do Estado como instrumento ideológico da classe dominante e como reprodutor por excelência da agenda de interesses dessa classe, em um modo de produção permeado por desigualdades estruturais, ainda assim outras ICS puderam preservar algo de sua autonomia e ressuscitar em certo grau liberdades que, de um lado, tendem ao aumento de anomia social e contestação ao poder assim sacralizado (violência, contracultura), e de outro, abrem fronteiras novas para ocupação mais consciente do espaço público como resistência e propostas *ad hoc* de sociabilização

43 Michel Foucault, *Vigiar e punir*, 25. ed. Petrópolis: Vozes, 2002.
44 Pierre Bourdier, *Entrevista a Maria Andréa Loyola*, Rio de Janeiro: UERJ, 2002.

e sobrevivência, em meio mesmo às sobredeterminações do Estado e de seus AIE e ARE (ecologia, responsabilidade dos pais pela educação dos filhos)[45].

O que se disse pode ser resumido da seguinte forma:

1. A realização da vida comunitária, a existência dos indivíduos em sociedade, passa necessariamente pela compreensão e aceitação de princípios e valores norteadores de associação como forma de sobrevivência, compreensão e aceitação, esta transmitida por entidades denominadas Instituições de Controle Social (ICS); portanto toda a ICS tem algum poder e o exerce de forma coercitiva (Família, Estado, Escola, Igreja).

2. Essas ICS atuam em bloco formando uma miríade de órgãos e subórgãos que tecem uma malha de inter-relacionamentos e interpenetrações capazes de formatar em todos os níveis da vida social condutas e comportamentos orientados por valores substancialmente comuns.

3. No centro desse bloco, nas sociedades complexas modernas, encontra-se o Estado como ICS soberana, que dita valores e regras de comportamento, que julga e pune ora diretamente através de suas autarquias e órgãos (Polícia, Exército, Judiciário, Empresas públicas, Ministérios, Secretarias, Órgãos de Assistência Social), ora através da penetração mais ou menos intensa em instituições privadas (Bancos e Fundos de Investimentos, Multinacionais e Transnacionais; grandes cadeias ligadas à distribuição – Atacadistas e Varejistas –; grandes empreendimentos de cultura – Cinema e Teatro; conglomerados ligados à informação – Jornais, Revistas, Televisão, Internet –; empresas de mídia, prestadoras de serviços essenciais – Telefonia e Telecomunicações, Eletricidade e Água, Saneamento e Lixo); isto não significa que as demais ICS não exerçam igualmente algum poder e determinação valorativa e científica sobre o Estado.

4. As ICS e seus subórgãos apresentam graus variáveis em intensidade e formalidade com que impõem sua coercitividade, da mesma forma que o Estado penetra nelas de forma diversa: de forma ma-

45 Ver Michel de Certeau, *A Invenção do Cotidiano*: Artes de fazer, 9. ed, v. 1, Petrópolis: Vozes, 2003.

cro, no entanto, destacam-se dois gêneros de atuação coercitiva, os Aparelhos Ideológicos de Estado (AIE) (Família, Escola, Igreja) e os Aparelhos Repressivos de Estado (ARE) (Polícia, Exército, Judiciário); assim, ainda que ideologias e repressão possam ser exercidas por ICS e subórgãos que não o Estado, devido à penetração soberana deste em sociedades complexas, industriais modernas, a predominância será do papel do Estado em ditar os valores e comportamentos desejáveis a uma determinada organização social.

5. Em sociedades de classes, o Estado sofre sobremaneira das determinações de dominação da classe dominante e das elites, formatando ideologicamente a moral e a ética geral mais pertinente ao domínio dessas elites, usando inclusive os ARE como forma de reprimir e punir manifestações contrárias à ideologia "oficial".

6. No entanto, ainda que as determinações econômicas e políticas conseqüentes das elites dominantes tenham intensidade e abrangência, devido ao aparelho estatal, a miríade de inter-relacionamentos e interconexões ao nível das ICS e seus subórgãos, criam bolsões de autonomia e liberdade capacitores em meio a estes espaços sociais projetados técnica e cientificamente para reproduzir a sociabilização oficial; assim, sempre proliferam o comportamento e a conduta, ora individual ora em grupo, menos oficial, menos determinada, menos esperada, menos positiva, menos regrada, menos desejada, mais ideologicamente desviante.

7. Por último, tanto a sobredeterminação estatal como a criação de lacunas nos espaços sociais são históricas, o que vale dizer que mudam, ou melhor, se constroem e destroem permanentemente devido à aproximação e consolidação de novos interesses nas formas de reprodução da vida social, criando e destruindo novas classes e novas elites, mudando tanto as estratégias de sobrevivência de dominantes como de dominados; por exemplo, num plano histórico próximo, a dualidade alicerce da sociedade pré-industrial, Família-Igreja, dá lugar ao binômio Família-Escola no auge da primeira e segunda revolução industrial, e está sendo substituído pelo par Escola-Pequena Comunidade nos dias atuais.

Eis os dois modelos de interação social:

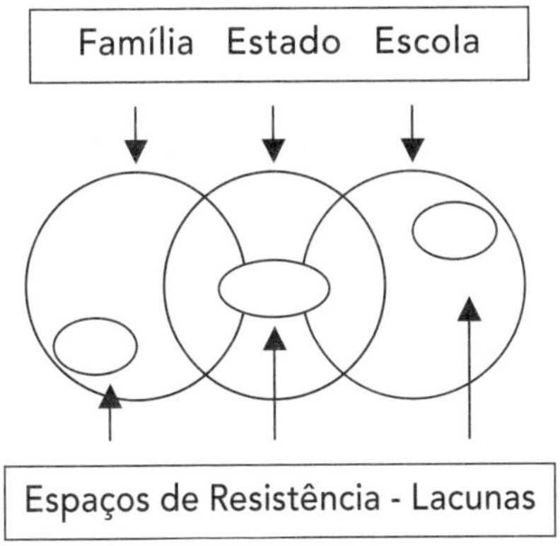

Fig 11.1 – **ICS: Interpenetração Espacial (Modelo de Bourdieu)**

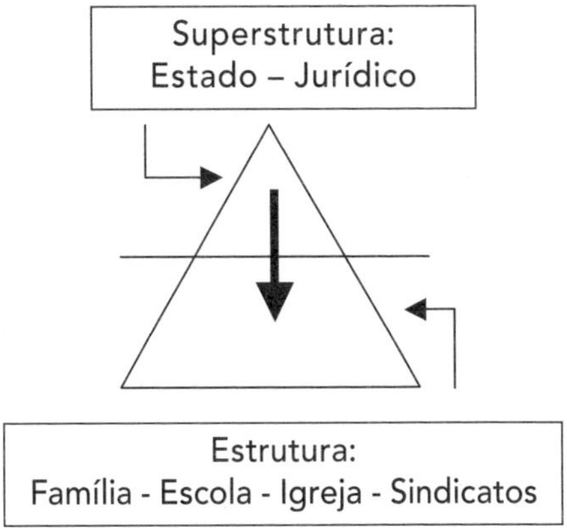

Fig 11.2 – **ICS: Determinação do Estado (Modelo de Althusser)**

10.2 | PODER E DOMÍNIO DO APARELHO ESTATAL

Outra observação é importante que se faça neste ínterim: o aparelho de Estado é constituído por diversos órgãos e instituições, como se viu. A hegemonia de uma classe dominante e/ou das elites dominantes se dá efetivamente quando o poder de Estado está em suas mãos, de tal monta que possam dominar o aparelho de Estado e, através de seus órgãos e instituições, realizarem ideologicamente seu projeto de governo e dominação. Teoricamente, nem sempre quem tem poder econômico – poder nas relações de produção-distribuição-consumo – faz a dominação do aparelho do Estado de forma eficiente e efetiva, o que levaria à possibilidade de que quem efetivamente domina o aparelho de Estado faça dele um instrumento de poder em um projeto próprio (em alguns momentos a oligarquia latifundiária brasileira conseguiu o domínio, de origem colonial, mesmo na república (república velha, antes de 1930), sobre o aparelho de Estado, ainda que o poder já estivesse na burguesia industrial e financeira), que pode desagradar tanto às elites dominantes como aos dominados. No entanto, a história demonstra que raramente perdura qualquer domínio sobre o aparelho de Estado se esse domínio não tiver relação direta com o projeto social que realize os interesses da classe dominante e das elites dominantes no processo e estratégias de sobrevivência (produção-distribuição-consumo) da sociedade.

Assim, a lacuna existente entre poder de Estado e domínio de seu aparelho, é, necessariamente, suprimida por revoluções que, em última instância, têm por finalidade unificar o poder na estrutura produtiva com o domínio do poder de Estado e o uso de seu aparelho, ideológico e repressivo. Ou em outras palavras: o objetivo das revoluções sociais é conquistar o poder de Estado e com ele usar o aparelho de Estado para determinar ideologicamente um projeto de existência social, e reprimir quem não o aceitar. Porém, quase nunca essa simetria se dá de forma imediata. É mais comum que quem toma posse do poder de Estado, mesmo em consonância com o poder econômico, leve algum tempo para dominar o aparelho de Estado. Muitas vezes nunca o toma para si de forma definitiva e eficiente. Ora, quanto maior a separação entre estas instâncias – poder econômico/político e poder no aparelho de Estado –, maior a fragilidade "oficial" em impor ideologia e comportamentos desejáveis, maior a dificuldade em impregnar todas as ICS e seus subórgãos de tecnicidade e cientificidade, ou unidimensionalidade requerida. Em uma sociedade democrática moderna as possibilidades de preencher de forma alternativa os espaços sociais e contestar o Estado são maiores, pois a relação entre aquelas instâncias de poder é mais elástica e mais permissiva, mesmo para uma situação óbvia de dominação econômica de classe. O contrário, o domínio absoluto do poder de Estado e de seu aparelho, oriundo de um poder exclusivo que advém de uma posição de domínio econômico, como única versão de poder, constrói um Estado autoritário[46], tanto mais quanto menos os indivíduos possam manifestar em seus respectivos campos e espaços sociais interesses outros que não completamente determinados pelo econômico (natureza, cultura, liberdade, religião, misticismo).

---

46 Veja-se o exemplo das agências reguladoras de serviços públicos (AR) que de forma autônoma controlam serviços outrora de responsabilidade do Estado. É interessante ver como em certos momentos quem governa procura diminuir essas prerrogativas dos AR como forma de ter poder sobre o aparelho de Estado.

Também é possível que nas sociedades democratas modernas um grupo chegue ao poder sem ter de fato poder econômico. Nestes casos o esforço para dominar o aparelho de estado é colossal e exige uma habilidade e inteligência excepcionais para perceber e usar a negociação como forma de governabilidade (afinal o que Nicolau Maquiavel no século XVI chamou de *virtù* e *fortuna*).

Além disso, existe ainda outro aspecto fundamental das sociedades industriais desenvolvidas contemporâneas: ao poder econômico nem sempre corresponde um interesse efetivo pelo poder político e, conseqüentemente, o aparelho de Estado fica para a compreensão e domínio de uma nova classe, os tecnocratas, a burocracia estatal. Houve e existem situações em que há incompetência em dominar o poder de Estado e seu aparelho, mas nas sociedades democráticas as pressões são maiores no sentido de evitar que uma classe ou mesmo um partido se instaure de forma absoluta no Estado. Daí, as lacunas nos espaços sociais e as possibilidades de reação ao poder de Estado e sua penetração absoluta em todas as instâncias e entidades de controle social. Daí, pois, a possibilidade de novas formas de resistência e formatação de estratégias de vida diferentes e o crescimento de valores e condutas cada vez mais difusas. De um lado a democracia, de outro a tendência forte à anomia.

10.3 | A MICROFÍSICA DO PODER DE FOUCAULT

Para entender-se melhor esta diversidade de papéis e atuações e a interpenetração de responsabilidades entre as ICS e os AIE, deve-se aprimorar a compreensão, pelo menos em parte, da miríade de teorias adjacentes a estes mecanismos de reprodução social do Estado. O modelo aqui apresentado foge tanto a uma visão meramente funcionalista, onde todas as ICS são apresentadas em grau de igualdade enquanto fundantes de determinada sociabilidade cultural, como se distancia da visão meramente estruturalista, onde todas as ICS viram aparelhos do Estado em sua formação ideológico-repressiva. Evidentemente que hoje como ontem, algumas ICS ora estão mais para aparelhos ideológicos (escola/direito), ora mais para aparelhos essencialmente repressivos (exército/polícia). Também é possível perceber como, na transmutação que as ICS absorvem da sociedade contemporânea, a dualidade ideologia-repressão acaba cedendo em algo para certa liberação de espaços e comportamentos alternativos a esta extrema coerção estatal (família/igreja em Estados laicos). Ao mesmo tempo, é preciso reconhecer que de forma absolutamente informal, mas não menos ideológica e repressiva, a sociedade se conforma à normatividade dada através da ação direta dos próprios indivíduos sobre seus concidadãos; é impossível negar que os próprios indivíduos, quando em comunidade, se esforçam por censurar e sancionar de forma mais ou menos repressiva comportamentos considerados nocivos. Claro que na visão estruturalista esta afirmação deverá ser rejeitada, pois essa mesma ação coercitiva da comunidade sobre seus membros sempre aparecerá como forma imanente do Estado, quer dizer, como reprodução do poder das classes dominantes. E no funcionalismo esta ação apenas serve para consolidar uma consciência coletiva determinada anteriormente e acima dos próprios indivíduos considerados isoladamente. No entanto, em um enfoque que una as duas visões, pode-se repensar esta dogmática, pelo fato de que também é nesta mesma comunidade que aparecem e se realizam cada vez mais fortemente e amiúde as estratégias mais possíveis de desobediência e contracultura.

Por exemplo, o trabalho de Michel Foucault[47] remete a uma perspectiva onde a disseminação do poder e a repressão que dele deriva não se dão de forma centralizada em grandes ICS, mas, ao contrário, se estendem até as fronteiras de instituições regionais e locais. Assim, não se trata apenas de distinguir e explicar o poder e sua violência de forma centralizada a partir do Estado, mesmo de uma perspectiva de dominação de classes, mas de ir além até onde a dominação e punição ultrapassam os limites do próprio direito e poderes centrais. Portanto, mais do que procurar as possibilidades de "resistência" nos interstícios das grandes ICS, e para além de classificá-las em AIE ou ARE, precisamos identificar as possibilidades de contradominação

47 Além da obra *Vigiar e punir*, ver Michel Foucault: *Microfísica do poder*, 16. ed., Rio de Janeiro: Graal, 2001.

nos "capilares" limítrofes do direito burguês e dos microorganismos que quase de maneira autônoma engendram formas particulares de poder e violência.

Quando Foucault estuda os hospitais psiquiátricos e os tratamentos levados a cabo por estes, é para identificar e explicar como muito além dos limites de um direito institucional, do próprio ordenamento jurídico estatal, comportamentos de vigilância e punição extrapolam essa legalidade. É como se nas instituições públicas e privadas os indivíduos sofressem de uma coercitividade criada a partir das particularidades de um poder que lhes é próprio, ou seja, um poder e violência que jorra dos próprios subórgãos e que efetivamente extrapola as ideologias e a própria repressão do Estado. Aparece nesta visão a autonomia de qualquer microorganização em estabelecer regras de comportamento imanentes de seu próprio poder, portanto a capacidade de inventar e praticar sua própria ideologia e repressão. O poder nasce ali, está ali e ali se realiza, não raro a expensas da própria ideologia e repressão do Estado e da dominação da classe burguesa. Quem estuda a genealogia do tratamento psiquiátrico pode facilmente perceber como existe uma tendência a que certas práticas, ditas corretas no tratamento de doentes, vão além do admissível e do legal pela "sociedade externa"; a própria doença de forma geral sempre foi e ainda é enormemente usada como esfera autônoma possuidora de um conhecimento específico, e, a partir daí, a intromissão de outros poderes, como a própria legalidade do Estado, encontra dificuldades para se estabelecer de forma plena.

A "microfísica do poder" reafirma a tese de Michel de Certeau, conforme acima, não só do ponto de vista de uma sociedade composta por espaços interpenetrados e com responsabilidades próprias quanto a regras de existência e convivência interna, mas igualmente quanto, por isso mesmo, à necessidade de se procurar dentro destes mesmos espaços e dentro das lacunas de seus poderes e vigilâncias as possibilidades de micro-contestatação e micro-resistência, não apenas contra a dominação de classe e contra as ideologias e repressões do Estado, mas contra esses micro mecanismos de vigilância e punição.

Assim, pode-se afirmar que mesmo quando o Estado e seu aparelho jurídico sejam ineficientes e pouco efetivos nessa vigilância e punição, por exemplo, por causa de má formação e instrumentação de seus profissionais, perda de vitalidade e atualização do ordenamento processual jurídico, de predominância do poder econômico/político sobre a justiça e/ou mesmo de corrupção[48], a sociedade continuará a criar e recriar mecanismos de poder, dominação e punição a partir dos mais ínfimos organismos e instituições. Por isso, a tese liberal, por exemplo, de Ralf Dahrendorf[49], de que a violência na sociedade moderna até nossos dias carece do "medo da punição", vale dizer, que a impunidade é o grande fator realimentador da violência, não se mostra consistente para explicar essa violência, em princípio porque se os macroaparelhos ideológico-repressivos do Estado se mostram ineficientes na punição (mesmo aceitando esta tese como verdadeira), nas minúsculas instâncias organizacionais a sociedade reproduz e realimenta incessantemente o poder, a dominação, a exploração, a violência punitiva sobre os indivíduos. Ao mesmo tempo, vale lembrar o que Durkheim e Merton já haviam dito sobre a tendência à anomia nas sociedades industriais modernas: a repulsa a códigos sociais gerais (a fábrica tem seus próprios códigos e as operações são reguladas por códigos especializados), o incremento na interdependência produtiva (a extrema especialização cria a necessidade e autonomia do trabalhador), a promessa de conquistas sociais não alcançadas (como no caso das sociedades capitalistas), tudo isso também recrudesce o sentido de anomia.

Claro que não se pode descartar a impunidade como fator importante na tendência à anomia social, mas tem pesado historicamente sobre os indivíduos muito mais o peso do binômio "direito repressivo-justiça restitutiva" – a vítima e a sociedade vitimada como foco (funcionalidade do crime e do criminoso, restituir os bens e a dignidade dos agredidos, vingança), do que "direito restitutivo-justiça restaurativa"

48 Pedro Scuro Neto, *Manual de sociologia geral e jurídica*, 3. ed., São Paulo: Saraiva, 1999.

49 Ralf Dahrendorf, *A lei e a ordem*, Brasília: Instituto Tancredo Neves, 1987.

– as causas do crime e o criminoso como foco (identificação das causas dos delitos, prevenção, esgotamento das possibilidades de reinserção social da vítima e do criminoso). Mesmo diante de uma relativa indolência, apatia, letargia, conivência, ou diante de uma relativa ineficiência, burocracia, morosidade, corrupção e mesmo impunidade, todas elas mais ou menos permeadas pela ideologia da classe dominante, que joga com tais fatores conforme seus interesses "caso-a-caso", o fato histórico é que o poder e a violência punitiva do Estado e da justiça sempre recaiam mais fortemente sobre os mais fracos, os mais pobres e excluídos socialmente. Claro que o liberalismo de Dahrendorf não nos possibilita afirmar que sua tese de impunidade não se trata de uma crítica que recaia sobre todas as classes sociais, pelo contrário, talvez a crítica maior seja exatamente porque a justiça é mais "amena" em relação a quem tem mais poder. Claro que se o peso da violência do Estado se faz sentir mais sobre os pobres do que sobre os ricos, evidentemente que o sistema jurídico-judiciário será sentido pela esmagadora maioria da população como elitista e a noção de justiça como fenômeno de eqüidade se esfacelará, realimentando a violência sob o manto da "justiça por conta própria". Simplesmente, a premissa da impunidade não é historicamente o fator determinante para a justificativa da violência moderna, pois seja no caso do Estado e das grandes ICS, seja com relação ao poder das pequenas instituições, o fato é que a história da humanidade é a história da violência e punição.

Muitas vezes esta violência pode assumir formas aparentemente mais "civilizadas", mas a vigilância e a punição sempre têm causas bem fundadas para sua manifestação social. A cada período histórico determinado, a relação entre legalidade do poder e legalidade em sua violência adquire matizes diferenciados, bem como a relação entre poder e violência estatal e poder e violência infligidos de forma micro pelos diversos órgãos, subórgãos e organismos sociais. Por exemplo, se a pena de morte, a punição sumária, já não é a forma predominante de punição, se o corpo já não é o palco do suplício, até mesmo se sua pura e simples extinção já não predomina como forma de punição legal, deve-se menos a qualquer tipo de espírito civilizatório, do que a necessidades bem concretas de produção e consumo na sociedade burguesa (mão-de-obra para produzir riqueza e consumir).

Igualmente, pode-se supor que a relativa autonomia com que organismos sociais criam e exercem poder e violência especializada, e muitas vezes para além da própria legalidade estatal, compõem um acordo tácito a partir do reconhecimento da impossibilidade de o Estado estender sua vigilância e punição a espaços do social onde, sobretudo, não possuiu especificações próprias sobre tais conhecimentos especializados. Isto, no entanto, não significa que esses subórgãos e organismos estejam completamente desvinculados do poder oficial, pelo contrário, é mais a vigilância e punição oficial estendida do Estado moderno, notadamente o burguês. O próprio poder e violência extrajurídica podem, neste sentido, ser percebidos como um arranjo conveniente entre o Estado e demais instituições e organizações sociais, que ao final acabam executando o mesmo papel de aparelhos ideológicos e repressivos. Daí a importância de que os indivíduos em cada microaparelho que exerça essa vigilância e violência, em cada situação específica e em cada espaço especializado, exerçam seu poder de pressão e resistência através de uma ética desobediente, tanto quanto for necessário defender o direito à individualidade e liberdade, e à capacidade de estabelecer um Direito intersubjetivo, humano, em contraposição ao poder e violência dogmática do Direito como sustentação da dominação do Estado e seus prepostos oficiais e oficiosos.

Viu-se como na evolução histórica recente das sociedades que se industrializaram fortemente, o binômio de controle social passou, no pré-capitalismo, de família-igreja, para família-escola, no capitalismo. Será que hoje, em um período que para muitos autores é denominado de pós-modernismo, o binômio Escola/Jurídico não se apresenta como unidade mais predominante de controle social? A partir da segunda metade do século XX – com os movimentos pela conquista dos direitos civis, emancipação da mulher, igualdade dos negros, direitos internacionais com base em princípios da dignidade humana, o descortinamento da intenção imperialista de nações poderosas, mais recentemente a implantação do neoliberalismo, a expansão dos negócios globalizados e as fantásticas descobertas científicas e suas implementações no cotidiano (p. ex., nas áreas de informática, telecomunicações, biotecnologia, produção de energia alternativa ao petróleo), e ainda as discussões sobre controle de poluentes e preservação da biodiversidade global – novas relações sociais necessariamente haveriam de emergir. Novas relações sociais predominantes produzem, obviamente, novas correlações de poder e violência, ou se se quiser, novos arranjos de vigilância e punição. Nesse sentido, é fácil perceber como em pouco mais de trinta anos, a constituição da família e suas funções sócio-educativas se alteraram tão profundamente que dificilmente hoje se pode afirmar que esta instituição de controle social desempenhe com força seu papel como aparelho ideológico-repressivo – basta pensar que é bastante comum que a família entregue os cuidados e educação de uma criança, desde seu nascimento, a terceiros (a babá, a empregada doméstica, a creche, a escolinha), enquanto os pais trabalham, papel que outrora foi desempenhado no seio da instituição familiar pelos pais, mais propriamente, pela mãe. É inegável que estamos em muitos casos praticando uma nova divisão do trabalho social. Na verdade, grande parte dessas funções passou da família para a escola; logo, a vigilância e a punição se deslocam no mesmo sentido de exterioridade, para o sistema jurídico-penal. Daí, quiçá se possa distinguir o binômio Escola/Jurídico no pós-moderno em substituição ao correspondente família-escola da modernidade.

10.4 | PODER E NÃO-VIOLÊNCIA EM HANNAH ARENDT

Uma última consideração, no entanto, ainda é necessária: este capítulo tratou poder e violência quase como sinônimos; quando muito como uma unidade indissolúvel. No pensamento sócio-político e filosófico contemporâneo, uma voz se agiganta contra essa dualidade intrínseca: Hannah Arendt[50]. Para a autora alemã, nascida em Hannover em 1906 e morta em 1970 nos EUA, é possível existir poder sem violência, legitimado pela autoridade advinda da participação

50 Ver: *A condição humana*, 10. ed., 2004; *O sistema totalitário*, 1978; *Da violência*, 1985.

ampla, democrática e não violenta do espaço público pelos cidadãos – o Estado Democrático de Direito. O contrário seria um Estado despótico (fascismo, nazismo, totalitarismo), dominado pela violência e sustentado pelo terror que consegue impor aos indivíduos. Mas de onde pode vir tamanho arbítrio e violência? Desconcertadamente, diz-nos ela, da mesma participação ampla, até por mecanismos democráticos, dos cidadãos (Stalin é produto de uma revolução das massas populares; Hitler chega ao poder como Primeiro Ministro eleito pelo voto popular; Mao faz a revolução chinesa arregimentando contingentes imensos de adeptos entre as massas populares, principalmente jovens[51]). A diferença fundamental não é tanto como o poder é tomado por lideranças ou partidos, mas o que cada povo está disposto a fazer diante da mais pura e desumana violência e terror do Estado. Se a participação for prepositiva, proativa, positiva, a possibilidade de se evitar os horrores da violência e arbítrio estatais está dada na ocupação política do espaço-público. Mas se essa ocupação se dá, a partir de determinado momento, de forma apática, reativa, negativa, deixará de existir o contrapeso necessário ao "poder pelo poder" do Estado, e, neste sentido, a própria legalidade, mesmo que ilegítima, só servirá para programar e justificar o terror e o totalitarismo.

Coerentemente, Arendt chega à conclusão de que, diante de situações de violência oficial, a não-violência como forma de resistência é a melhor arma contra a truculência e desrespeito estatal para com os indivíduos. Esta tese, profundamente inovadora e cristã[52], deu origem a movimentos de contestação e contracultura como forma de obstruir o poder violento do Estado, principalmente nos anos 60 e 70 do século que findou, cujo grande exemplo é a independência da Índia

51 O stalinismo matou mais de 10 milhões de pessoas em campos de concentração, prisões e hospitais psiquiátricos; o nazismo, na 2ª Guerra Mundial, matou mais de 5 milhões de pessoas em campos de concentração, principalmente judeus; a revolução cultural de Mao Tsé-Tung em 1968 dizimou milhares de pessoas, principalmente no meio rural; aldeias inteiras foram dizimadas.

52 Destarte as variações do cristianismo, em sua filosofia original, repousa a idéia de que diante da agressão deve-se "dar a outra face" ao inimigo.

do império britânico, movimento liderado por Gandhi[53] cujos princípios de não-violência ativista nortearam com sucesso esse movimento emancipatório. Em termos sociológicos e filosóficos, a desobediência pacífica do cidadão e a reconstrução de hiatos de resistência, com base em premissas de decisões absolutamente éticas e responsáveis, a opção pela decência, ao longo de toda a malha e estrutura social, podem constituir forma eficiente e efetiva de opor ao poder e legalidade estatais, à dominação, os direitos de individualidade e liberdade; constituir a desconstrução e reconstrução do cotidiano nos mais ínfimos porões de vigilância e punição oficiais e oficiosos é ocupar de forma preventiva e prepositiva o espaço público, que só é público porque um conjunto de individualidades lhe dá sentido.

É bem verdade que Hannah Arendt não acreditava muito na possibilidade de indivíduos isoladamente, por opções e ações individuais, serem capazes de criar condições de produzir oposição e resistência efetiva ao poder e à violência do Estado. Sua preocupação foi responsabilizar os povos pelas atrocidades e horrores que o Estado produziu e produz ao longo da história, muitas vezes sob o manto da democracia. Na verdade, todos somos responsáveis, coletivamente responsáveis; mas diante das proporções de apatia e letargia que os homens manifestam em um cotidiano avassaladoramente massificante e violento, diante dos mecanismos cada vez mais sutis e disseminados, especializados e ínfimos que o Estado constitui com seus prepostos sociais, imaginar que de forma coletiva os homens vão revolucionar as formas presentes, técnico-científicas, de vigilância e punição, é desconsiderar novas realidades a demandar estratégias tão sutis e especializadas quanto de resistência e ocupação profícua do espaço público. Assim, a opção pessoal pela ética e decência, a desobediência ao oficial e estatal em todas as suas manifestações de poder e violência (não se confundindo autoridade com autoritarismo), vigilância e punição, têm significado especial em todo o contexto de oposição ao unidimensional do Estado atual.

53 Mahatma Gandhi, dirigente nacionalista indiano que com uma campanha de desobediência civil não-violenta levou à independência da Índia, em 1947, sem necessidade de militarismo e guerra.

A escola

Com relação à Escola, basicamente duas são as visões que se contrapõem enquanto ICS e mais especificamente como AIE: 1) a de Althusser, que, como se viu, intensifica a compreensão de seu papel pela tese da reprodução da desigualdade técnica-intelectual que interessa à simples reprodução de mão-de-obra eficiente para ser comprada pelo capital; 2) a de Adorno[54], que vê no processo educacional a possibilidade de uma formação educacional para a tolerância e não-violência, e, portanto, concebe em si mesma a possibilidade de uma ruptura na mentalidade valorativa discricionária e de desigualdade da teoria de Althusser; 3) entre os dois talvez se possa contrapor a visão de Bourdieu, em que, apesar de citar a escola como instrumento de controle coercitivo, vê nela um instrumento de reversão dessa coercitividade em prol de um esforço de educadores e educandos em vislumbrar o mundo para além das imposições "oficiais".

Eis como Althusser resume a sua tese:

> Entretanto não basta assegurar à força de trabalho as condições materiais de sua reprodução (sobrevivência física) para que se reproduza como força de trabalho. Dissemos que a força de trabalho disponível deve ser "competente", isto é, apta a ser utilizada no sistema complexo do processo de produção. (...) Ao contrário do que ocorria nas formações sociais escravistas e servis, esta reprodução da qualificação da força de trabalho tende a dar-se não mais no "local de trabalho" porém, cada vez mais, fora da produção, através do sistema escolar capitalista e de outras instâncias e instituições (1982:57).

54 Theodor W. Adorno, *Educação após Auschwitz*, Col. Grandes Cientistas Sociais, São Paulo: Atlas, 1982.

Mais adiante o autor vai dizer então o que se aprende na escola, e como esse aprender reproduz a servidão e dominação da classe dominante:

> O que se aprende na escola? (...) Aprende-se o "Know-how". (...) Porém, ao mesmo tempo, e junto com essas técnicas e conhecimentos, aprendem-se na escola as "regras" do bom comportamento, isto é, as conveniências que devem ser observadas por todo agente da divisão do trabalho conforme o posto que ele esteja "destinado" a ocupar; as regras de moral e de consciência cívica e profissional, o que na realidade são regras de respeito à divisão social-técnica do trabalho e, em definitivo, regras de ordem estabelecida pela dominação de classe (1982:58).

Portanto, para Althusser a Escola é o aparelho ideológico dominante do Estado nas "formações maduras" e seu papel é a "submissão dos operários à ideologia dominante" a par da sua "qualificação", como mecanismos inseridos na própria reprodução da força de trabalho inerente ao modo de produção capitalista. Desta forma, não existem muitas dúvidas quanto ao papel alienador e mantenedor da realidade de poder da classe burguesa. Fica evidente a propensão do papel educacional à exclusão social e desfavorecimento das classes dominadas, porquanto o papel do aparelho educacional leva à reprodução da desigualdade, o que em si mesmo já é um prenúncio incentivador da intolerância e da violência do próprio estado com conseqüências nefastas dos assim excluídos como represália a esta dominação e exclusão.

No entanto, em Adorno, algo de diferente pode ser concebido:

> Culpados são somente aqueles que, fora de si, deram neles (os assassinados) vazão ao seu ódio e à sua fúria agressiva. Devemos trabalhar contra essa inconsciência, devem os homens ser dissuadidos de, carentes de reflexão sobre si mesmos, atacarem os outros. A educação só teria pleno sentido como educação para a auto-reflexão crítica (1982:35).

Ainda em seguida, complementa Adorno:

> Se falo da educação após Auschwitz[55], tenho em mente dois aspectos: primeiro, a educação infantil, sobretudo na primeira infância; depois, o esclarecimento geral, criando um clima espiritual, cultural e social que não dê margem a uma repetição; um clima, portanto, em que os motivos que levaram ao horror se tornem conscientes, na medida do possível (1982:36).

E finalmente, após demonstrar como outras medidas sociopolíticas e organizacionais, tais como "vínculos sociais", "falta de autoridade", "comunicação de massa", "inclinação arcaica para a violência", não podem reverter esses comportamentos de intolerância e barbárie humanas, e após identificar que todas elas fracassam diante da utilização ideológica da escola como aparelho de Estado, Adorno termina afirmando:

> Receio que através das medidas educativas, por mais abrangentes que sejam, será difícil evitar que assassinos de escrivaninha tornem a aparecer. Mas que existem pessoas que lá embaixo, como servos, portanto, praticam atos que se destinam a perpetuar a sua própria servidão e se despedem de toda a dignidade humana; que continuem existindo Bogers e Kaduks (autoridades alemãs nazistas), contra isso se pode fazer alguma coisa, pela educação, pelo esclarecimento (1982:45).

Para chegar a essa conclusão de que indivíduos e grupos quando dotados de poder de Estado estarão propensos imediatamente a cometer prepotências e horrores em relação aos cidadãos, e sempre alguém e

55 Cidade polonesa onde foi construído pelos alemães o maior campo de concentração da 2ª Guerra Mundial, e onde todas as violências, torturas e mortes foram infligidas a mais de 400.000 pessoas – destas, 200.000 eram judeus.

algum grupo servirá de "bode-expiatório" (não só judeus, mas negros, mulheres, religiões diferentes, idosos, intelectuais, grupos divergentes), Adorno percebe como a "doutrinação" política do Estado deveria falar abertamente desses horrores e usar a ideologia como forma de evitar a repetição de tais acontecimentos. No entanto, dever-se-ia dar um tratamento de choque, obrigando à reflexão crítica sobre a razão do Estado e de seus interesses ideológicos; perceber que o direito do Estado não pode estar jamais acima do direito dos cidadãos, mesmo que isto se choque com os "poderes oficiais". A educação e a escola, enquanto ICS e AIE deveriam forçar essa tarefa por mais hercúlea e "perigosa" que possa ser.

EXERCÍCIOS

1. A partir da comparação entre as opiniões de Althusser e de Adorno, elabore um pequeno texto refletindo sobre qual das duas concepções lhe parece mais condizente com a realidade educacional do Brasil, partindo de exemplos de sua própria experiência universitária.
2. Elabore 3 questões sobre a dinâmica de sala de aula e objetivo da matéria para um professor de uma disciplina técnica (ex.: trabalho, penal, civil, comercial), e outras 3 questões para um professor de uma disciplina propedêutica (formação básica) (ex.: sociologia jurídica, filosofia do direito, ciência política). A partir das respostas, elabore um pequeno texto verificando pontos comuns e díspares em suas concepções e visões educacionais.

11

Biopolítica: Racionalidade e banalidade da violência

A propósito de Theodor Adorno[56], anteriormente citado, Zigmunt Bauman afirma:

> Cautelosamente evitaram a investigação de todos os fatores supra ou extra-individuais que poderiam produzir personalidades autoritárias; nem se preocuparam com a possibilidade de que tais fatores possam induzir o *comportamento* autoritário em pessoas de outra forma destituídas de *personalidade autoritária*. Para Adorno e seus colegas, o nazismo era cruel porque os nazistas eram cruéis; e os nazistas eram cruéis porque pessoas cruéis tendem a se tornar nazistas (1998:180).

Atualmente é preciso entender a violência de forma menos ortodoxa: como o próprio Bauman afirma em sua obra premiada *Modernidade e holocausto*, poucas vezes a Sociologia se debruçou sobre a questão da violência moderna de forma que não fosse a

56 T. W. Adorno, E. Frenkel-Brunswik, D. J. Levison, & R. N. Sanford, (1950). *The authoritarian personality*, Nova Iorque: Harper & Row. Logo depois da guerra, um grupo de acadêmicos liderados por Adorno publicou *A personalidade autoritária*, onde fundamentalmente se procurou estabelecer estreito vínculo entre as atrocidades nazistas e certo tipo de personalidade inclinada ao fascismo por suas características eminentemente autoritárias.

responsabilizar pessoas por cometerem atos violentos. As causas da violência podem ser produto de condições sociais exógenas, e a Sociologia e o Direito tendem a colocá-las no bojo de uma formação de caráter capaz de perpetrar violência, seja 1) como forma de tentar alcançar os benefícios prometidos e disponibilizados pelo Estado – uma espécie de revolta contra condições presentes ou passadas de exclusão social, como em Durkheim e Merton –, seja 2) como válvula de escape a condições destruidoras de senso e responsabilidade coletiva – causada pela massificação individualista e consumista das sociedades industriais modernas, como em Marx e Weber. Assim, a premissa considerada mais importante é que na raiz do problema existe um indivíduo socialmente desequilibrado cuja desorientação está no fracasso de sua adequada sociabilização, por carência de condições socioeconômicas ou por abundância que provocará excessivo individualismo. Isto sem contar com certa visão biologista que define o caráter autoritário e conseqüente tendência para a violência como atributos de nascença, separando assim, por exemplo, nazistas de nascença de suas vítimas, ou os bons inatos de protonazistas.

Todas estas visões, ainda que sejam bem intencionadas e embasadas cientificamente, mesmo que denunciantes de um mundo de exclusão e desigualdade ou de "excessiva inclusão", têm uma grave falha, a de excluir a possibilidade aterradora de que a violência de massa atual pode advir de condições sociais absolutamente "normais" e de pessoas de boa índole, cujos traços de personalidade nada demonstram de autoritarismo. Existe algo que sistematicamente tem tido pouca atenção da pesquisa científica no âmbito das ciências sociais e jurídicas, quando não uma insistente recusa a considerar resultados científicos importantes que apontam para um tipo de ser humano contemporâneo à mercê de certa lógica e objetividade de vida marcada pelo intenso racionalismo e burocratização da sociedade e suas instituições.

O fato é que é mais fácil e mesmo mais cômodo afirmar que a causa da violência tem fundamentos na exclusão, descoletivização ou patologia individual, ou mesmo a união destes fatores em cada homem. Inaceitável parece ser a idéia de que, a par dessa exclusão, abundância ou "nativismo selvagem", a normalidade das sociedades industriais modernas é a competição e o sucesso sem observação de valores, que se aliam à extrema e excessiva racionalidade burocrática, disciplina e comando em razão de resultados cientificamente calculados. Não é por acaso que Weber aparece neste pormenor como o cientista social de nosso tempo, ao prever com fantástica presteza a racionalidade típica do homem moderno – com relação a fins –, e o tipo de dominação correspondente – a racional legal.

Seja no Estado, e em seus organismos de gestão pública, ou no âmbito da vida coorporativa privada, pessoas normais, indivíduos inclusos, educados, religiosos, pais de família e sem qualquer patologia ontogênica estão dispostos a se insensibilizar com relação aos meios e formas com que executam normalmente tais resultados, capazes de obedecerem cegamente e com eficácia quanto mais eficaz a disciplina apresentar o plano de ação desenvolvido por superiores hierárquicos. Na maioria das vezes, superiores que nunca tiveram contato ou totalmente desconhecidos, sempre uns e outros, superiores e subordinados, alimentados pelas razões impessoais de seu estrito cumprimento e atribuições profissionais.

Em Kafka, se depreende do seu pensamento:

> Sou um criado, mas não existe trabalho para mim. Sou medroso e não vou em frente, na verdade não vou em frente nem mesmo alinhado com outros, mas essa é apenas a causa da minha desocupação; é possível também que não tenha absolutamente nada a ver com o fato de estar desocupado; seja como for, o principal é que não sou convocado para o serviço, outros o foram e não se candidataram mais do que eu para isso, talvez nem mesmo tenham tido o desejo de ser convocados, ao passo que eu ao menos o tenho, às vezes com muita força (Kafka, *A prova*, 2002:130).

Portanto não é a exclusão, mas a necessidade extrema da inclusão, por sobrevivência, por ânsia de prestígio ou por lealdade; portanto, não é a falta de senso de coletividade, mas o excesso, um tipo de obediência inquestionável que emana desde a mais alta patente até o mais baixo escalão operacional. Não é alienação com relação aos objetivos, os mais altos e corretos estabelecidos, nem egoísmo isolacionista, como fuga do caos ou realização do ego, mas uma total doação à voz de comando tida e sentida como a mais alta corretitude, o mais nobre, o mais ético e leal, o mais alto ideário social, para o bem de todos, comunitariamente sentido. O contrário seria um ato abominável de ingratidão e traição. E debaixo do véu desta solidariedade e obediência se agiganta a violência cometida em massa, sobre as massas, por princípios coorporativos ou por razões de Estado.

11.1 | RACIONALIDADE TECNOCRATA E INCLUSÃO

Nas sociedades industriais modernas a extrema competição solapa diariamente a competitividade "sadia" – o que dizer da reciprocidade – e joga contingentes enormes de pessoas na exclusão social, no desemprego, na miséria e na ausência de perspectivas de realização e usufruto das grandes conquistas materiais e científicas de nossa época, para si e para seus familiares. Os mais atingidos, obviamente, são aqueles cuja condição social já é exclusiva na origem de sua classe social e todos aqueles que dependem exclusivamente do ressarcimento da venda de sua força de trabalho como mercadoria. Nestas condições, destarte ainda existirem alguns poucos exemplos de mobilidade social, a grande e esmagadora maioria dos indivíduos se vêem compelidos entre a crescente miserabilidade e a submissão a condições de trabalho e vida subservientes.

O fato é que pessoas estão dispostas a tudo para sobreviver, e se isso importar em necessidade de algum prestígio, então, estarão propensas a acatar pacificamente a disciplina determinada pelo alto comando se submetendo a ordens geralmente emanadas do poder juridicamente sustentado pelo Estado. Quanto mais os indivíduos se submetem a esta espiral de sobrevivência e prestígio por submissão pacífica de sua consciência e vontade de ser, mais se apresentam ao poder de comando como disciplinadas e leais, e, retroativamente, mais essa hierarquia de comando o vê como confiável e lhe atribui tarefas dentro da racionalidade e lógica de controle e disciplina. No limite, mais e mais pessoas pensam a sua existência em termos de linha de comando e confiam com naturalidade seus atos à lógica geral de sobrevida, planejada cientificamente e demonstrada como inevitável para o bem de todos – os leais reprodutores da vida como ela tem de ser. O bálsamo de suas consciências é precisamente este "assim tem de ser" aliado ao "se não for eu a fazer alguém o fará" e "afinal só estou cumprindo ordens", ordens que se vêm de tão acima de mim, se passam por tantos acima de mim, que concordaram, e se todos à minha volta as executam, então é normal e não deve haver prejuízos nisso. Lá no fundo a felicidade se instala como forma pacificada de não pensar, ou, como em Nietzsche, *O feliz: ideal de rebanho*.

Existe, portanto, outra condição para que pessoas normais e "de bem" estejam naturalmente dispostas a cometer todo o tipo de violência contra os outros: a certeza de que ninguém ao longo da hierarquia acima delas discorda das ordens, a certeza de que existe uma natural coerência e uma forte coesão de propósitos e união de esforços. Se alguém, instituído de algum prestígio, puder construir uma corrente de seguidores que demonstrem seu infinito comprometimento com suas ordens, mantendo unidos os que compõem essa linha de comando, sem divergências de propósitos ou ambições, então seu poder e a certeza de acatamento de suas ordens tendem à "consciência impensável" de todos os subordinados e, provavelmente, os atos mais abomináveis, de outro ponto de vista, aparecerão como apenas ordens burocratas a serem efetuadas no simples cumprimento do dever. Qualquer gestor moderno sabe que disciplina e união são os alicerces do sofisma moderno sobre a verdade, mantida alguma coerência e certo nível de discurso de convencimento.

A modernidade é isto que fornece: para além da exclusão a inclusão; para além do niilismo o sentido e a razão objetiva; para além do egoísmo e solidão, o pseudoprojeto coletivo; para além do medo da sobrevivência miserável, o pertencer a uma cadeia "importante" de resultados; para além de ser massa, o prestígio; para além do vazio relativo da ética, a lealdade; para além da dúvida, a verdade do experimento científico;

para além da vida a esmo, o planejamento e o cálculo; para além do caos e desordem, o ideal e a disciplina; para além do "prazer" no sofrimento de decidir, a paz na "felicidade" da obediência; para além do julgamento da moral, o cumprimento de ordens; para além do circunstancial e indizível, a Lei e o Estado.

No entanto, ainda existe algo mais petrificante: paradoxalmente as vítimas destes mecanismos de sobrevivência e submissão na maioria das vezes colaboram com seu próprio genocídio. Resumidamente, o paradoxo pode ser assim descrito: no cenário de iminente aniquilação as vítimas não comandam suas ações, nem psicológicas nem materiais. Isto é prerrogativa do poder do carrasco. O domínio das possibilidades tecnocientíficas precisa estar do lado de quem comanda, pois é exatamente a exuberante e científica determinação dos acontecimentos que dá o poder e lhe confere, ao mesmo tempo, a imparcialidade moral e a racionalidade do inevitável. Nestas condições, a vítima, o comandado, apenas pode se colocar como mera extensão deste comando e da sua racionalidade. Não há escolhas para o executado e, bem vistas as coisas, já é uma bênção que ele ainda possa ter a opção de ficar do lado de quem comanda e se integrar à linha de obediência. Nem o palco das ações nem as próprias ações são de sua propriedade. Tudo que o obediente pode fazer é saber que "ou está dentro ou está fora". A partir daí sua racionalidade psicológica – avaliação e escolha com base em valores morais – será submetida à pura e estratégica racionalidade da ação – como em Weber –, avaliando os recursos e as conseqüências para si das ações que deve tomar. Nem o cenário nem os recursos obviamente são de sua propriedade, mas lhe resta uma faixa estreita de racionalidade burocrática onde pode optar racionalmente por ser incluído usando os recursos que lhe disporão para o cenário formatado a partir do alto escalão. E, de certa forma, todos assim pensarão.

Em outras palavras, mais uma vez a razão moderna de gestão burocrática acaba formatando os cenários e as escolhas daqueles que se submeterão "voluntariamente" por falta de escolhas, a não ser, evidentemente, a escolha moral de não se incluir! A eficiência do mundo moderno atual é uma luta constante para se alcançar o máximo resultado com o mínimo de esforço e recursos. Dentro dessa lógica todos podem racionalmente optar sem remorso por pertencer a essa maquinaria, mesmo quando estão sempre sujeitos à subserviência, à miséria e à morte em troca de mais um dia sem aflições e remorsos. A experiência do Holocausto é a prova, o momento ápice desta lógica dantesca. Esse genocídio programado e consentido, compartilhado por todos, superiores e inferiores, carrascos e vítimas, permanece até nossos dias como extensão da racionalidade burocrática do Estado e das organizações privadas modernas. Pessoas boas e normais reproduzem em cenários de conflitos permanentes este genocídio, em parte planejado dentro de uma ótica racional-burocrática e em parte como salvaguarda de sua própria integridade e sobrevivência física e material. É que é preciso que esse cenário seja reproduzido inúmeras vezes exatamente para simular a inevitável necessidade da organização racional burocrática; a demonstração do fracasso de resultados e do iminente caos reforça a necessidade da eficiência, disciplina e comando, e, então, a participação das vítimas e supliciados como forma última dessa eficiência. Não é por acaso que as organizações modernas estão sempre no limite de sua sobrevivência, mesmo quando isso não é empiricamente verificável. E carregam tudo e todos para essa incessante guerra com características de Holocausto.

É o que se extrai das idéias de Bauman, a seguir:

> Considerando uma complexa operação com um fim, o Holocausto pode servir de paradigma da moderna racionalidade burocrática. Quase tudo foi feito para alcançar o máximo resultado com o mínimo de esforço e custos. Quase tudo (no reino do possível) foi feito para usar as habilidades e recursos de todo mundo envolvido, incluindo aqueles que se tornariam as vítimas da operação bem-sucedida. Quase todas as pressões irrelevantes ou adversas ao propósito da operação foram neutralizadas ou colocadas inteiramente fora de ação. Com efeito, a história da organização do Holocausto podia se transformar num livro didático de administração científica – não fosse a condenação moral e política do seu

> propósito, imposta ao mundo pela derrota militar dos seus executores (1998:176).

Sabemos perfeitamente que algumas atrocidades como o Holocausto foram perpetradas pelos vencedores, e continuam mais presentes do que jamais foram entre nós – basta lembrarmos das torturas praticadas pelas tropas americanas em Abu Graib (Iraque) e o campo de Guantânamo (prisão americana em Cuba). Isto nos faz refletir sobre os limites, dentro do estrito senso da racionalidade burocrática moderna, do poder e comando ao instaurar tais cenários privados e públicos de holocausto contemporâneo. Obviamente, em primeiro lugar, é necessário que os donos do poder e seus comandantes se apresentem como superiores e vencedores. Em segundo lugar, devem possuir capacidade para forçar uma hegemonia "moral" (sem moral!) determinante capaz de servir a seus propósitos sem reforçarem sentimentos de remorso ou mesmo repulsa por parte dos inferiores e subordinados, além da adesão perversa das próprias vítimas. Então, a possibilidade de duradouramente a "carnificina oficial" atender à lógica da racionalidade produtiva burocrática, deve passar pelo poder e pela política, e pelas formas como esse poder político se estende aos capilares de nossas organizações de vida.

Basta que um grupo superior se mantenha na "crista da onda" do poder e que não avance por demais atabalhoadamente as formas da subserviência racional, não apareça desnudo a desnudar seus funcionários e subordinados sociais e que faça permanentemente com que essa racionalidade pareça humana e normal. Assim, a política é o que mais preocupa as grandes instituições sociais de nosso tempo, públicas e notadamente as privadas – é preciso "surfar" de acordo com a maré da política institucional e procurar também cientificamente determinar seus rumos. A capacidade da burocracia estatal e privada em determinar como normais padrões de racionalidade sem moral que sustentem a plena disciplina e obediência em meio a situações simuladas de desordem, é a sobrevivência do próprio martírio e suplício dos milhões de subordinados e para além, dos milhões de excluídos, dispostos a se entregar em holocausto na esperança de alguma réstia de sobrevida e dignidade – esta, como se viu, de forma alguma presente, estraçalhada que está pela "voluntariedade" da vítima em se entregar ao horror de seus suplícios. Os modernos técnico-burocratas são os engenheiros sociais arquitetos da biopolítica como lógica de uma dominação racional legal (Weber).

Compartilha do mesmo pensamento Habermas, quando diz:

> Enquanto estavam visivelmente ligadas às decisões racionais e ao agir instrumental dos homens que produziam socialmente, as forças produtivas podiam ser compreendidas como potencial para um crescente poder técnico de manipulação, porém não podiam ser confundidas com o quadro institucional em que foram encaixadas. Com a institucionalização do progresso técnico-científico, o potencial das forças produtivas assumiu, entretanto, uma figura que faz *regredir*, na consciência dos homens, *o dualismo entre trabalho e interação* (...) Essa tese da tecnocracia foi desenvolvida no plano científico em diferentes versões. O que me parece mais importante é o seu poder de penetrar, enquanto ideologia de fundo, na consciência da massa despolitizada da população, e de gerar força legitimadora. A atuação específica dessa ideologia é a de subtrair a autocompreensão da sociedade tanto do sistema de referência do agir comunicativo como dos conceitos de interação simbolicamente mediatizados, substituindo-a por um modelo científico. Nessa mesma medida, entra, no lugar de uma autocompreensão culturalmente determinada de um mundo do viver social, a autocoisificação do homem sob as categorias do agir racional-com-respeito-a-fins e do comportamento adaptativo (1983:331-332).

11.2 | OS NOVOS "CAMPOS" E SUA JURIDICIDADE

Sabemos como Balzac, em *Ilusões perdidas*, denunciava que as pessoas eram julgadas pelos males que expunham ("Os grandes cometem quase tantas covardias como os miseráveis; mas cometem-nas na sombra e fazem ostentação das suas virtudes: permanecem grandes. Os pobres exercem suas virtudes na sombra e expõem suas misérias ao sol: são desprezados"). Nos dias que correm, pessoas tidas como irascíveis, autoritárias e tiranas, são apenas as que expõem de forma mais ou menos abrupta suas convicções e intenções; as que realizam todo o tipo de violência de forma dissimulada e usam da demagogia retórica, aparecem como temperadas, racionais e democráticas. Normalmente estas últimas são pessoas de sucesso, alçadas a postos superiores na linha de comando, pois estão aptas – fizeram já a opção – a obedecer, com zelo e lealdade, à voz de comando de seus superiores, principalmente como prepostos capazes de transformar a anormalidade e escuridão do genocídio cotidiano em absoluta normalidade que esvazia os julgamentos morais de seus subordinados. No entanto, estas são pessoas normais e boas, simplesmente jogadas nos campos de concentração modernos.

Muitas dessas vítimas nem sequer chegam mais a perceber que estão elas mesmas confinadas pelo seu sucesso em "campos". Abaixo delas, então, raramente os indivíduos se dão conta disto. E assim, uns e outros reproduzem mais ou menos conscientemente as condições de arbítrio e violência nesses "campos". Violência e arbítrio não se observam apenas em atos explícitos contra a vida e dignidade humana. Podemos mesmo dizer que a "civilização" moderna à qual fazemos parte tem por característica exatamente ter combatido com algum sucesso esse tipo de violência mais explícita e banal – obviamente esta solução não está presente em todos os países, e é forçoso reconhecer que em países subdesenvolvidos a relação de causalidade entre condições socioeconômicas e violência ainda é muito forte. Mas a biopolítica explora outras razões para este outro tipo de violência que estamos a tratar.

> Hannah Arendt uma vez observou que, nos campos, emerge em plena luz o princípio que rege o domínio totalitário e que o senso comum recusa-se obstinadamente a admitir, ou seja, o princípio segundo o qual "tudo é possível". Somente porque os campos constituem, no sentido que se viu, um espaço de

> exceção, no qual não apenas a lei é integralmente suspensa, mas, além disso, fato e direito se confundem sem resíduos, neles tudo é verdadeiramente possível (...) Assim como a palavra do Füher não é uma situação factícia que se transforma posteriormente em norma, mas é ela mesma, enquanto viva voz, norma, também o corpo biopolítico (em seu dúplice aspecto de corpo hebreu e corpo alemão, de vida indigna de ser vivida e de vida plena) não é um inerte pressuposto biológico ao qual a norma remete, mas é ao mesmo tempo norma e critério da sua aplicação, *norma que decide o fato que decide da sua aplicação* (Agamben, 2004:177-179-80).

Como se vê, quando a política invade todas as instituições de reprodução social os indivíduos passam a ser sujeitados como em campos de concentração e de extermínio. Na medida em que a arte da dominação psíquica e física dos homens está subordinada a uma racionalidade formal tecnocientífica, o "bio" humano passa a ser o alvo dessa dominação dissimulada. E, nesse sentido, os lugares mais comuns da vida social se transformam em lugares privilegiados de manipulação da vontade ou da domesticação da alma. Nos campos de extermínio como o do Holocausto o genocídio sem remorso ainda pode ser verificado pelos restos físicos dos corpos trucidados; o complexo mecanismo que subverte os sentimentos de horror e decência nos "campos" cotidianos atuais levam a vantagem de não deixar vestígios ostensivos denunciadores. Como em Foucault: "Técnicas sempre minuciosas, muitas vezes íntimas, mas que têm sua importância: porque definem um certo modo de investimento político e detalhado do corpo, uma nova 'microfísica do poder' (...)" (2002:120).

Os departamentos públicos e privados, todos eles tomados pela moderna racionalidade burocrática de convencimento, constituem o grande espaço político onde os indivíduos são supliciados em nome da disciplina e interesses superiores. Um grande campo de concentração de sujeitados a trabalhos físicos e mentais forçados pelo planejamento cartesiano da produtividade e eficiência de resultados. Eis como a política se transforma em biopolítica.

Quando Agamben comenta a falta de ética dos médicos – nazistas e não nazistas –, sobre os atos de barbárie que cometeram sobre seres humanos, cobaias humanas vivas, vê-se claramente a funcionalidade e operacionalidade dos "campos":

> Se era, de fato, teoricamente compreensível que semelhantes experimentos[57] não tivessem suscitado problemas éticos em pesquisadores e em funcionários no interior de um regime totalitário, o qual se movia em um horizonte declaradamente biopolítico, como era possível que experimentos em certa medida análogos pudessem ter sido conduzidos em um país democrático? A única resposta possível é a de que tenha sido decisiva, em ambos os casos, a particular condição das VP[58] (condenados à morte ou *detentos em um campo*, o ingresso no qual significava a definitiva exclusão da comunidade política). (...) Condenados à morte e *habitantes do campo* são, portanto, de algum modo inconscientemente assemelhados a *hominies sacri*[59], a uma vida que pode ser morta sem que se cometa homicídio (2004:165-66 – grifos nossos).

Existem algumas circunstâncias merecedoras de nota: a função do "campo" em despolitizar, a ciência como justificativa da violência

57 Agamben relata casos semelhantes aos praticados por médicos nazistas nos EUA e em outros países: "Nos anos vinte oitocentos detentos nos cárceres dos Estados Unidos haviam sido infectados com o plasmódio da malária na tentativa de encontrar o antídoto para o paludismo. (...) Fora dos USA, as primeiras pesquisas com culturas do bacilo do beribéri haviam sido conduzidas por Strong, em Manila, em condenados à morte (os protocolos dos experimentos não mencionam se tratava-se ou não de voluntários). A defesa citou ainda o caso do condenado à morte Keanu (Havaí), que havia sido infectado com lepra sob a promessa de graça e tinha falecido em conseqüência do experimento" (2004:163-64). Tais práticas foram usadas em defesa dos médicos nazistas no Tribunal de Nuremberg, em 1947.

58 Abreviatura da palavra alemã *Versuchepersonen* para cobaia humana.

59 Aquele cuja vida é despolitizada de tal forma que se torna um "homem nu", ou aquele que o Estado não defende politicamente seus direitos e que, também não possuindo deveres como cidadão, pode ser morto por qualquer pessoa sem que exista homicídio (*Homo sacer*).

e o fato de os operadores de tais experiências aparecerem distantes de tais práticas. Começamos pela última por parecer mais fácil de entender, embora não seja menos reprovável. De fato, uma das formas mais engenhosas de perpetrar a extrema violência sobre seres humanos é fazer com que esses atos sejam praticados a distância, quer dizer, com o mínimo de contato possível entre o carrasco e sua vítima. Para uma estrutura montada a partir de uma pirâmide hierárquica, obviamente que os detentores de maior poder são exatamente os que estão mais afastados dos atos mais vis. Estes "sentem" menos!

Mas isto coloca um problema para a eficiente execução das ordens emanadas do topo: os que operam a máquina de tortura, no entanto, têm de olhar nos olhos dos supliciados e ter contato com suas chagas abertas. Estes estão suscetíveis a sentir algo humano: dó e remorso. Então, a engenharia usa do intelecto para engendrar formas que possibilitem a execução das ordens mais aterrorizantes possibilitando às camadas inferiores praticar tal violência com o mínimo contato possível, por exemplo, nas câmaras de gás nazistas, os prisioneiros eram obrigados a se despirem em recintos vigiados de longe por soldados alemães. As roupas eram vistoriadas com o obejtivo de encontrar objetos de uso pessoal valiosos, dinheiro e ouro. A tarefa era executada pelos próprios prisioneiros designados para tal e que depois eram copelidos a entrar nas câmaras de gás, convencidos de que iam tomar banho. Nos barracões cheios de homens, mulheres, crianças e idosos, eram jogadas, por aberturas no telhado, pastilhas de gás venenoso e asfixiante em altas colunas de ferro em forma de gaiolas. Nestas condições, quem matava sequer via suas vítimas e não presenciava, obviamente, seu sofrimento. Os corpos envenenados eram retirados pelos próprios condenados dos campos que os depositavam em grandes valas – então os executores não tinham contato com os corpos sacrificados. E tais operações eram sempre executadas por um número pequeno de soldados-funcionários. Atualmente, os memorandos e comunicados, o telefone, o fax, o telegrama e a moderna tecnologia de informação, como a Internet e Correios Eletrônicos, cumprem o mesmo papel de distanciamento!

Outro ponto relevante é a justificativa da ciência como paradigma, algo que deve, a qualquer custo, avançar inexoravelmente, para o bem da humanidade. Não se trata aqui de cair no conservadorismo de uma pretensa moral cristã acima de qualquer realidade e necessidade humanas a bloquear o desenvolvimento científico. Mas sim de desmistificar, por outro lado, a irracionalidade massacrante da ciência quando colocada a serviço de programas técnico-burocratizados cujos propósitos são objetivos megalomaníacos, tais como a limpeza étnico-racial ou a violência predadora do Ser em nome do resultado financeiro. Em ambos os casos se revelam o exacerbar do poder e o seu fracasso na capacidade de convivência e tolerância em relação ao diverso, ao diferente, ao não absolutismo da verdade e dos saberes. Como o próprio Agamben diz,

> A única posição correta teria sido a de reconhecer que os precedentes alegados pela defesa eram pertinentes, mas que estes não diminuíam em nada a responsabilidade dos imputados. Isto significava, porém, lançar uma sombra sinistra sobre as práticas correntes da pesquisa médica moderna (desde então, foram averiguados casos ainda mais clamorosos de experimentos de massa realizados em cidadãos americanos desprevenidos, para estudar, por exemplo, os efeitos das radiações nucleares) (2004:165).

Finalmente, veja-se o sentido fundamental do "campo": despolitizar o cidadão e transformá-lo em um homem sem direitos e sem deveres, livre e suspenso para que ainda seu corpo "bio" possa ser trucidado em nome da ciência, sem remorso ou dor por parte do cientista. O "campo" é assim um lugar, um território *ad hoc*, um terreno sem juridicidade que possa condenar os que executarão as práticas mais hediondas, pois a despolitização do sujeito já o suspendeu da obrigação da lei protegê-lo e garantir seus direitos fundamentais, e o sujeitou a todo tipo de prática hedionda. Não é por acaso que a racionalidade tecnocrata primeiro escolhe o público alvo, seu nicho de pessoas sobre as quais fará cair toda a fúria e ódio de sua ideologia e saber; depois, a cooptação de iguais a estes "escolhidos" como "bodes-expiatórios", para que se consolide a idéia de sua culpabilidade – se seus iguais o traem também, então é certo que não são apenas o inimigo, mas algo menor e desprezível a ser trucidado, algo que nem aos inimigos se dedica (estes ainda podem alegar em sua proteção leis internacionais); daí a necessidade da eficiência desta racionalidade em usar as próprias vítimas como delatores e traidores.

Quando um indivíduo assim chega a ser usado biologicamente como parte de uma razão política pública ou privada, na verdade, os torturadores não mais o vêem como ser humano, o que, efetivamente, facilita sobremaneira a execução de ordens de extermínio e isenta os cientistas da barbárie e selvajaria a ser cometida. O "campo" é contemporaneamente a realidade de nossas vidas: a cidade, o trabalho, a agremiação, muitas vezes a família. A abismal e imorredoura verdade é que a modernidade suspende a todos por todos os lugares e coloca o homem em sua situação mais primária – nu de sobrevida –, condição *sine qua non* para que possa modelar e manipular a vida em nome de resultados econômicos e de conhecimentos científicos, paradoxalmente, em nome do próprio homem!

Do ponto de vista jurídico pouco resta a fazer: como extensão da razão técnico-programada a violência nos modernos campos de prática biopolítica é exibida sem pudor, constrangimento e remorso. Não só a legalidade não percebe as sutis transformações biopolíticas de dominação e exploração, como ainda está já em curso, por todo o lado, uma reestruturação dos mecanismos protetores da pessoa e/ou inibidores deste tipo de violência. Já podemos, inclusive, observar como o ordenamento jurídico moderno reforça esta violência sobre a vontade e a moral e solapa, a um tempo, quaisquer possibilidades de resistência do ser.

Por exemplo, o instituto de nosso ordenamento jurídico chamado de Delação Premiada. A um tempo a Justiça estatal concede privilégios ao infrator em troca de que este "denuncie" outros cidadãos, iguais infratores e portanto, em princípio, infratores como ele. É a prática da traição e do denuncismo entre as vítimas, típico de sistemas totalitários e de estados de exceção, onde o Estado proclama a Justiça pela prática hedionda do entreguismo na franca cooptação da vítima em incriminar outra vítima, na ânsia de se salvar ou amenizar sua pena.

Ainda que se parta do princípio que efetivamente o denunciado seja culpado, o que no mais das vezes se verifica inverossímil, tais práticas são tão abomináveis quanto as práticas nazistas e stalinistas. Ao final só fica demonstrada a fragilidade e a incompetência do poder, para lá dos discursos arrogantes! Como esta, outras práticas podem ser aventadas: como aquelas leis que prescrevem que se um indivíduo não quiser produzir provas contra si – preceito pétreo da Constituição brasileira de 1988 –, então é denunciado como autor da prática que se recusa a produzir provas que o incriminariam (o caso de exame de paternidade). Esta seqüência de desmandos morais e jurídicos é um passo para que as vítimas se traiam umas às outras e entreguem ao sacrifício seus colegas, amigos e familiares! Esta gama de atrocidades só encontra significado dentro de uma racionalidade própria das sociedades disciplinares modernas.

> Quem entrava no campo movia-se em uma zona de indistinção entre externo e interno, exceção e regra, lícito e ilícito, na qual os próprios conceitos de direito subjetivo e de proteção jurídica não faziam mais sentido (...) Na medida em que os seus habitantes foram despojados de todo estatuto político e reduzidos integralmente a vida nua, o campo é também o mais absoluto espaço biopolítico que jamais tenha sido realizado, no qual o poder não tem diante de si senão a pura vida sem qualquer mediação (...) A questão correta sobre os horrores cometidos nos campos não é, portanto, aquela que pergunta hipocritamente como foi possível cometer delitos tão atrozes para com seres humanos; mais honesto e sobretudo mais útil seria indagar atentamente quais procedimentos jurídicos e quais dispositivos políticos permitiram que seres humanos fossem tão integralmente privados de seus direitos e de suas prerrogativas, até o ponto em que cometer contra eles qualquer ato não mais se apresentasse como delito (a esta altura, de fato, tudo tinha-se tornado verdadeiramente possível) (Agamben, 2004:177-78).

Os campos de extermínio nazistas ou as prisões siberianas stalinistas não foram, no entanto, exceções, a não ser quando confrontadas com a juridicidade prevista formalmente a partir de noções mínimas de decência. Os estados de sítio próprios de momentos históricos determinados não são fatos isolados e meramente circunstanciais; tampouco justifica o holocausto, como não se justifica hoje a sobrevivência despojada de atributos e valores, a subserviência apenas substantiva ao poder da racionalidade burocrática e da dominação racional. Quando Weber cunhou a dominação racional legal como típica de nosso tempo, em cuja raiz estava a objetividade da vida nas ações por resultados, estava demonstrando que em nome desse tipo de comportamento se instauraria uma subserviência que nos igualaria a todos na obediência e disciplina pautadas pelos benefícios que o Estado e as Leis nos trariam. Obviamente, aí está a grandeza esvaziante e escravizadora da modernidade. A exceção hoje é ser diferente, é ser íntegro, ter decência, é indignar-se, é revoltar-se e conclamar por valores morais e éticos; denunciar a roda indecifrável e alienante da vida. Mas isto é desleal, é radical, é egoísta e anormal, é doente! A estes o insucesso e a exclusão serão sua condenação, normal, sem pena e sem remorso!

11.3 | O SISTEMA TOTALITÁRIO

Adorno via na educação a possibilidade de criar uma consciência democrática capaz de evitar que tiranos pudessem convencer pessoas a entrarem e sustentarem projetos megalomaníacos e xenófobos que redundassem em sistemas totalitários. O líder, ainda que peça importante, é o executor oportunista da razão do Estado. O erro desta visão é colocar a responsabilidade por tais sistemas na figura de um líder isolado, condição propícia e necessária para escamotear a verdadeira doença social da modernidade: como se disse, a raiz do problema do genocídio totalitário está fincada na própria forma de ser e existir a racionalidade burocrática da modernidade. Erro maior, entrementes, é imaginar que a educação seria um fenômeno distante dessa racionalidade perversa e homicida capaz de reverter e subverter antes tal mentalidade. Infelizmente, se existe alguma instituição que mais fortemente foi e é bombardeada pelo espectro da extrema racionalidade burocrata voltada para resultados econômicos de curto prazo, essa instituição é a escola e o fenômeno educacional de forma geral (Bourdieu).

Pais e educadores estão impregnados de objetivos financeiros tão imediatistas que "formatam" as mentalidades dos jovens, desde tenra idade, para um olhar intensamente pragmático e egoísta de mercado. Instituições públicas e privadas, necessariamente, acabam por reproduzir esse olhar distorcido e vicioso, até como forma de se inserirem mais ou menos conscientes na zona sombria do apocalíptico construir de indivíduos sem valores, vontade e personalidade. A educação está, precisamente, no epicentro do reproduzir o viver sem profundo sentir, sem dor e sem remorso diante das exclusões e experiências técnico-científicas de nossos "campos" existenciais. Pode-se entender a intensa desumanidade que os modelos cartesiano e newtoniano emprestaram ao *cogito* e ao *logos* tecnocrata da modernidade cuja reprodução sombria é perpetrada mais intensamente por aqueles que têm o que temer principalmente quando se trata de construir possibilidades reais de sobrevida para si e seus entes mais próximos. Mas são desta ojeriza e terror que se alimentam sistemas totalitários: a pobreza crescente para muitos e iminente para todos – a indistinção é típica de sistemas totalitários! –, alimenta de forma permanente a condição de sujeição! Como Bauman em *O mal-estar da pós-modernidade*: "Liberdade sem segurança não assegura mais firmemente uma provisão de felicidade do que segurança sem liberdade".

Com relação aos Estados Unidos da América, Alexis de Tocqueville, já em meados do século XIX, havia predito em sua obra *Democracia na América*, que a democracia, na medida em que conquistasse a igualdade entre os homens, haveria de lhes retirar o interesse e gosto pelas ideologias e pela prática política: "O princípio da igualdade que torna os homens independentes uns dos outros, os faz contrair o hábito e o gosto de não seguirem, em suas ações privadas, senão sua própria vontade" (1969:333).

Embora esta seja infelizmente a realidade em muitos países economicamente desenvolvidos, a penúria e exclusão das massas ainda são o mal maior para quase metade da humanidade no alvorecer do século XXI[60]. Assim, o mal maior que empurra permanentemente os homens para a solução tecnocrata alienante é a miséria e a desilusão que lhes assolam as mentes e os condiciona à obediência aviltante.

Neste pormenor, pode-se resgatar a sabedoria de Hannah Arendt com relação às considerações sobre o totalitarismo como fenômeno moderno, principalmente em sua obra *O sistema totalitário*, características que doravante não são apanágio e exclusividade dos "campos" em tempos de exceção jurídica e política, mas que perfeitamente se acomodam à vontade burocrática de comando e obediência na normalidade atual, e que, assim sendo, configuram esta realidade como não sendo um estado excepcional, mas o próprio *modus vivendis* contemporâneo.

Para efeitos deste estudo, citamos alguns pontos-chave do totalitarismo impressos nos estudos arendtianos:

1. Sistemas organizacionais totalitários são destituídos de "valores", importando apenas a eficiência de resultados do "movimento" engendrado pelo líder e executados sob ordens desde as elites do movimento. Isto explica por que os fanáticos, enquanto o movimento perdura, não se transformam em mártires como os fanáticos religiosos, embora possam estar dispostos a morrer como *robots*; como o movimento não propõe ou se baseia em ideologias, a não ser a visão de triunfo das massas e do "movimento" instaurado pelo líder e pelas elites em sua volta, se explica assim a fria aparência e tranqüilidade dos servos do sistema, obedecendo a ordens desumanas sem dor ou remorso, pois não se trata de paixões ou vícios de caráter, mas de algo que cientificamente assim deve ser; e também, pelo menos em parte,

60 O capitalismo, vigente há 200 anos, fracassou para a maioria da população mundial. Hoje, somos 6 bilhões de habitantes. Segundo o Banco Mundial, 2,8 bilhões sobrevivem com menos de US$ 2 por dia. E 1,2 bilhão, com menos de US$ 1 por dia. Nos últimos 20 anos, 91 milhões de pessoas se tornaram pobres na América Latina e 226 milhões vivem com menos de US$ 2 por dia. [ONU:*2004*]

assim se explica por que tais servos dizem não saber o que se passa e que apenas cumprem ordens (1978:459).

2. A "normalidade" da organização totalitária, obviamente não pode vir da virulência desmedida e irracional sobre seus membros e simpatizantes, mas sim sobre os "espíritos fracos" dos dissidentes e daqueles que oportunamente servirão de "massa-de-manobra"; ao contrário, são exatamente os simpatizantes – mais do que os seus membros efetivos conhecedores de alguma verdade, que são poucos e escolhidos cientificamente –, que dão a aparência de normalidade e respeitabilidade que engana a todos sobre a realidade factual externa e interna – isto explica por que organizações públicas e privadas tendem a cooptar como simpatizantes figuras ilustres da sociedade, pois se estas aderiram à lógica tecnocrata dos resultados sem paixões, então o que há de ser questionado?; na medida em que o número de simpatizantes tende a ser enorme já que milhões não têm outra alternativa para atender a suas demandas e expectativas de vida, eles "pintam" o quadro de normalidade das ações mais truculentas e alienantes a partir da própria quantidade, e servem de reforço para a veracidade e certeza das atitudes de comando tomadas pelas elites e de exemplo para os membros que compõem os quadros imediatamente executores; nestas condições é extremamente difícil encontrar alguém disposto a ouvir algum reclame sobre a biologização política da organização (1978:463).

3. A criação de condições artificiais de dificuldades financeiras e políticas, que servem ao artificialismo de convulsão social e ao iminente fracasso da organização – assim como nos estados de exceção de guerra ou guerra civil –, é absolutamente fundamental para gerar um estado permanente de incerteza, desventura e medo onde as massas pensem que é melhor participar e obedecer ao terror dentro do sistema do que se afastar dele. Isto explica a necessidade de infundir permanente terror a todos que gravitam diretamente ou indiretamente em torno da organização burocrata; provoca a mentalidade generalizada que é preferível a cumplicidade ilegal do sistema a se aventurar na violência externa, como o desemprego e a exclusão social; também, obviamente, está-se disposto a tudo dentro da proteção da organização

para evitar sua falência e desmoronamento, e por isso, não pode existir, como se apregoa, uma "solução final" (1978:470).

4. Sistemas e organizações totalitárias misturam rituais de sociedades secretas ao mesmo tempo em que parecem primar pela transparência de informações e objetivos. Isto explica por que reuniões de alto escalão são permanentes, embora secretas e de difícil acesso; ao mesmo tempo, os resultados e as decisões tomadas são imediatamente transmitidas para os membros dos escalões abaixo e até aos simpatizantes escolhidos para difundi-las entre os muitos que gravitam em torno da organização, passando uma pseudosensação de democracia e transparência, pseudorespeito e pseudocientificidade, onde nada há a esconder; mais, este simulacro de verdade protege as mentes dos participantes cooptados da mentira e do cinismo contra a realidade factual verídica (1978:475).

5. É típico de uma organização burocrática totalitária que esporadicamente existam a condenação e a banição de comandantes e elementos considerados fundamentais até então. Isto reforça o caráter fictício de administração absolutamente racional voltada para resultados, e assim, a traição é uma necessidade do movimento, para o bem do sistema e dos resultados e objetivos a alcançar, seja pela difamação como traidores da "causa" traídos por seus espíritos fracos – é possível, quando uma réstia de personalidade e valores aflora e determina postura ou comportamento dissidente –, ou por total escárnio público de ineficiência na condução dos objetivos traçados e na falta de comando para subordinar funcionários e simpatizantes; mas, também, impressionante é a atitude desses condenados e banidos, que se vêem como pessoas superiores cuja realidade de vida só faz sentido dentro do movimento organizacional que contemplaram com desvelo até então, de tal forma que aceitam com total brandura e resignação seu destino, para o fortalecimento e o bem da organização e do sistema (1978:479).

6. Ainda assim, o principal valor da estrutura organizacional de um sistema totalitário está menos na garantia intrínseca de participação e lealdade incondicionais, e tampouco na truculência e hostilidade cega para com os externos, do que na capacidade de estabelecer

e manter um mundo fictício por meio de constantes mentiras e cinismo de seus comandantes e militantes. Isto explica a naturalidade e a tranqüilidade com que as mentiras e as deturpações dos fatos, as traições e os devaneios doentios das lideranças, são encaradas pelos escalões intermediários e funcionários mais baixos: a mentira e o cinismo são parte da eficiência da máquina totalitária em absorver a ciência da política, ou em outras palavras, a mentira aparece como uma arte a serviço do jogo político e da estratégia política; isto explica, também, como a mentira é mesmo idolatrada e como se espalha de forma prática, levando a ações sabidamente fundamentadas em fatos ou informações infundadas e deturpadas, mas que dentro das necessidades de sobrevivência da organização em bases científicas, faz parte de um mundo que deve assim ser "jogado" (1978:480-81).

7. Obviamente a alta direção é inquestionável, mesmo quando sabidamente mentirosa, pois o que está em jogo não são valores de certeza e verdade, mas os objetivos para todo o movimento que absorve a todos e é a sua própria vida. O cinismo, portanto, passa a ser uma arte, e quanto mais naturalmente e sistematicamente se mente e a partir daí se realizam os objetivos maiores da organização, mais e mais os comandantes e os executores se irmanam em uma sociedade *ad hoc*, superior; logo, mais e mais o cinismo se transforma em real e altera a vida de todos numa fantasia e ficção tão fortes que os indivíduos já não conseguem mais se valorizar pelos fatos e resgatá-los como fundamento da verdade; tudo se passa como um grande e fantástico sonho que o presente fático pouco ou nada pode ajudar a não ser com os corpos a clamarem por experimentação doentia, exumação espiritual e destruição em massa, pois só ao futuro pertence efetivamente a verdade e o julgamento da história; neste pormenor, as elites dominantes dos sistemas organizacionais totalitários não só têm um profundo desprezo pela vida humana como vêem a banalização do mal normal, algo própria da doutrinação que lhes tornou indistinta a realidade da ficção, uma artificialidade doutrinária que os torna incapazes de distinguirem os fatos como fatos, a verdade da mentira, e então estão livres para a execução prática da ficção (1978:484-85).

Estética não é ética! A beleza pérfida dos simbolismos e da propaganda das organizações totalitárias é uma beleza questionável, destarte muitos verem na cientificidade do marketing a capacidade de enredarem sujeitos e os sujeitarem de forma violenta. Claro está que em sistemas cujo autoritarismo é escamoteado pela capacidade cínica de mentir em nome das razões da organização racional burocrata, pouco espaço ou nenhum deve sobrar para dissidências deste teor. Apesar de tudo, a salvação fanática, a sublimação desesperadora – que é o próprio fracasso da vida, a sua maior fragilidade e inferioridade –, não pode justificar a falta de opções éticas e a repulsa e indignação ausentes diante da verdadeira "lobotomia" a que se submetem os indivíduos. Apesar de todas as privações e violências reativas contra os dissidentes, é preciso continuar a dizê-lo: sem ética a estética é uma monstruosidade, mais não seja pela capacidade artificial de subverter o que é real e importante em ficção e banalidade. A salvaguarda possível ainda talvez seja mesmo a arte, mas uma que apregoe em primeiro lugar a ética valorativa de certa desobediência estética em favor da personalidade, ou uma *Ética de libertação*[61].

Ao final nos resta reconhecer que o autoritarismo como plataforma de sistemas totalitários não é um fenômeno isolado na história, nem tampouco, o próprio totalitarismo, como fenômeno organizacional de racionalidade tecnocrata, é acontecimento político circunstancial e esporádico na história. Um e outro são a própria história moderna da humanidade! É a ciência em seu mais alto nível de desenvolvimento que promove a eficiência de resultados organizacionais e, desta forma, rege, em um mesmo diapasão, as aspirações e os medos pessoais. Esta ciência e seus saberes especializados ditam a moral e o comportamento ético de todos, desde as instâncias mais privadas (cada vez menos privadas) às notoriamente públicas (cada vez menos públicas), em uma linha de comando e obediência onde a mentira e o cinismo são verdades estratégicas e os fatos não se distinguem mais da verborragia do poder.

61 Obra de Enrique Dussel: *Ética da libertação na idade da globalização e da exclusão*, Petrópolis: Vozes, 2000.

Então, elites e comandantes supremos aparecem como os detentores desses saberes tão preciosos à unidade e execução dos únicos planos possíveis, os melhores planos possíveis para todos. Apesar dos milhões de indivíduos paupérrimos e os milhares de fanáticos aterrorizados pela tendência permanente de serem excluídos, que, por isso mesmo, se juntam àqueles. Todos absolutamente desumanizados e subservientes a uma lógica pérfida e tirânica de sobrevivência, engolindo sua miséria e medo, dispostos a executar qualquer plano de destruição de seus semelhantes. Por aí, algures, a esmo, lutando insanamente, de antemão contra si mesmos, alguns resistem para poder segurar uma réstia de humanidade que a máquina da racionalidade tecnológica e científica lhes rouba diuturnamente. Se não há o que esperar dos muitos "biopoliticogizados", há o que esperar dos que ainda restam cerrando fileiras em torno de uma "desobediente personalidade ética"?

ESTUDO DE CASO

Encontro com o leão

Um amigo contou, não faz muito tempo, uma história que me impressionou muito de tão kafkiana que me pareceu ser e, na minha opinião, bastante exemplificativa da nossa condição como cidadãos e do tratamento que podemos esperar do Estado moderno. A história, que é real, foi contada mais ou menos assim:

"Um dia desses recebi em casa uma correspondência da Receita Federal. Fiquei surpreso porque já havia inclusive recebido a restituição de meu imposto de renda daquele ano. Mais surpreso, no entanto, fiquei quando li o conteúdo: eu estava sendo incluído na Dívida Ativa da União por uma dívida referente ao meu imposto de renda de cinco anos atrás. A carta da Receita Federal expunha que havia encontrado uma diferença entre o que eu havia declarado e o que 'eles' tinham apurado a partir dos dados informados pelos meus empregadores – na época eu trabalhava em três lugares diferentes. A diferença não era pequena – eu tinha de pagar, com multa e juros, mais de cinco mil reais. Fiquei 'p' da vida. Primeiro pelo valor ser alto assim. Mas o que me deixou mais 'p' foi terem esperado cinco anos para me comunicar essa dívida. Eu nem lembrava mais o que havia feito na declaração. Mas uma coisa eu sabia: durante esses anos todos eu tinha pago outros Impostos de Renda e também recebido alguns no acerto anual. Minha esposa, a Catarina, me disse: 'Vai ver foi por causa daquele ano em que ficou na 'malha fina'. Mas não podia ser. Aquilo tinha sido uma bobagem que 'eles' mesmos perceberam e eu paguei com um boleto que me enviaram... Era uma diferença de cento e quarenta reais, algo assim... Uma coisinha de nada... E o pior, é que eu já estava inscrito na Dívida Pública sem ter recebido nenhum comunicado para acerto ou ter sido avisado disso. Foi de supetão. Pode? Não Pode! Qualquer dívida, que eu saiba, tem de ser protestada e ajuizada só depois de tentativa de negociação e depois de devidamente avisado o cidadão. Qualquer carnê é assim. Mas, sei lá, falei para a esposa, 'Vai ver que com 'esses caras' é diferente'. Com o Leão é diferente, cara, você vai ver".

"Então fui até a Receita Federal, lá na Paulista, sabe onde é?! É... Quer dizer... Na Augusta, isso... Logo ali com a Paulista. Precisa ver: uma fila medonha para receber a senha e, sem brincadeira, três horas de espera para ser atendido. Não tem jeito... É lá mesmo e pode ter paciência... Ninguém entende bem qual o critério de chamada, porque são vários tipos de atendimento, mas a área de atendimento é uma só, e o painel vai chamando senha por senha. Bem, esperei... Fazer o quê?! Tem de tudo ali. Precisa ver. Desde advogado até *office-boy*. E eu lá, tentando ler um livro, mas é impossível. O maldito do painel eletrônico chama uma senha a cada dez ou vinte segundos. E como ninguém sabe o critério, fica todo mundo de pescoço duro olhando o painel apitar naquela profusão de senhas. Você baixa a cabeça, e pronto, já tem um novo sinal sonoro. Coisa maluca. A distração foi ficar contando o tempo e decorar o tipo de senha que ia aparecendo, para ver se havia uma lógica naquilo. Que nada. Bem, umas três horas depois chamaram a minha senha. Fui lá à 'baia', em uma sala enorme, um piso só, com umas setenta baias. Tudo mármore... E a tecnologia de primeira... É o nosso dinheiro. Uma atendente me explicou tudo o que eu já sabia, pois estava na carta que havia recebido. Fez os cálculos para pagamento parcelado e confirmou que eu tinha 40% de desconto na multa, conforme constava na carta. Agora, olha só: eu tinha trinta dias para fazer essa negociação. Pois bem, ainda faltava uma semana, uns sete dias, porque quando recebi a carta estava voltando de férias e tinha outras coisas importantes para fazer antes de voltar a trabalhar. Então fui lá à Receita, faltando uns cinco ou seis dias, que seja. Coisa assim. Bem, escuta só: a mulher me atendeu, calculou o valor das prestações, confirmou o desconto, eu não concordei com o que 'eles' diziam, que eu não tinha declarado um rendimento de uma das fontes, mas fazia tanto tempo, que eu já tinha decidido negociar e pronto. Bem, deu tanto de tanto, imprimiram o boleto da primeira prestação e me informaram que eu tinha uma semana para pagar e voltar lá com mais uns documentos pessoais e uma declaração do banco autorizando o débito automático das próximas prestações. Fui embora. Estava lá fazia umas três horas e meia e não tinha almoçado. Ainda fui trabalhar. Quando cheguei em casa coloquei a papelada em cima do móvel da sala e deixei para ir ao banco uns dias depois quando vencia o boleto. Então fui ao banco, paguei o boleto da primeira prestação, preenchi os formulários de débito automático, peguei a assinatura da gerente – tinha isso também! –, tirei xerox dos documentos pessoais que queriam. Lembro que foi uma sexta-feira. Mas aquele final de semana fiquei encucado: multiplicando, mentalmente, o número de parcelas negociadas com o valor que eu havia pago na primeira, dava o valor total da dívida que estava na correspondência, quer dizer, sem o desconto da multa. Então pensei que o desconto havia sido 'comido' pelos juros correspondentes ao prazo de negociação. Só podia ser isso. Mas fiquei com aquilo na cabeça".

Neste ponto meu amigo chama o garçom, pede mais uma cerveja, pede licença e vai ao banheiro. Fiquei pensando sozinho. "Que será que vem por aí? Até agora tudo bem, o cara não declarou as coisas certas, pegaram ele... Mas cinco anos depois, sem avisar? Não pode. Mas o que fazer? O melhor é se acertar logo com 'eles'. Mas fazem o que querem mesmo. É o nosso imposto, o nosso dinheiro..." Fui interrompido pelo garçom pondo uma "gelada" na mesa e logo depois pelo meu amigo que retornava do banheiro enxugando ainda as mãos nas calças.

"Não tem toalha de papel nesta espelunca. Onde eu parei mesmo? Ah, sim. Escuta só. Você é meu amigo há alguns anos" – e foi se sentando. "Sabe que eu quero morrer quando me fazem de trouxa. Mas aqui a coisa é pior. Não me fizeram de idiota não. Eles acreditam que estão certos. Que mundo é este em que vivemos? Olha só; voltei lá na Paulista... Augusta, isso. Escuta: mais três horas. Não... Parei de tentar encontrar a lógica do painel. Teve um carinha de cor, não muito velho, que reclamou no atendimento, mas disseram que era assim mesmo. Depois se sentou perto de mim e começou a falar comigo. Bem, pelo que ele me contou, de outras vezes que ele lá havia estado – não me pergunta por que, cara, acho que era despachante, sei lá, tinha uma pasta dessas de plástico na mão –, cheguei à conclusão de que alguém manipulava a ordem de atendimento pelos códigos das senhas, de acordo com o volume de cada tipo de atendimento. Não adiantava mesmo reclamar ou tentar entender".

"Bem, deixa eu te falar: quando sentei na frente do atendente, desta vez um rapaz de nariz arrebitado, com ar de importante, podia ser meu filho o desgraçado, fui logo falando que estava retornando com a papelada e a primeira prestação paga etc. O rapaz pegou a papelada, pediu o RG e o CPF originais, carimbou as cópias com um carimbo que dizia (original), e eu, para puxar conversa, juro por Deus, foi só para puxar conversa, comentei: 'Poxa, não adiantou nada o desconto dos 40% da multa, os juros devem ter levado todo o desconto; o financiamento ficou igual ao total da dívida'. Aí o rapaz vira e diz: 'Mas o senhor teve o desconto quando calcularam o financiamento da outra vez?'. E eu: 'Acho que sim. Eu pedi. A moça falou que eu tinha direito'. Então ele foi olhar e advinha?! Não tinham me dado o desconto! Não tinham me dado os 40% do maldito desconto! A mulher calculou e mandou imprimir os documentos do financiamento e o boleto da primeira prestação, tudo sem os 40% de desconto! Você me conhece. Fiquei muito 'p'. Quis saber por que, lógico! Agora escuta esta. Está sentado? Sabe por quê? O rapazola entrou lá no sistema e me disse que quando eu me apresentei pela primeira vez para 'eles' já tinha passado o prazo de trinta dias. Eu fiquei indignado. Não era verdade! Eu mostrei a data em que recebi a correspondência e a data em que tinha ido lá. Não tinham passado trinta dias, não senhor. Mas para o sistema tinha. Agora segura esta: sabe o que aconteceu? A Receita Federal emitiu a correspondência com quase um mês de antecedência. Eu recebi a correspondência quase um mês depois, então o sistema 'deles' tinha calculado os dias a partir da emissão da correspondência e eu a tinha recebido muito depois. Contei os trinta dias a partir do meu recebimento, como estava na carta, mas o sistema considerou a data de emissão do documento. Os correios atrasaram a entrega. Quer dizer... Sei lá... E se 'eles' só de sacanagem seguraram essa correspondência? Você acha que os correios demorariam três semanas para me entregar? Aí eu exigi que me mostrassem a data de postagem, que eles têm porque a carta era com aviso de recebimento. Estava lá, direitinho, no sistema, a data. Eu disse: 'Faça a conta e me diga se eu demorei a vir aqui?!'. Não adiantou, cara. Recusei-me a fazer o acordo sem os 40% de desconto. É uma grana. Mas mesmo que não fosse, é o meu dinheiro e se eu tenho de pagar porque eles dizem que eu fiz algo errado, quem paga quando eles erram? Foi chamar o supervisor. Nada. Sabe o que o cara me disse? Você não vai acreditar. Eu que deveria ter alertado isso para a mulher que me atendeu da primeira vez para que ela não fechasse a negociação sem o desconto".

"Olha só. Eu vou até o Estado para saldar uma dívida que me imputam, peço a negociação, estou no meu prazo que eles estipulam, a mulher diz que tenho direito ao desconto, calculam os valores errados sem desconto, mas eu que tinha de ter feito todos os cálculos de cabeça, inclusive o cálculo de juros vezes as prestações do financiamento, sim, para descobrir que o valor do desconto da multa não estava ali nas prestações, e tudo isso a partir do valor do boleto. E a mulher não viu que não estava saindo o desconto porque o sistema deles estava com uma data diferente daquela em que eu tinha recebido. Mas eu tinha de ter bola de cristal para ver que data o sistema tinha, pois nos meus papéis nada consta dessa data! Eu só sei a data de recebimento! Agora me diga: o que você faria com esses dois mentecaptos na minha frente? O supervisor ainda me perguntou 'Se eu queria que ele alterasse a data do sistema e incorresse em crime de corrupção'. Olha só. Acredita nisso? Falei umas lá para eles, aquele cara que fica lá de uniforme olhando todo mundo já estava se aproximando, sabe, a 'toridade', porque de 'auto' não tem nada. Levantei, praguejei e fui embora. Agora estou com esse pepino nas mãos: paguei um boleto, não dei entrada ao processo, me disseram que não tinha como recorrer, gastei dinheiro e várias horas de meu tempo, e está tudo na mesma. Não consegui resolver nada. O culpado pelas datas erradas, o atraso dos correios, ou 'deles', o cálculo errado etc. é tudo culpa minha. E não tem onde ir reclamar. Falei com uns colegas e a sugestão é entrar em juízo para que o juiz decida. Você acha?! Olha em que mundo estamos?! Não estamos no mundo, não! Estamos sós, em Marte!"

Esta é mais ou menos, sem pôr nada, e tanto quanto a memória me possibilita, a história de meu amigo, do seu Encontro com o Leão.

Não o vejo pessoalmente há alguns meses. Trocamos uns e-mails. Mas não vou perguntar como está o caso. Fico pensando: "Se fosse comigo, o que eu faria? Será que foi azar dele, ou isto é mais comum do que pensamos? Imagine se isto acontece com as pessoas mais humildes. O que não deve acontecer com elas por aí. Mas eu poderia apenas dizer: 'quem mandou não fazer certo a declaração?' Não, eu não quero estar só, em Marte!"

EXERCÍCIOS

1. Faça uma dissertação de no máximo 40 linhas expondo sua opinião sobre a história apresentada.
2. Transcreva e comente as observações finais do narrador e de seu amigo.
3. Que características totalitárias apresentadas no capítulo se podem encontrar na história acima? Justifique.
4. Dê exemplo de um fato da vida real que comprove as teses da biopolítica apresentadas no capítulo.
5. Inversamente, procure um exemplo da vida real que lhe pareça apresentar resistência às teses da biopolítica apresentadas no capítulo.

GLOSSÁRIO

A

- ✓ Abeberar – retirar ensinamentos de
- ✓ Abismal – profunda
- ✓ Acatou – aceitou
- ✓ Acintoso – forte; duro; incontestável
- ✓ *Ad hoc* – características próprias não muito comuns
- ✓ Afecções – infecções
- ✓ Aglutinar – amontoar; juntar
- ✓ Alçar – levantar
- ✓ Alicerçada – sustentada
- ✓ Alijar – excluir; separar
- ✓ Aludir – mencionar
- ✓ Amalgamar – misturar; unir
- ✓ Âmbito – contexto
- ✓ Amiúde – disperso
- ✓ Amorfo – sem consistência; liquefeito
- ✓ Anacrônico – inútil; sem função; destoante
- ✓ Ápice – apogeu; o ponto mais alto
- ✓ Apanágio – característica; sinônimo
- ✓ Arbítrio – desrespeito à lei; desrespeito aos direitos alheios
- ✓ Assertiva – declaração
- ✓ Atomizar – concentrar
- ✓ Autofágico – que devora a si mesmo
- ✓ Autos – processo judicial
- ✓ Avatares – fundamentos
- ✓ Aviltar – desrespeitar (aqui no sentido de destruir)
- ✓ Axioma – expressão máxima; pensamento filosófico mais elaborado

B

- ✓ Bálsamo – aquilo que alivia as dores
- ✓ Burguesia – classe social que é proprietária dos meios de produção
- ✓ Biologista – lógica da biologia
- ✓ Biopolítica – a política que utiliza o homem apenas como corpo, desrespeitando valores morais, espirituais e direitos humanos

C

- ✓ Canalizar – convergir
- ✓ Capilares – pequenos vasos comunicantes
- ✓ Carece – precisa; necessita
- ✓ Categórica – que não se discute; indiscutível
- ✓ Cisma – divisão e intolerância religiosa
- ✓ Citar – dar importância; destacar
- ✓ Clérigo – religioso
- ✓ Coação – o mesmo que coerção; imposição
- ✓ Coaduna – que combina; que tem a ver com...
- ✓ Coagir – obrigar
- ✓ Cogito – pensamento; tese
- ✓ Coibia – impedia; evitava
- ✓ Compatibilizar – harmonizar; integrar
- ✓ Compleição – aspecto
- ✓ Compulsório – obrigatório
- ✓ Concomitante – simultâneo; ao mesmo tempo
- ✓ Coniventes – participativas; parceiras
- ✓ Conjugação – união
- ✓ Conspurcação – roubo, aquisição indevida
- ✓ Contumaz – rotineiro; permanente
- ✓ Contundente – forte
- ✓ Cooptar – agregar; arregimentar
- ✓ Corriqueiro – banal; simples; usual

D

- ✓ Dedução – do geral para o particular
- ✓ Degenerescência – deterioração; decomposição; processo que leva à morte
- ✓ Degradar – destruir de forma repulsiva
- ✓ Descortinar – prever
- ✓ Desdobramento – conseqüência
- ✓ Desenvencilhar – libertar
- ✓ Designatário – representante
- ✓ Desmesurado – imenso; enorme; sem medidas
- ✓ Desmistificar – retirar o mito; clarear; esclarecer
- ✓ Destarte – apesar de...
- ✓ Deveras – aliás
- ✓ Devir – o que virá; futuro
- ✓ Diapasão – sintonia; freqüência
- ✓ Difuso – não muito claro; embaçado; diluído; esparso
- ✓ Digladiam – lutam
- ✓ Disforme – inacabado; ainda sem forma
- ✓ Dispositivo – item; parágrafo; artigo
- ✓ Dissimulado – disfarçado; escondido
- ✓ Dissuadir – convencer
- ✓ Divisa – algo que distingue; distinção
- ✓ Dogma – verdade inquestionável
- ✓ Dotação – valor a ser usado pelo Estado que deve constar de orçamento anual aprovado em assembléia

E

- ✓ Eclesiástico – religioso
- ✓ Eclosão – nascimento
- ✓ Efetivo – duradouro
- ✓ Eficaz – que atinge o objetivo
- ✓ Eficiência – realizar algo com qualidade
- ✓ Egocêntrico – o homem no centro do Universo
- ✓ Emanadas – originárias; derivadas

- ✓ Embate – confronto
- ✓ Emblemático – para atrair a atenção
- ✓ Empírico – experimentável
- ✓ Endêmico – epidemia que começa dentro; geral e fora de controle
- ✓ Engendrar – criar
- ✓ Engodo – mentira
- ✓ Enraizada – profundamente ligada; desde a origem
- ✓ Enredado – envolvido; preso
- ✓ Epistemológico – teórico; fundamento lógico; alcance científico
- ✓ Epopéia – fato grandioso
- ✓ Equalizar – igualar
- ✓ Escopo – limite; conjunto com características próprias
- ✓ Esdrúxulo – aberrante; inusitado; incomum; pode ser agressivo
- ✓ Esmo – sem coordenação; sem ligação; esparsas; separadas
- ✓ Espólio – bens os quais se tem direito
- ✓ Estanque – parado
- ✓ Esteira – sentido único
- ✓ Estrito – absoluto; completo
- ✓ Estruturalismo – filosofia que explica a partir das relações entre as coisas/pessoas
- ✓ Exacerbar – exagerar
- ✓ Exógenas – externas
- ✓ Extirpar – eliminar
- ✓ Extorquir – roubar

F

- ✓ Factual – real; de acordo com os fatos
- ✓ Fenomenologia – explicação a partir da representação que se faz dos acontecimentos sociais
- ✓ Fomentar – incentivar
- ✓ Funcionalismo – filosofia que explica a partir das funções das coisas/pessoas
- ✓ Forjar – criar; fabricar; moldar
- ✓ Fundante – que cria; que origina

G

- ✓ Geocêntrico – a Terra como centro do Universo
- ✓ Guinada – reviravolta; mudança forte

H

- ✓ Hegemonia – poder soberano; soberania
- ✓ Heliocêntrico – o Sol é o centro do Universo
- ✓ Hercúleo – difícil; pesado
- ✓ Hermafroditismo – reprodução onde o indivíduo possui os dois sexos
- ✓ Hiato – espaço vazio; lacuna; ausência

I

- ✓ Ícone – símbolo
- ✓ Iconoclastia criativa – inovação a partir da crítica permanente
- ✓ Idolatria – amor excessivo
- ✓ Ideologia – teoria ou pensamento afirmativo de uma situação atual
- ✓ Imanente – que se cria a partir de; que nasce de
- ✓ Imantado – atraído; unido
- ✓ Imberbe – jovem; novo; em formação
- ✓ Imbricado – intrincado; enredado; complexo
- ✓ Imbuído – com intenção de...
- ✓ Iminente – prestes a acontecer
- ✓ Iminência – proximidade
- ✓ Imorredoura – imortal
- ✓ Imperceptível – que não se percebe
- ✓ Imponderável – impossível de se pensar a respeito; imprevisível
- ✓ Imprescindível – absolutamente necessário
- ✓ Imune – neutro; distante
- ✓ Inadimplência – dívida
- ✓ Inaudito – surpreendente
- ✓ Incessante – que não pode parar; interminável
- ✓ Incipiente – novo; inexperiente
- ✓ Incisiva – insistente; permanente
- ✓ Inconcluso – inacabado

- ✓ Incondicional – sem impor condições; prontamente
- ✓ Inconformidade – antagonismo
- ✓ Inconteste – o mesmo que incontinente; sem contestação
- ✓ Incontinente – sem restrições; irrestrito
- ✓ Inculcar – colocar profundamente; impregnar
- ✓ Incumbir – encarregar
- ✓ Indébito – forçado; sem autorização
- ✓ Indenizar – pagar
- ✓ Indissolúvel – que não se separa
- ✓ Indubitável – inegável; irrecusável; sem dúvida
- ✓ Indução – do particular para o geral
- ✓ Inexorável – inevitável; irrefreável
- ✓ Inócuo – sem razão de ser; inútil
- ✓ Inóspito – agressivo; selvagem
- ✓ Insipiente – ignorante, imprudente
- ✓ Insofismável – inegável; verdadeira
- ✓ Insurgir – ser contra
- ✓ Insuspeito – que não se pode suspeitar; impossível de adivinhar
- ✓ Interativo – relacionado
- ✓ Intercâmbio – troca
- ✓ Interdisciplinar – que mistura vários conhecimentos
- ✓ Interpenetração – junção; relação; que se mistura
- ✓ Intrínseco – ligado a...; que faz parte de...; indissociável
- ✓ Intuito – com o objetivo
- ✓ Inusitado – imprevisível
- ✓ Inverossímil – falso
- ✓ Irredutível – intransigente; que não muda
- ✓ Isolacionista – aquele ou aquilo que se isola; ficar sozinho

J

- ✓ Jargão – frase ou palavra pomposa; frase de efeito
- ✓ Jurisprudência – direitos naturais dos homens em oposição ao direito divino (direitos naturais podem ser vistos como provenientes da "condição humana" (Grócio, Pufendorf), ou construídos pelo grupo humano (Locke, Reale)

L

- ✓ Lacuna – espaço vazio; buraco
- ✓ Laico – humano; mundano; terreno; o que não é divino
- ✓ Latente – pronto para acontecer; prestes a se realizar
- ✓ Legitimar – estar de acordo com a vontade (no mínimo) da maioria
- ✓ Letargia – apatia; indolência
- ✓ Limiar – à beira de; quase
- ✓ Linhagem – herança por títulos de nobreza
- ✓ Liturgia – conjunto de procedimentos dentro de determinada religião
- ✓ Lobotomia – ato de retirar a vontade de outro

M

- ✓ Malfadadamente – infelizmente
- ✓ Maquiavélico – maldoso (no senso comum)
- ✓ Maquineísmo – privilegiar os objetivos e resultados, produzindo artifícios para tal
- ✓ Matizes – aspectos
- ✓ Maximizar – potencializar
- ✓ Megalomaníaco – louco, com mania exagerada
- ✓ Metafísica – explicação não experimentável; para além da física
- ✓ Metamorfose – transformação radical; algo que dá origem a outra coisa bem diferente
- ✓ Minimizar – diminuir
- ✓ Mística – presunção; fé
- ✓ Monastérios – mosteiros
- ✓ Morfologia – aspecto; apresentação; forma exterior
- ✓ Mutável – que muda

N

- ✓ Nefasto – ruim; sombrio
- ✓ Negligenciar – esquecer; não dar importância
- ✓ Nocivo – prejudicial
- ✓ Notadamente – principalmente
- ✓ Nuança – tonalidade; variação sutil de cor; detalhe

O

- ✓ Oficioso – poder não declarado publicamente
- ✓ Ojeriza – repulsa
- ✓ Onipresente – em todos os lugares
- ✓ Ontológico – que faz parte da sua essência; que faz parte da mesma formação histórica; indissociável
- ✓ Ontogênica – que faz parte do processo de desenvolvimento e reprodução
- ✓ Orbitar – circular; em volta de...
- ✓ Outorgar – oferecer; dar

P

- ✓ Paradigma – verdade aceita
- ✓ Parcimônia – sem grandes gastos
- ✓ Passível – possível
- ✓ Patenteado – claramente demonstrado
- ✓ Patologia – doença
- ✓ Patriarca – o pai de todos; fundador
- ✓ Paulatina – lenta
- ✓ Pauperismo – extrema pobreza
- ✓ Peculiar – próprio; característico; particular
- ✓ Perceptível – percebido; entendido
- ✓ Perecer – morrer
- ✓ Permeado – misturado; embebido
- ✓ Perpetuar – eternizar; estabelecer para sempre
- ✓ Perpetrar – fazer; realizar
- ✓ Petição – solicitação; o que se pretende obter
- ✓ Plasticidade – riqueza; dimensão maior
- ✓ Plausível – confiável; racional; sem medo de errar
- ✓ Pleitear – pedir; solicitar
- ✓ Pragmático – comprovado com base na experiência e experimentação
- ✓ Precatório – título que o governo emite e revende cujo objetivo é conseguir recursos para pagar dívidas judiciais
- ✓ Precedente – anterior

- ✓ Preconizar – defender; predizer
- ✓ Predizer – prometer
- ✓ Preponderante – em primeiro lugar; acima dos outros
- ✓ Preposto – protegido ou designado por outro; proposto
- ✓ Prerrogativa – direito; privilégio
- ✓ Prescindir – dispensar
- ✓ Prescritas – estipuladas; estabelecidas; ditas
- ✓ Profícuo – eficiente; que dá resultados bons
- ✓ Prolifera – espalha-se; desenvolve-se
- ✓ Propulsor – que impulsiona; força; potência
- ✓ Protonazista – nazista de nascimento; mau de nascimento
- ✓ Pseudo – irreal; parece verdadeiro mas não é (acrescentado ao substantivo dá-lhe o caráter de inverdade)

Q

- ✓ Quadrípode – animal de 4 patas
- ✓ Quiçá – talvez; quem sabe

R

- ✓ Racionalismo – privilegia a inteligência e dedução, propriedades da razão
- ✓ Reacionário – o que está no sentido contrário da inovação histórica
- ✓ Recrudesce – aumenta; desenvolve-se; agiganta-se
- ✓ Redundância – repetição
- ✓ Regiamente – altamente; fortemente
- ✓ Reificar – tornar Rei; aqui no sentido de ser absoluto
- ✓ Relevado – deixado
- ✓ Relutar – opor; ser contra
- ✓ Revelia – contra
- ✓ Revolucionário – o que está no sentido da inovação histórica; inovador

S

- ✓ Sacralizado – antigo; tradicional; valor inquestionável; dogmático; sagrado
- ✓ Saga – história de aventuras e dificuldades
- ✓ Sanção – punição
- ✓ Secular – humano; feito pelos homens (também pode ser antigo, tradicional, mas nunca religioso)
- ✓ Simetria – paralelo; do lado; que caminha junto
- ✓ Sincretismo – reunião de coisas diferentes na origem; união de contrários
- ✓ *Sine qua non* – condição primordial; essencial
- ✓ Síntese – resultado mais elaborado
- ✓ Sistematizar – organizar
- ✓ Sobre-determinado – além do que está determinado; poder maior
- ✓ Sobremaneira – principalmente; acima de qualquer forma
- ✓ Solapa – destrói; retira
- ✓ *Status quo* – a forma atual de ser; as condições atuais
- ✓ Subjacente – que está por baixo; que lhe dá origem
- ✓ *Sub judice* – em julgamento
- ✓ Sublimação – endeusamento
- ✓ Subserviência – extrema submissão; escravidão
- ✓ Subsidiar – sustentar
- ✓ Subsistir – sobreviver
- ✓ Substancial – profundo
- ✓ Sujeitados – determinados
- ✓ Superlativo – importância exagerada; acima da média
- ✓ Surdina – escondido

T

- ✓ Tácito – real; concreto; não virtual; ainda não codificado
- ✓ Tangencia – está próximo de; no limite de
- ✓ Transcendental – que está além da razão; incompreensível
- ✓ Transmutação – mudar de forma melhor e superior
- ✓ Truste – conglomerado empresarial onde várias empresas se unem sob o mesmo capital

U

- ✓ Ultramarino – além do mar; além dos oceanos
- ✓ Unidimensional – que só apresenta uma dimensão; único
- ✓ Usufruir – obter; conseguir
- ✓ Usurpar – furtar; roubar
- ✓ Utopia – crítica e proposta radical a uma situação atual e dominante, factível ou não no presente

V

- ✓ Vanguarda – à frente no seu tempo; o que sugere inovações; moderno
- ✓ Vedado – proibido
- ✓ Verborragia – falatório
- ✓ Vertiginoso – acelerado
- ✓ Virulento – violento; relacionado também a vírus
- ✓ Víveres – bens (comida e utensílios)

X

- ✓ Xenofobia – medo; horror a pessoas e/ou coisas estrangeiras

BIBLIOGRAFIA

ADORNO,Theodor W. *Educação após Auschwitz*. Coleção Grandes Cientistas Sociais. São Paulo: Atlas, 1982.

AGAMBEN, Giorgio. *Homo Sacer*: O poder soberano e a vida nua I. Belo Horizonte, Ed. UFMG: 2004.

ALTHUSSER, Louis. *Aparelhos Ideológicos de Estado.* 3. ed. Rio de Janeiro: Graal, 1982.

ANTUNES, Ricardo. *Adeus ao trabalho:* ensaio sobre as metamorfoses e a conformidade do mundo do trabalho. 8. ed. São Paulo: Cortez, 2002.

ARENDT, Hannah. *A condição humana.* 10. ed. Rio de Janeiro: Forense, 2004.

_______. *O sistema totalitário.* Lisboa: Dom Quixote, 1978.

_______. *Da violência.* Brasília: UnB, 1985.

ARON, Raymond. *As etapas do pensamento sociológico.* 5. ed. São Paulo: Martins Fontes, 1999.

ARQUIDIOCESE DE SÃO PAULO. *Brasil nunca mais.* 3. ed. Petrópolis: Vozes, 1985.

BARBOSA, Rui. *Campanhas jornalísticas*: Obras Seletas. v. III. 3. ed. Rio de Janeiro, 1957.

_______. *Campanhas jornalísticas.* São Paulo, Livraria Editora Iracema: 1972.

BITTAR, Eduardo; ALMEIDA, Guilherme de Assis. *Curso de filosofia do direito.* São Paulo: Atlas, 2001.

BOBBIO, Norberto. *O positivismo jurídico: Lições de filosofia do direito.* São Paulo: Ícone, 1999.

BONNEWITZ, Patrice. *Primeiras lições sobre a sociologia de P. Bourdieu.* Petrópolis: Vozes, 2003.

BOURDIEU, Pierre. *Entrevista a Maria Andréa Loyola*. Rio de Janeiro: UERJ, 2002.

BRAVERMAN, Harry. *Trabalho e capital monopolista*: a degradação do trabalho no século XX. 3. ed. Rio de Janeiro: Zahar, 1981.

BAUMAN, Zigmunt. *Modernidade e holocausto*. Rio de Janeiro: Zahar, 1998.

_______. *Modernidade e ambivalência*. Rio de Janeiro: Zahar, 1999.

CAPRA, Fritjof. *O ponto de mutação*. 13. ed. São Paulo: Cultrix, 1992.

CARNELUTTI, Francesco. *Como nasce o direito*. Belo Horizonte: Líder, 2001.

CATANI, Afrânio Mendes. *O que é capitalismo*. 7. ed. São Paulo: Brasiliense, 1981.

CATÃO, Francisco. *O que é teologia da libertação*. São Paulo: Nova Cultural Brasiliense, 1986.

CERTEAU, Michel de. *A invenção do cotidiano*: artes de fazer. 9. ed. v.1, Petrópolis: Vozes, 2003.

COMTE, Auguste. Discurso sobre o espírito positivo (1844). In: COMTE. *Os pensadores*. 2. ed. São Paulo: Abril Cultural, 1983.

DAHRENDORF, Ralf. *A lei e a ordem*. Brasília: Instituto Tancredo Neves, 1987.

DURKHEIM, Émile. As regras do método sociológico (1895). In: DURKHEIM. *Os pensadores*. 2. ed. São Paulo: Abril Cultural, 1983.

_______. Da divisão do trabalho social (1893). In: Durkheim. *Os pensadores*. 2. ed. São Paulo: Abril Cultural, 1983.

_______. O suicídio (1912). In: DURKHEIM. *Os pensadores*. 2. ed. São Paulo: Abril Cultural, 1983.

DUSSEL, Enrique. *Ética da libertação na idade da globalização e da exclusão*. Petrópolis: Vozes, 2000.

ENGELS, Friedrich. *Do socialismo utópico ao socialismo científico*. 4. ed. São Paulo: Global, 1981.

FORACHI, Marialice Mencarini; MARTINS, José de Souza. *Sociologia e sociedade*. Rio de Janeiro: LTC, 1980.

FOUCAULT, Michel. *Vigiar e punir*. 25. ed. Petrópolis: Vozes, 2002.

_______. *Microfísica do poder*. 16. ed. Rio de Janeiro: Graal, 2001.

_______. *A verdade e as formas jurídicas*. Rio de Janeiro: NAU e PUC, 1999.

FREUND, Julien. *Sociologia de Max Weber*. Rio de Janeiro: Forense, 1980.

GALVÃO, Luís Alfredo. *Capital ou Estado?*: Introdução à crítica da política. São Paulo: Cortez, 1984.

GASTALDI, J. Petrelli. *Elementos de economia política*. 17. ed. São Paulo: Saraiva, 2000.

GRAMSCI, Antonio. *Concepção dialética da história*. 5. ed. Rio de Janeiro: Civilização Brasileira, 1984.

_______; BORDIGA, Amadeo. *Conselhos de fábrica*. São Paulo: Brasiliense, 1982.

HABERMAS, Jürgen. Técnica e ciência enquanto ideologia. In: *Os Pensadores*: Benjamin, Habermas, Horkheimer, Adorno. 2. ed. São Paulo: Abril Cultural, 1983.

HARNECKER, Marta. *Os conceitos elementares do materialismo histórico*. São Paulo: Global, 1981.

HOUTART, François; POLET, François (coord.). *O outro Davos*: Mundialização de resistência e de lutas. São Paulo: Cortez, 2002.

JULIEN, Freund. *Sociologia de Max Weber*. 3. ed. Rio de Janeiro: Forense, 1980.

KAFKA, Franz. A Prova. In: *Narrativas do Espólio*. São Paulo, Cia. das Letras: 2002.

KAFKA, Franz. *Narrativas do espólio*. São Paulo: Cia. das Letras, 2002.

KELSEN, Hans. *Teoria pura do direito*. São Paulo: Martins Fontes, 2000.

KOSIK, Karel. *Dialética do concreto*. 2. ed. Rio de Janeiro: Paz e Terra, 1976.

LENIN, Vladimir Ilitch. A crise amadureceu (1917). In: LENIN, v. I. *Obras escolhidas*. São Paulo: Alfa-Omega, 1980. v. 2.

_______. É melhor menos, mas melhor (1923). In: LENIN, v. I. *Obras escolhidas*. São Paulo: Alfa-Omega, 1980. v. 3.

_______. O imperialismo, fase superior do capitalismo (1916). In: LENIN, v. I. *Obras escolhidas*. 2. ed. São Paulo: Alfa-Omega, 1982. v.1.

MARCUSE, Herbert. *A ideologia da sociedade industrial*: o homem unidimensional. 6. ed. Rio de Janeiro: Zahar, 1982.

MARTINS, Carlos Benedito. *O que é sociologia*. 54. reimp. São Paulo: Brasiliense, 1999.

MARX, Karl. Crítica ao programa de Gotha. In: MARX, K. e ENGELS, F. *Obras escolhidas*, São Paulo: Alfa-Omega, 1980. v. 2.

_______. *Formações econômicas pré-capitalistas*. 3. ed. Rio de Janeiro: Paz e Terra, 1981.

_______. O 18 Brumário de Luís Bonaparte. In: MARX, K. e ENGELS, F. *Obras escolhidas*. São Paulo: Alfa-Omega, 1980. v. 1.

_______. Prefácio à *"Contribuição à Crítica da Economia Política"*. In: MARX, K. e ENGELS, F. *Obras Escolhidas*. São Paulo: Alfa-Omega, 1980. v. 1.

_______; ENGELS, Friedrich. *Manifesto do partido comunista*. In: MARX, K. e ENGELS, F. *Obras escolhidas*, São Paulo: Alfa-Omega, 1980. v. 1.

MIRANDA ROSA, F. A. de. *Sociologia do direito*: o fenômeno jurídico como fato social. Rio de Janeiro: Zahar, 1996.

NAVES, Márcio Bilharinho. *Marxismo e direito*: um estudo sobre Pachukanis. São Paulo: Boitempo, 2000.

NIETZSCHE, Friedrich. *Obras incompletas*. In: *Os pensadores*. 3. ed. São Paulo: Abril Cultural, 1983.

SCURO NETO, Pedro. *Manual de sociologia geral e jurídica*. 3. ed. São Paulo: Saraiva, 1999.

SOLJENÍTSIN, Alexandre. *Arquipélago Gulag*. São Paulo: Difel, 1975.

SOUTO, Cláudio; FALCÃO, Joaquim. *Sociologia e direito*: Sociologia e Sociedade. 2. ed. São Paulo: Pioneira, 1999.

STALIN. *Materialismo histórico e materialismo dialético*. 3. ed. São Paulo: Global, 1982.

TOCQUEVILLE, Alexis de. *Democracia na América*. São Paulo: Editora Nacional, 1969.

TOURRAINE, Alain. *Crítica da modernidade*. Petrópolis: Vozes, 1994.

TROTSKY, Leon. *A revolução traída*. São Paulo: Global, 1980.

WEBER, Max. *A ética protestante e o espírito do capitalismo*. São Paulo: Pioneira, 1981.

_______. *Os três tipos puros de dominação legítima*. In: WEBER. Sociologia. *Coleção Grandes Cientistas Sociais*, n. 13. 2. ed. São Paulo: Ática, 1982.

_______. *Essais sur la théorie de la science*. Paris: Librairie Plon, 1965.

Impressão e Acabamento
Prol Editora Gráfica